Claude de Pastoret

Betrachtungen über die Strafgesetze - aus dem Französischen

Claude de Pastoret

Betrachtungen über die Strafgesetze - aus dem Französischen

ISBN/EAN: 9783743435940

Hergestellt in Europa, USA, Kanada, Australien, Japan

Cover: Foto ©Suzi / pixelio.de

Manufactured and distributed by brebook publishing software (www.brebook.com)

Claude de Pastoret

Betrachtungen über die Strafgesetze - aus dem Französischen

Pastorets
Betrachtungen
über die
Strafgesetze

Aus dem Französischen

Herausgegeben

und mit einem erläuternden und berichtigenden Commentar
auch einigen Anmerkungen versehen

von

Christian Daniel Erhard

Doctor und Professor der Rechte auf der Universität Leipzig,
des Churfürstl. Sächs. Landgerichts im Markgrafthume Nieder-
lausitz Assessor, Röm. Kapserl. Hofrichter, der Churfürstl.
Mainzischen Academie der Wissenschaften und der
Leipziger oeconomischen Societät Mitgliede.

Mit Churfürstl. Sächs. gnädigstem Privilegium

Erster Band

Leipzig,
bey Voß und Leo 1792.

Sr. Erzbischöflichen Gnaden

Herrn

Carl Theodor Anton Maria

des hohen Erzstifts Mainz Coadjutorn

Erzbischofen von Tharsus

Bischofen zu Worms und Constanz ꝛc.

Ihm

dem Erhabnen Freunde der Vernunft und
Menschlichkeit,

dem scharffinnigen Unterfucher des
Wahren, Guten und Edlen,

dem Menfchenkenner und Menfchenfreunde,

der durch tiefe Einficht in Gefetzgebung
und Staatsverwaltung,

durch reife Erfahrung und bewährtes
Verdienft würdig ift,

künftig der erfte unter Germaniens Fürften
und der Befchützer der vaterländifchen
Rechtspflege zu werden;

Ihm dem Guten, dem Weifen,
dem Manne von reinem Herzen

widmet dieß Werk
zum Zeichen der unverftellteften Ehrfurcht

der Herausgeber.

Vorrede
des Herausgebers.

Gegenwärtige Betrachtungen des Herrn von Pastoret *) über die Strafgesetze, welche nicht blos, wie so manches andere Werk dieser Gattung, gelehrte Kenntnisse und ein edles, menschenliebendes Herz verrathen, sondern sich auch größtentheils auf Erfahrung und reife Bedachtsamkeit gründen, sind gewiß von der Art,

* 4

daß

*) Herr von Pastoret war vordem maitre des requêtes zu Paris, nachher ward er Mitglied der zweyten Nationalversammlung und deren erster Präsident. Auch ist er Mitglied der Academie der Inschriften. Sein Buch: des lois pénales schrieb er, wie mehrere Stellen desselben zeigen, vor der Revolution, gab es aber erst nach derselben im Jahre 1790 in 2 Octavbänden mit einigen den Zeitumständen angepaßten Veränderungen zu Paris heraus. Seine vorhergehenden mit vieler Belesenheit und Kenntniß der alten Geschichte geschriebenen Werke sind: *Zoroastre, Confucius et Mahomet considérés comme Sectaires, Legislateurs et Moralistes*, und: *Moïse considéré comme législateur et comme Moraliste*.

daß sie dem deutschen Publicum ohne die geringste
Gefahr in die Hände gegeben werden konnten.
Es herrscht darinn nicht jener Geist einer verwü-
stenden und gegen Zeiten, Sitten und Menschen-
kenntnis anstrebenden Reformsucht, sondern vielmehr der Charakter strenger Ordnungsliebe und
einer weisen Kaltblütigkeit und Mäßigung, welche
in den spätern Producten der französischen neuesten
Schriftsteller über Gesetzgebung täglich seltener zu
werden scheint.

War übrigens irgend ein Bedürfnis dringend
und irgend ein Wunsch gerecht: so war es der
Wunsch und das Bedürfnis einer verbesserten peinlichen Gesetzgebung in Frankreich. Ein Werk,
das, außer so manchen vernünftigen Bemerkungen
über die Natur und den Zweck der Staatsgesetze,
auch Nachricht von den Gräueln und Mißbräuchen enthält, welche ehedem in jenem Lande die Unschuld der Chikane, Dummheit und Unmenschlich-
keit Preiß gaben, ein solches Werk schien mir daher
selbst für den größern Theil des Publicums nicht
nur ganz unschädlich, sondern vielmehr sehr nützlich und zweckmäßig zu seyn.

Darstellungen dieser Mißbräuche, zu denen
unser Autor so manche Gelegenheit fand, (und
bey denen er, da er nicht als unkundiger Enthu-
siast, sondern als erfahrner Criminalrichter spricht,

ein

ein doppelt glaubwürdiger Zeuge ist) sind dem
Deutschen fast eben so viele Beweise, daß unsre
Strafgesetze und unsre peinlichen Gerichtsverfas-
sungen, aller ihrer noch übrigen Mängel ungeachtet, dennoch von einer Menge Absurditäten und
Unmenschlichkeiten entweder stets, oder doch weit
früher, frey waren, als die französischen. Nach
deutschen Gesetzen gab es nie eine Question préliminaire, gab es nie willkührliche Verhaftsbriefe;
(lettres de cachet) *) nach deutschen Gesetzen theilte nie die Familie des mit einer entehrenden Strafe
belegten Missethäters die Schmach ihres infamir-
ten Verwandten; nach deutschen Gesetzen würde
schon im Jahre 1762 ein Calas unter gleichen Umständen nicht unschuldig auf dem Rade seinen
Geist aufgegeben haben. Wenn dies schon von
Deutschland überhaupt wahr ist: so fällt die Parallele in dieser Hinsicht für mein Vaterland doppelt vortheilhaft aus, wo, Dank sey es der Fürsorge
Unsers Geliebten und Unvergeßlichen Fürsten
und Seiner weisen und menschlichen Minister!
schon seit zwey und zwanzig Jahren der Anfang zu
einer mit kluger Bedachtsamkeit allmählig gemilderten Strafgesetzgebung gemacht und ein Untersu-
chungsverfahren eingeführt ward, vermöge dessen
Unschuld und Schwachheit vor Ungerechtigkeit

* 5   und

---

*) Wenigstens nie solche, welche die Verfassung aus-
drücklich gut geheissen hätte.

und Willkühr geschützt, und selbst für die menschliche und schonende Behandlung des überwiesenen
Verbrechers gesorgt ist. Wie viele Vorzüge hat
nicht unsre Verfassung dadurch, daß an keinem
Verbrecher eine Sentenz vollstreckt werden darf,
wenn er sich durch dieselbe beschwert glaubt, und
daß er wider unrechtmäsiges Verfahren des Richters stets bereite Hülfe bey den höhern Instan-
zen und selbst wider zu harte Urtheilssprüche bey
den höchsten Behörden, ja beym Landesherrn
selbst, Gehör findet! Dergleichen Vorzüge unserer
Verfassung lernt man dann doppelt schätzen,
wenn man in Schriften, wie die gegenwärtige
ist, findet, daß man in Ländern, die sich gerade
der größten Cultur rühmen, in Ansehung solcher wesentlichen Gegenstände einer guten Regierung gegen uns noch um ein halbes Jahrhundert zurück ist, und Reformen als neu und un-
erhört preißt, oder gar noch sehnlich erharret,
für welche unter unsrer Regierung schon so lange
aufs Zweckmäßigste gesorgt war, daß wir sie für
etwas Alltägliches und Nothwendiges ansehen,
und uns so der Vorzüge oft gar nicht bewußt sind,
die vorzüglich von dieser und so mancher andern
Seite in unsrer Landesverfassung und Gesetzgebung
liegen *).

Und

*) Man sehe z. B. unten S. 228 die Nachricht, daß erst seit
eini-

Und so wird die Durchlesung dieses Buchs ge=
wiß keinen Schaden, und hoffentlich noch um
so mehr Nutzen stiften, da ich in den Anmerkungen
von Zeit zu Zeit unsrer vaterländischen Verfassung
ausdrücklich gedacht, und dadurch den Contrast
um so einleuchtender zu machen gesucht habe, wo=
zu es im Commentar selbst noch mehrere Ge=
legenheit geben wird. Wenn ich übrigens dies
Buch des Herrn Pastoret für einen nicht unbe=
deutenden Beytrag zur Theorie der Criminalge=
setzgebung und also einer Mittheilung ans deut=
sche Publicum für werth hielt: so hat mich dies
gegen die Mängel desselben nicht blind gemacht.
Der Verfasser verwechselt mit mehrern französi=
schen Criminalisten sehr häufig Laster und Ver=
brechen, und verliehrt den Hauptzweck der Stra=
fen, die Abschreckung sehr oft aus den Augen.
Auch fehlt es dem Ganzen an Vollständigkeit
und gehöriger Planmäßigkeit, und viele einzel=
ne Materien sind offenbar nicht gehörig erschöpft.
Es ist als eine Sammlung systematisch geordne=
ter Bemerkungen über die Strafgesetze anzusehen,

daher

einigen Jahren ein Zuchthaus in Frankreich
existire in welchem die Verbrecher zu nützlichen Arbei=
ten angehalten werden, und erinnere sich dann der schon
seit achtzig Jahren angefangenen, und unter der jetzigen
Regierung so sehr vervollkommten Einrichtung unserer
Sächsischen Zucht= und Arbeitshäuser!

daher ich auch den Titel: Betrachtungen
wählen zu müssen glaubte, um dadurch den Er-
wartungen des Lesers sogleich die gehörige Richtung zu geben.

Sind des Verfassers Vorschläge und Gründe
nicht alle neu und scharfsinnig, so sind es doch einige
derselben; und schon diese und die so mancherley
literarischen und historischen Erläuterungen schienen mir dieß Buch der Aufmerksamkeit denkender Criminalisten werth zu machen. — Es ist
eine sehr oft gesagte, aber sehr wahre Bemerkung,
daß bey der Gesetzgebung selbst die unbedeutend-
ste Stimme nicht überhört werden müsse; allein,
dieß ist der Fall doppelt bey den Strafgesetzen, und
besonders bey den Grundsätzen des Untersu-
chungsverfahrens, wo nicht blos vom Verlust ersetz-
barer Güter, sondern von Leben, Ehre, Gesundheit und Freyheit menschlicher Wesen
die Rede ist, bey deren wahren oder angeblichen,
gering oder schwer scheinenden Vergehungen, bey
deren Ueberführung und Entschuldigung fast täglich neue verwickelte und bedenkliche Fragen vorkommen, deren Erörterung dem gewissenhaften
Manne unmöglich gleichgültig seyn kann. Religion und Vernunft, Menschlichkeit und Ehre
rufen uns daher zum immer fortgesetzten und
ununterbrochenen Forschen und Nachdenken über

diesen

diesen wichtigen Gegenstand auf, um von der einen
Seite der Härte und unüberlegten Voreiligkeit;
von der andern aber auch eben so sehr einer un-
zeitigen Empfindsamkeit und Aengstlichkeit zu begegnen, welche beyde, jene für Unschuld und
Menschlichkeit, diese für öffentliche Sicherheit und
Staatswohl gleich gefährlich und nachtheilig sind.
Ich habe es daher auch nicht blos bey der Heraus-
gabe dieses Werks bewenden lassen, sondern hie
und da berichtigende, widerlegende oder erläutern-
de Bemerkungen hinzugefügt. Da sich aber
diese Bemerkungen bey manchen Materien so sehr
häuften, daß der Text auf eine unangenehme
Weise auf den Noten geschwommen haben würde: da ich überdem die Nothwendigkeit fühlte,
manche Materie planmäßig auszuführen: so ent-
schloß ich mich, die vorzüglichsten Abhandlungen
auf einen besondern Commentar zu versparen,
welcher dem zweyten Bande dieses Werks beygefügt werden, oder als der dritte besondere Band
erscheinen wird. Ich werde darinn vorzüglich die
Grundsätze der merkwürdigsten neuern Criminalisten mit Herrn Pastorets Gedanken vergleichen, die Theorie mancher Materien genauer
bearbeiten, besonders aber in Ansehung des
Streits über die Zuläßigkeit der Todesstrafen
eine Vergleichung der sämmtlichen, dießfalls
auf-

aufgestellten Meynungen anstellen, zu welchem Ende
ich bereits diesem Bande (S. 269 f.) die Urtheile
der berühmtesten deutschen Criminalisten über diesen Gegenstand habe beydrucken lassen. Die
Gründe, die neuerlich Dr. Ruſh *) in Penſylvanien und deſſen Widerleger, unſer gelehrter und
berühmter Criminaliſt, der Herr Domherr Pütt-
mann **) gelegentlich für und wider die Todesſtrafen angeführt haben, sind, so wie Manches,
was auch in andern neuern Schriften ***) dies-
falls gesagt worden ist, bereits in den von mir
ausgezogenen, oder in den vom Autor angeführten Stellen enthalten, und ich habe daher diese,
und so manche andre Urtheile berühmter Schriftsteller über diese Streitfrage hier weglaſſen können.

Auſſer-

*) In ſeiner Schrift, wovon 1792 in Leipzig eine deutſche
Ueberſetzung unter dem Titel erſchienen iſt: Unterſuchung der Wirkungen öffentlicher Strafen
auf die Verbrecher und auf die Geſellſchaft von Benjamin Ruſh M. D. Prof. der
Chemie in Penſylvanien.

**) D. Joſias Ludwig Ernſt Püttmanns Send-
ſchreiben an Herrn Benjamin Ruſh, über öffentliche
Vollſtreckung der peinlichen Strafen. Leipzig, bey Baum-
gärtner 1792. 8.

***) Welches auch bey einer der neueſten Schriften über
dieſen Gegenſtand der Fall iſt, die unter dem Titel:
Sur la peine de mort. Opinion de Jallet 1790 zu
Paris erſchienen iſt.

Ausserdem aber werde ich diesem Commentar eine Darstellung des Römischen Anklageprocesses und eine Vergleichung desselben mit dem deutschen Untersuchungsprocesse und dem Englischen peinlichen Verfahren einrücken, und einige Vorschläge beyfügen, wie eine Proceßart zu finden seyn dürfte, welche die Vorzüge aller dieser verschiedenen Gattungen des Criminalverfahrens in sich vereinigte, und dabey von den vorzüglichsten Nachtheilen jeder einzelnen frey schiene.

Die Veranlassung zum Nachdenken über diese Materie wird mir ewig unvergeßlich seyn. Der Verewigte Kayser Leopold der zweyte, gab mir bey der letzten Unterredung, die ich mit Ihm hatte, den ehrenvollen Auftrag, Ihm ein Gutachten über diesen Gegenstand auszuarbeiten. Ich habe dazu den Anfang gemacht, und glaube die Vollendung dieses Plans dem dankbaren Andenken an diesen Großen Menschenfreund, und der Verehrung gegen Seinen Würdigen Nachfolger schuldig zu seyn. Der Commentar zu gegenwärtigem Werke wird die Grundlinien dieses Gutachtens enthalten.

Uebrigens habe ich die Citaten aus dem Justinianeischen Gesetzbuche nach der in Deutschland üblichen Methode zu citiren, abgeändert, manche berichtigt, und einige hinzugefügt. Die merkwürdig-

würdigsten und zum Verständnisse des Autors
unentbehrlichsten Stellen der Alten habe ich nach
den besten in Deutschland gangbaren Ausgaben
angeführt und bey den meisten die weggelassene
Zahl des Kapitels hinzugesetzt, auch andre Schriften nach den neuern deutschen Editionen oder
Uebersetzungen citirt; und hie und da eine kurze
Bemerkung beygefügt, die entweder auf den Commentar hinweist, oder gleich beym Texte füglich
angebracht werden konnte.

Haben sich vielleicht einige Irrthümer ein-
geschlichen, so ersuche ich die wahren Sachkenner
angelegentlich, sie mir anzuzeigen, damit ich auf
diesen Fall im nachfolgenden Bande Berichtigungen anbringen könne.   Die bereits von mir be-
merkten Irrungen und Druckfehler bitte ich nach
Maasgabe des davon gegebenen Verzeichnisses
zu berichtigen.   Leipzig, am 1. Julius 1792.

Inhalt.

Inhalt
des ersten Bandes.

Erster Theil.

Erstes Kapitel.
Vorläufige Betrachtungen.   S. 3

Zwentes Kapitel.
Allgemeine Grundsätze.   15

Drittes Kapitel.
Vom Strafrechte.   27

Viertes Kapitel.
Vom Begnadigungsrechte.   38

Fünftes Kapitel.
Von den Strafen überhaupt.   50

Sechstes Kapitel.
Von Verbrechen.   63

Siebentes Kapitel.
Von den Anklagen.   73

Achtes Kapitel.
Vom Ankläger.   85

Neuntes Kapitel.
Vom Angeschuldigten.   96

Zehntes Kapitel.
Vom Beweise.   109

Eilftes Kapitel.
Von den Richtern und Gerichten.   122

**   Zweyter

Zweyter Theil.

Erstes Kapitel.

Von den Lebensstrafen.   S. 136

Erster Abschnitt.

Von der Todesstrafe überhaupt.   136

Zweyter Abschnitt.

Montesquieus Meynung.   140

Dritter Abschnitt.

Rousseaus Meynung.   142

Vierter Abschnitt.

Beccarias Meynung.   144

Fünfter Abschnitt.

Mablys Meynung.   149

Sechster Abschnitt.

Filangieris Meynung.   155

Siebenter Abschnitt.

Prüfung dieser verschiedenen Meynungen.   161

Achter Abschnitt.

Vom Viertheilen.   174

Neunter Abschnitt.

Von der Strafe des Feuers.   187

Zehnter Abschnitt.

Von der Strafe des Rads.   188

Eilfter Abschnitt.

Von der Strafe des Schwerdts.   191

Zwölfter Abschnitt.

Vom Strange.   194

Zweytes Kapitel.

Von den Leibes- und afflictiven Strafen.   198

Erster Abschnitt.

Vom Brandmarken.   198

Zwey-

Zweyter Abschnitt.
Vom Auspeitschen.   S. 205

Dritter Abschnitt.
Von der Verstümmelung.   210

Vierter Abschnitt.
Vom Aufhängen unter den Achseln.   216

Fünfter Abschnitt.
Von der Galeerenstrafe.   216

Sechster Abschnitt.
Vom Gefängnisse.   219

Siebenter Abschnitt.
Von den Zuchthäusern.   226

Achter Abschnitt.
Von der Verweisung.   229

Drittes Kapitel.
Von den entehrenden Strafen.   238

Erster Abschnitt.
Vom bürgerlichen Tode und der Beraubung einiger bürgerlichen Rechte.   243

Zweyter Abschnitt.
Vom gerichtlichen Verweise und der Admonition.   246

Dritter Abschnitt.
Vom Erkenntnisse auf fernere Untersuchung für unbestimmte Zeit (plus amplément informé indéfini) und vom hors du Cour.   247

Vierter Abschnitt.
Vom Halseisen, Pranger und der Vollstreckung der Strafe am Bildnisse des Verbrechers.   248

Fünfter Abschnitt.
Von der Schleifung.   251

Sechster Abschnitt.

Von einigen andern Strafen am Leichname, dem Andenken und den Gütern des Verbrechers.   S. 254

Siebenter Abschnitt.

Von den Geldstrafen.   257

Viertes Kapitel.

Von den canonischen Strafen.   266

Fünftes Kapitel.

Von den willkührlichen Strafen.   268

Anhang zum ersten Kapitel des zweyten Theils.

Hommels Meynung über die Todesstrafen.   269

Sonnenfels.   275

Soden.   285

Globig und Huster.   299

Gmelin.   305

Auszüge:

a) Aus Sturz über Linguets Vertheidigung der Todesstrafen.   319

b) Aus Victor Barkhausens Abhandlung über die
Todesstrafen.   321

c) Aus den Erinnerungen eines Ungenannten.   323

d) Aus Rundens Abhandlung.   325

e) Aus Victor Barkhausens Widerlegung.   328

Pastoret

über die

Strafgesetze

Erster Theil

Pastoret
über die
Strafgesetze

Erster Theil

Erstes Kapitel
Vorläufige Betrachtungen

Mehr, als jemals, ist es gerade im gegenwärtigen Zeitpuncte Pflicht für jeden redlichen Franken geworden, seinem Vaterlande die Früchte seines Nachdenkens und seiner Einsichten zum Opfer darzubringen. Als Richter und als Akademiker machte ich das Studium der Gesetzgebungswissenschaft von jeher zum Hauptgegenstande meiner literarischen Arbeiten. Vorzüglich bemühte ich mich, die Grundsätze und die Wirkungen der peinlichen Gesetze zu untersuchen. Vor allen andern aber war ich auf die Lehre von den Strafen aufmerksam, über die ich gegenwärtig einige Betrachtungen bekannt zu machen wage.

Möcht' ich doch die Menschheit zu vertheidigen im Stande seyn, ohne zugleich unsere Gesetzgebung tadeln zu müssen!

Doch

Doch, was ist ein positives Gesetz gegen jene ewigen Gesetze der Gerechtigkeit und der Natur!

Es ist nicht zu läugnen, daß selbst Richter sich den von der ganzen Nation so sehnlich gewünschten Verbesserungen unserer Strafgesetze widersetzt haben.

Vertraut mit der Kenntniß der Strafgesetze, voll von einer so gewöhnlichen Anhänglichkeit an herkömmliche Begriffe, kleben sie an denselben noch überdies vermöge eines edlen Gefühls. Oft hatten sie Gelegenheit, die Strenge der Gesetze aus Menschlichkeit zu mildern. Aber eben dies edle Gefühl macht ihnen Grundsätze werth, die sie dadurch zu verbessern Gelegenheit hatten, daß sie bey ihrer Anwendung den Eindrücken eines mitleidigen und edlen Herzens folgten ª).

Nicht sie sind es also, die man zu fürchten hat, denn am Ende können sie doch nicht anders, als gerecht, handeln.

Furchtbar ist hingegen das Heer der halbklugen Herkommsmänner, die, unfähig, zu verzeihen, unfähig, sich zu bessern, einen jeden, der sich mit seinen Ideen und Betrachtungen über jenen engen ihnen angewiesenen Gesichtskreis zu erheben wagt, stets mit Vorwürfen und Lästerungen zu überhäufen, bereit sind. — Das ist ein Neuerer! schreyen sie, „Neuerungen!“ wiederhohlen die Beschützer der alten Meinungen mit höhnischem Lächeln! Jeder Vorschlag zu einer Reform ist in ihren Augen eine Geburt der Unwissenheit oder des Wahnsinns; kaum

---

a) Wie schön ists, Irrthümer und Anhänglichkeit an alten Verfassungen auf eine so edle Art zu entschuldigen! Möchten doch die oft zu leidenschaftlichen Freunde der Vernunft und der Menschheit an dieser schonenden und eines denkenden Mannes so würdigen Sprache ein Beyspiel nehmen.
                                      Anm. des Herausg.

kaum daß einige sich mitleidsvoll herablassen, den den=
kenden Kopf, wegen der Verirrungen seines Verstan=
des, (wie sie sich auszudrücken belieben) zu bedauern!

Bald aber tritt die Bewunderung dessen, was jetzt
gilt, und dessen, was vordem galt, an die Stelle jener
Verachtung neuer Vorschläge. „Sie halten sich für
„klüger als unsre Väter b),“ heißt es! Genug, um der
Sache den Ausschlag zu geben! Wenn ihr dann glaubt,
daß unsre Väter die höchste Weisheit besessen haben, nun
wohlan! so kehrt zur Barbarey des Lehnwesens zurück!
laßt euch jene Ketten der Knechtschaft, deren letzte Ringe
nur kaum erst glücklich zerbrochen sind, von neuem anle=
gen! Erneuert die Verordnungen jenes großen Fürsten
(Carls des Großen), welcher kein Bedenken trug, den Chri=
sten zum Tode zu verurtheilen, der es vergaß, oder unter=
ließ, am Freytage die vorgeschriebene Nahrung zu sich zu
nehmen; und prüft Verbrechen und Unschuld nach jenen
trügerischen Proben, die so lange Zeit fortdauernde Läste=
rungen der Vernunft und der Gottheit waren c).

A 3

Das

b) Und, setze man hinzu, für klüger, als wir sind! Das
letztere wird aber freylich gewöhnlich nicht gesagt, sondern
ganz in der Stille gedacht, und giebt Stoff zu Haß und
Rache gegen jeden, der es wagt, es sich merken zu lassen,
er habe schärfer und richtiger denken gelernt, als seine durch
Amt und Rang zur Vernunft ausschließend berechtigten
Zeitgenossen! S. Gellerts Fabeln 1. Buch 3. F. A. d. H.

c) Die, welche behaupten, daß wir einfältigen Nachkom=
men weiser Vorfahren uns nicht unterstehen müßten,
die alten ehrwürdigen Mißbräuche der Vorzeit anzutasten,
bedenken nicht, daß a) das, was wir jetzt alt nennen,
auch einmal Neuerung war; daß b) ferner alle Wohl=
thäter der Menschheit, die entweder auf ihre bessere

Aus=

Das Herkommen der Gerechtigkeit und Menschlichkeit entgegen stellen, ist eines denkenden Richters unwürdig!   Selbst jene Gesetze, deren Organ der Richter ist,
setzen

Ausbildung im Allgemeinen, oder auf die Reform
eines Staats insbesondre, wohlthätig wirkten, daß also
Cadmus, Confucke, Solon, Socrates, Numa, Alfred,
Peter der Große, Peter Leopold der Weise und Stanis-
laus August in Pohlen Neuerer, unsterbliche Neuerer waren. c) Sie berufen sich gewöhnlich nur dann aufs liebe
Alterthum, wenn die Rede von ihrem Interesse ist. Gewisse alte Gesetze und Gewohnheiten unserer Vorfahren,
die neuere Sittenverderbniß abgebracht hat, sucht man
nicht hervor, ungeachtet sie zum Theil nicht einmal aufgehoben sind. Wer wollte z. B. den, der Brief und Sie-
gel nicht hält, oder einen boshaften Verleumder für infam
achten? Wer wollte den, der ein ehrbares Mädchen ver-
führt, mit dem Verluste des Adels bestrafen? Das ist,
sagt man weislich, unsern veränderten Sitten nicht mehr
angemessen. d) Man bietet den Neuerungen gern die
Hand, sobald sie entweder Rechte der mindermächtigen
Volksklassen unterdrücken, oder baare Einnahme verschaffen! Sind nicht alle die abscheulichen Mißbräuche der
Finanzerpressungen in Frankreich Neuerungen gewesen?
War es nicht Neuerung, wenn man in den meisten Europäischen Staaten jenen ungeheuern Despotismus einführte,
von dem unsre Alten nichts wußten, von denen es heißt,
daß sie nie mit Kränkung ihrer bürgerlichen Freyheit
(supra libertatem) regieret worden wären? Ist es nicht
Neuerung, daß man fast alle Privilegien des gelehrten
Standes in Deutschland unterdrückt hat, und noch täglich
mehr unterdrückt; und daß man den Grund, den man in
andern Fällen so wenig gelten lassen will, daß Zeiten und
Sitten sich verändert hätten, und daß die Gründe solcher
Vorrechte jetzt wegfielen, nur hier als gültig betrachtet? Man
schreyt überall wider Neuerungen, so unentbehrlich sie auch
seyn möchten; man fängt jetzt wiederum mit doppeltem
Starrsinn an, das Neue als gefährlich zu verschreyen, und
die alten Gesetze für Palladien des Staatenwohls auszugeben, und doch beobachtet man die alten Gesetze nicht einmal,
tritt sie mit Füßen, macht sie zum Spott und setzt ihnen
ein

feßen nur dann auf die alten Gewohnheiten einen großen
Werth, wenn sie auf Wahrheit und Gerechtigkeit gegründet find ¹).

Auch wir wollen hier nichts vorbringen, wovon man
nicht bey den Völkern des Alterthums Beyspiele fände.

A 4

Oder

ein neueres oft unsinniges Herkommen entgegen! Welche
ungeheure Inconsequenzen! Doch wer wollte sich darüber
wundern, da in solchen Dingen die gefährlichen Gesetze
der gesunden Vernunft ohnehin nichts gelten, sondern Alles
auf angebliche persönliche Convenienzen ankommt! Ich
will dir das Räthsel lösen, lieber Leser. Nicht das Alte
lieben die schlauen Machiavellisten, sondern alte Mißbräuche, in soferne ihr Vortheil damit verknüpft ist; nicht
das Neue hassen sie; sie fürchten nur, daß bey heilsamen
Reformen die Reihe auch an die theuren Schoßkinder
ihrer Eitelkeit oder ihres Eigennußes kommen möchte,
und so glauben sie, besser zu thun, wenn sie sich ieder Art
des Bessermachens und Besserwerdens widersetzen und für
die ehrwürdigen Meinungen der Vandalen, Gothen und
Hunnen, als pro aris et socis fechten. Anm. des Her.

1) Nouell. CXXXIV. c. 1. Male adiuuenta malaeque
consuetudines, neque ex longo tempore, neque ex
longa consuetudine confirmantur. In den Pandecten
heist es: quod non ratione introductum, sed errore
primum, deinde consuetudine obtentum est, in aliis
similibus non obtinet. l. 39. ff. de legibus, S. Ctis et
long. consuet. Man sehe auch noch l. 2. C. quae sit
longa consuetudo Anm. des Verfassers.

Man setze noch hinzu X. de consuetud. Licet etiam long.
aeuae consuetudinis non vilis sit auctoritas non tamen est usque adeo valitura, vt vel iuri positiuo de-
beat praeiudicium generare, nisi fuerit rationabilis.
Hier hat sogar der Pabst das Vernunftmäßige für allein-
gültig angenommen. Wornach soll man aber prüfen, ob
eine Gewohnheit vernunftmäßig sey, als nach anerkannten
Vernunftgesetzen? Und diesen will man doch so gern die
Gültigkeit absprechen und Willführ und Herkommen an
ihre Stelle setzen. Nein, da waren doch warlich die alten römischen Kayser und Juristen, ja selbst die Päbste ver-
nünftiger! Anm. des Herausg.

Ober verdienen etwa die Aegyptier, die Römer und Griechen, die berühmteſten Völker der Erde nicht eben ſo
ſehr, unſere Muſter zu ſeyn, als jene vergeſſenen Nationen, die ſo lange Zeit in der Barbarey und Unwiſſenheit dahin lebten?

Geſegnet müſſen uns daher die Männer ſeyn, die
ihre Kenntniſſe der Vertheidigung der Menſchheit ge-
weiht und durch die Macht der Vernunft und Beredſamkeit ihre Zeitgenoſſen auf die Verbeſſerungen aufmerkſam
gemacht haben, deren unſre peinlichen Geſetze bedürfen!
Zwar hat man vielleicht Fehler vergrößert und ſich zu
ſchnell von Eindrücken hinreißen laſſen, die um ſo gefährlicher ſind, jemehr hier ſelbſt Irrthum zur Ehre
gereicht; vielleicht ſind die gefühlvollen Betrachtungen
des Philoſophen nicht ſtets durch die Erfahrung des Richters unterſtützt worden!　　Denn leicht wird beym Anblick
der fürchterlichen Uebel, welche ſchlechte Geſetze täglich
erzeugen, die Einbildungskraft eines gefühlvollen Mannes in Flammen geſetzt; ſehr leicht bebt ſein Herz, zürnt
ſein Verſtand.　　In ſeinem ganzen Innern empört,
mahlt er alsdann, wie er fühlt, und er fühlt mit voller
Kraft.　　Alles erhält unter ſeiner Feder jenen ſtürmiſchen
Charakter, welchen der Abſcheu vor einem großen Uebel
beſſern Seelen mittheilt.　　Die edle Begeiſterung ſeiner
Redlichkeit und Menſchenliebe kennt keine Gränzen. Un-
vollkommenheiten hält er für Laſter, Irrthümer der Geſetze für Frevel.　　Bald wird er das Geſetz nur durch
den Flor ſehen, der ihn umglbt.　　Die Fackel der Vernunft ward ſeiner Hand übergeben, um Licht zu verbreiten.　　Er droht, eine Feuersbrunſt zu erregen.　　Mit
der Hippe in der von einem ſchützenden Genius geleiteten
Hand gedacht' er die vergifteten Zweige abzuſchneiden.

　　　　　　　　　　　　　　　　　　　　Allein,

Allein, voll heiligen Eifers vergißt er die nöthige Prüfung und so sinken unter seiner Hand auch die Zweige, welche dem ganzen Baum fruchtbare und nährende Säfte mittheilen [d]).

Was entsteht also? Selbst der Enthusiasmus der Tugend ist nicht frey von Ungerechtigkeit. Schwerer ist die Mäßigung dann, wann man allein duldet, allein klagt! Tausendmal schwerer, wenn die Uebel, über die man schreyt, gemeinsame Leiden der Menschheit sind! Die Fehler des Gesetzes werden dann nicht selten den Dienern des Gesetzes zugeschrieben. Mit hämischer Künstlichkeit werden einige in dem Zeitraum eines Jahrhunderts in den Annalen der Gerechtigkeit hin und wieder zerstreute Beyspiele von Verirrungen, und, ich wage hinzuzusetzen — oft von nicht einmal bewiesenen Verirrungen — zusammen getragen, um die Richter zu entehren und zu beschimpfen. Und hierzu hat man nicht einmal große Anstrengung nöthig, sobald man sich als Vertheidiger der Rechte der unterdrückten Unschuld ankündigt.

O! möchten dafür jene traurigen Denkmäler unserer blutigen Irrthümer untergehen! O! daß ein weniger willkührliches, weniger strenges, und wenigstens verhältnißmäßigeres Gesetzbuch sie auf ewig verbannte!

Unauslöschlich sey es unserem Gedächtnisse eingeprägt, daß die Gesellschaft sich nicht räche, daß sie bloß

A 5   strafe.

---

d) Diese Schilderung sollten doch die Landsleute unsers würdigen Verfassers und noch so manche Andre wohl zu Herzen nehmen, die bey heilsamen Reformen nicht mit der nöthigen Kaltblütigkeit zu Werke gehen! Gesetzgebung muß nicht das Werk des Enthusiasmus, sondern der reifsten und kaltblütigsten Prüfung seyn. Anm. d. Her.

ſtrafe. Rache iſt eine Leidenſchaft, und die Geſetze müſſen frey von Leidenſchaften ſeyn!

Ich bin weit entfernt, die den Richtern entwiſchten Irrthümer rechtfertigen zu wollen, auch iſt nicht ſchwer einzuſehen, daß nichts die geſetzliche Ermordung eines Unſchuldigen aufwiegen könne; allein, es kann nicht genug geſagt werden, daß man in dieſer Rückſicht ſich ſo vieler Uebertreibungen ſchuldig macht, daß man Klagen dieſer Art für die Frucht der Unwiſſenheit oder Bosheit halten ſollte, wenn man ſie nicht zuweilen aus dem Munde aufgeklärter und rechtſchaffener, aber leicht aufbrauſender und getäuſchter Männer hörte. Sollte man, nach dergleichen Aeuſſerungen zu ſchließen, nicht beynahe ein richterliches Collegium für eine Bande von Henkern halten? Sollte man nicht glauben, ſie führten unaufhörlich Schwerdt, Brand und Dolch in der Hand; wünſchten nichts ſehnlicher, als Gelegenheit, Schafotte oder Scheiterhaufen zu errichten, und wären beym Anblicke eines Unglücklichen oder Angeſchuldigten jedes natürlichen Mitgefühls unfähig!

Eidlich betheure ich es: nie erſchien ein Angeſchuldigter vor mir, ohne in mir ein ſchmerzliches Gefühl zu erregen! Noch iſt meinem Herzen und meinem Gedächtniſſe die Erſchütterung gegenwärtig, welche ich da empfand, als ich zum erſtenmal die traurige Pflicht erfüllte, einen peinlichen Proceß vorzutragen. Bläſſe deckte mein Geſicht; Thränen rollten aus meinen Augen; ich ſtammelte; ein Zittern bemächtigte ſich aller meiner Glieder, und ein geheimer Schauder meiner Sinne. Ruhig blieb indeſſen der Angeſchuldigte; und hätte man uns blos nach dem äuſſern Betragen und nach der Verwirrung, die mich beherrſchte, beurtheilt, und hätte das

Aus

Auszeichnende meiner richterlichen Kleidung uns nicht unterschieden, man würde leicht ihn für den Richter und mich für den Schuldigen haben halten können. Und doch war schon ein Todesurtheil wider ihn gesprochen!

Und darf ich nicht noch hinzu setzen, daß man oft Fehler, die in den Gesetzen liegen, auf Rechnung des Richters schreibt? Denn hat das Gesetz die Merkmale der Gewißheit des Verbrechens unwiderruflich bestimmt, sind diese Merkmale vorhanden: wie will der Richter es dann vermeiden, auf die gesetzmäßige Strafe zu erkennen? Indeß ist diese Bemerkung blos auf zu strenge Strafen anwendbar. Denn fern sey es von mir, ungerechte Verdammungsurtheile rechtfertigen zu wollen! Kann wohl die Fantasie unter allen den Leiden, welche die Menschheit verheeren, sich etwas Schrecklicheres denken, als die Lage eines redlichen unschuldigen Bürgers, Vaters und Gatten, den man seiner Wohnung, seinem Weibe, seinen Kindern entreißt, um ihn ungerechter Weise dem Tode und der Infamie entgegen zu führen?

Die National-Versammlung hat bereits den Anfang zur Verbesserung der peinlichen Gesetze gemacht. Gerührt sah' endlich der Menschenfreund, daß dem Angeschuldigten das zu Theil wurde, was schon längst Vernunft und Gerechtigkeit heischten. Man gestattete ihm allen den rechtlichen Beyrath, welchen die bürgerlichen Gesetze ihm nicht versagen dürfen, weil das natürliche Recht ihm denselben zugesteht. Man verordnete jene schützende Publicität der Gerichtsverhandlungen, welche nur dem Unwissenden oder Unredlichen nachtheilig werden kann, und die ein edles Merkmal der Achtung der Obrigkeit gegen die Nation und des Zutrauens des Volks gegen die Obrigkeit ist. Auf immer zerstöhrte man jenen schimpf-
lichen

lichen Sitz der Verbrecher, deſſen infamirende Folgen
das Mitleiden, das ihn ſchuf, unwirkſam machten, und
der ein ſchimpfliches Zeichen eines Vorurtheils war, das
aufgeklärte Richter gewiß verwerfen werden; jenen
Sitz, der vermöge eines in den Geſetzen liegenden
Irrthums den Bürger im voraus mit Schande brandmarkte, der doch nachher durch einen feyerlichen Richter-
ſpruch für unſchuldig erklärt werden konnte ᵉ). Sie iſt
aufgehoben, jene grauſame Folter, jenes abſcheuliche
Ueberbleibſel eines barbariſchen Zeitalters! Zwar war
ſie weniger tadelnswürbig, als die vorläufige peinliche
                                                    Frage

---

e) Irre ich nicht, ſo zielt hier der Verfaſſer auf den hölzernen
   Schemel, auf den ſich der Angeſchuldigte während der Vernehmung auch ſelbſt vor den Parlamentern ſetzen mußte;
   auf dieſem Stuhle geſeſſen zu haben, machte den Angeſchuldigten ſelbſt dann anrüchig, wenn er auch losgeſprochen
   ward. Eine ähnliche Abſurdität iſt die Anrüchigkeit,
   welche die Specialinquiſition, oder der Reinigungseid ſelbſt
   beym losgeſprochenen Angeſchuldigten bewirken ſoll. Entweder iſt dieſer ſchuldig: ſo muß man ihn nicht losſprechen;
   oder er iſt unſchuldig: (und die Möglichkeit, daß dieß der
   Fall ſelbſt bey denen, die in Inquiſition gekommen ſind,
   oder den Reinigungseid geleiſtet haben, ſeyn könne, wird
   wohl niemand zu läugnen wagen) ſo iſt die Inquiſition
   ein Unfall für den Unſchuldigen, dem man nicht durch
   ein ſo großes Uebel, wie Anrüchigkeit iſt, (die hier in harte
   Strafe ausartet,) auf grauſame Art vermehren ſollte.
   „Aber dieſe Menſchen können doch leicht ſchuldig ſeyn?“
   Wißt ihr das gewiß: ſo müßt ihr ſie ſtrafen, wißt ihr es
   nicht gewiß, was unterſteht ihr euch, auf gut Glück den
   Angeſchuldigten eine harte Strafe dulden zu laſſen, die ihm
   nicht einmal durch Urtel und Recht zugeſprochen iſt? Was
   hilft ihm auch ſonſt eure Losſprechungsſentenz? Sie iſt
   ein leerer Schall, der für ihn nichts wirkt, da ſie ihn nicht
   vor den unſeligen Folgen einer Unterſuchung ſchützt, die der
   Richter vielleicht aus Verſehen, vielleicht aus Bosheit, an-
   fieng.   Anm. des Herausg.

Frage (Question préliminaire) f), dennoch aber gleich
ungerecht in ihren Grundsätzen, gleich grausam in ihren
Wirkungen, ein gleich unsicheres Mittel, die Wahrheit
zu entdecken.

Welch ein Glück für uns, so vielen Gräueln entgangen zu seyn! Dennoch aber enthält das Decret der
National-Versammlung noch einige Artikel, deren
Gründe und deren Nutzbarkeit ich nicht für gleich einleuchtend halte.

Einige derselben bestimmen eine Proceßform, die
vielleicht mit dem natürlichen und zweckmäßigen Gange
des peinlichen Processes nicht überein kommt; bey eili-
gen andern ist zu bedauren, daß man bey ihrer Ent-
werfung mehr die Philosophie, als die Erfahrungen
der Richter und Obrigkeiten zu Rathe gezogen hat. Ich
unterstehe mich, dieses öffentlich zu behaupten, überzeugt,
daß die Achtung für Wahrheit der Ehrfurcht gegen
die Gesetze vorgehe g), vorzüglich bey einem Gesetze,
welches

f) Hier folterte man den Angeschuldigten, noch ehe man ihn
vernommen hatte, um Mitschuldige und andre geheime Umstände gleich vorläufig zu entdecken. Ein schrecklicher Gebrauch, der jeden Menschen, der diesen Nahmen verdient,
empören muß! — Anm. d. Herausg.
g) Man ehrt den Gesetzgeber, dessen Gesetze man prüft, und
dem man das Resultat dieser Prüfungen mit unbefangener
Redlichkeit sagt. Und der Gesetzgeber ehrt sich selbst, der
dergleichen Erinnerungen nicht ungünstig aufnimmt, gesetzt, daß er auch Gründe hätte, keinen Gebrauch davon
zu machen. Unsterblich wird mir daher stets der weise
Minister von Carmer seyn, der zur Critik des unter
seiner Aufsicht entworfenen Gesetzbuches nach 10 jähriger
Arbeit und selbst nach erfolgter Publication auffodert und
dadurch sich als wahrhaft großen Mann zeigt, der sich
seiner guten Sache bewußt, nicht Lobreden, sondern Bedenklichkeiten sein Ohr dann am liebsten öfnet, je gegrün-
deter sie scheinen. Anm. d. Herausg.

welches eben daburch, daß es blos proviſoriſch gegeben
worden iſt, zur Unterſuchung auffordert, ſtatt ſie zu unterſa-
gen; bey einem Geſeße, welches auf menſchliche Exiſtenz
und geſellſchaftliche Sicherheit einen ſo großen Einfluß hat.

Ich werde mich bemühen, bey dieſer Prüfung unſerer
Strafgeſeße ganz kaltblütig zu bleiben. Schwer iſt es
zwar, mit Kälte von ſo wichtigen Gegenſtänden zu handeln; ſchwer, beym Andenken an ehemalige Gräuel und
Ungerechtigkeiten die ſo nöthige gleichmäßige Stimmung
des Geiſtes nicht zu verliehren! Und doch iſt es ſo unumgänglich nöthig, jene ſonſt ſo natürlichen Bewegungen
der Seele zu unterdrücken, und dann, wann man die
Sprache der Vernunft zu reden wünſcht, ſo kalt und ſo
ruhig, als die Vernunft ſelbſt, zu ſeyn. Der Redner
überſchreitet ſtets die Gränzen der Wahrheit, er über-
ladet ſeine Schilderungen, damit ſie mehr hervor treten
ſollen. Doch bey dieſer Materie iſt das Unglück von der
Art, daß man es blos darzuſtellen braucht, um zu
rühren!

Uebrigens werde ich mich nicht ſowohl bemühen,
neue Ideen über einen Gegenſtand mitzutheilen, der von
den vortrefflichſten Köpfen bereits aufs gründlichſte abge-
handelt worden iſt, als vielmehr, geſunde und richtige
Begriffe zu ſammeln. Innige Ueberzeugung wird
meine Feder leiten. Irre ich, nun ſo wird man mir wenigſtens jene Nachſicht ſchenken, die man einem redlichen
Forſcher ſchuldig iſt, deſſen Wunſch blos auf die Vervollkommung der Geſeße, auf die Ehre ſeines Vaterlandes,
und auf das Glück der Menſchheit gerichtet iſt.

Zwey=

Zweytes Kapitel
Allgemeine Grundsätze

Unter allen Europäischen Staaten hat Frankreich vielleicht die meisten peinlichen Geseße, und, was un-
glaublich scheint, doch hat es kein Criminalgeseßbuch.
Das Geseß vom Jahre 1670 verordnet die Competenz
der Richter und das von ihnen zu beobachtende Verfahren. Es bestimmt die bey Anschuldigungen, Klagen,
Untersuchungen, Vernehmungen, Fragstücken, Able-
sungen der Zeugenverhöre, Confrontationen, Urtheilen
und Berufungen zu beobachtenden Förmlichkeiten, enthält aber nur sehr wenig über Verbrechen und Strafen.
Alles, was wir über die Strafen und deren Anwendung wissen, liegt in verschiedenen, mehr oder weniger
alten Geseßen zerstreut. Noch jeßt würde sie der größte
Theil der Richter nicht einmal aufzusuchen wissen, wären
sie nicht von einem Sachverständigen in ein Werk zusammen getragen worden, das freylich das Verdienst
einer vortrefflichen Anordnung hat, dessen Inhalt aber
jedem Menschenfreunde Schauder erregen muß.

Man urtheilte also ehedem mehr nach Tradition,
als nach einer bestimmten und zuverläßigen Kenntniß
der Geseße.

Welches Unglück liegt nicht überdem in der Vielfach-
heit abgeschmackter und widersprechender Geseße, deren
keines aufgehoben ist, und die folglich alle zusammen
gelten! Nicht ohne Erstaunen bemerkt man die Strenge,
womit ehedem gewisse Verbrechen bestraft wurden, die
jeßt für sehr geringfügig gehalten werden.

Es giebt keine Meinung, ja, ich möchte faſt ſagen, keinen eigenſinnigen Einfall irgend eines Richters, der nicht in einem förmlichen Geſetze Autorität und Rechtfertigung fände. Unaufhörlich iſt ſein Gewiſſen, das ihm Grauſamkeit und Härte verbietet, mit ſeinem Richtereide, der unbeſchränkten Gehorſam gegen die Geſetze fodert, im Kampfe. In dieſer bedauernswürdigen Lage iſt die Willkühr, jene ſonſt ſo unreine Quelle ſo vieler Uebel, oft wahres Glück! Planloſe Geſetze werden durch ſie auf die Grundſätze der Gerechtigkeit zurückgeführt [h]). Oft iſt ſie das Rettungsmittel des Angeſchuldigten, oft die einzige Hülfe für den Unglücklichen.

Ich könnte hier noch mehrere nicht weniger gegründete Vorwürfe berühren; ich könnte mit dem erſten der Redner Roms, ja vielleicht der ganzen Welt, ſagen, daß Gerechtigkeit und Wahrheit nicht ſelten an der Klippe des Reichthums ſcheitern [l]).

Ich könnte die Langſamkeit der peinlichen Proceſſe tadeln, einen Fehler, der zwar in dem Falle Entſchuldigung verdient, wenn er durch reifere Prüfung und vortheilhafte Publicität veranlaßt wird; der aber gewöhnlich für

h) Ich freue mich, in dieſer und mehreren Stellen, mit der Meinung des würdigen Verfaſſers ſo einſtimmig geurtheilt zu haben, in meinem Verſuche über das Anſehen der Geſetze III. Abſch. 2. Kap. S. 69. in der Anm. Hier ſetze ich noch Folgendes hinzu. Unſre Fakultäten und Schöppenſtühle können bey aller Menſchlichkeit ihrer Grundſätze oft nicht vermeiden, nach harten, zweckloſen und barbariſchen Geſetzen zu urtheilen. Eine Urſache, warum ſie ſo oft ſelbſt von redlichen Leuten unverdient getadelt werden. So manche Inconſequenzen ſchreibt man ihnen zu! und doch liegt ſie im Geſetze, deſſen Exiſtenz freylich der Tadler oft nicht einmal kennt. A. d. H.

l) Ingentes diuitiae iudiciorum religionem veritatemque ſolent perfringere.

für den Angeklagten schon in den Anfang einer wahren Strafe ausartet.   Der Theodosianische Codex
verbot, die Untersuchungen der Verbrechen länger, als
ein Jahr, dauern zu lassen [2]).   Justinian erstreckte
diese Frist auf zwey Jahre [3]).   War diese Zeit ver-
strichen und die Untersuchung noch nicht beendigt, so
ward der Angeschuldigte losgesprochen. „In Frankreich,
„sagt Loyseau, überleben die peinlichen Processe [4])
„die Menschen."

Doch, vorläufig genug von Wahrheiten, die wir
ohnehin in der Folge näher zu erörtern haben!

Um im Stande zu seyn, den Werth dieser Wahrheiten zu bestimmen, wollen wir vor allen Dingen die
vorzüglichsten Grundsätze entwickeln, und auf diese gewisse bestimmte Regeln bauen.

Die Grundsätze der Menschlichkeit können eben so
gut auf Axiomen gebracht werden, als die Grundsätze der
Meßkunst. Wehe dem, für den sie keine Evidenz haben!

Der erste Grundsatz unter allen, und vielleicht
die Quelle aller übrigen, ist: Die Verurtheilung
eines Unschuldigen ist ein viel größeres Unglück, als die Lossprechung vieler Schuldigen.   Nie wurde ich schmerzlicher und schrecklicher
überrascht, als da ich diesen heiligen Grundsatz
von sonst aufgeklärten und redlichen Männern
leugnen hörte.   Was vermögen nicht herrschende Vorurtheile, an die man sich von Jugend auf gewöhnt hat!

Was

---

2) *Cod. Theodos.* Tit. vt intra annum criminis quaestio
   terminetur.

3) *l. 3. C.* vt intra certum tempus criminis quaestio
   terminetur.

4) LOYSEAU *des offices L. I. ch. 14. §. 8. p. 229.*

B

Was vermag nicht die traurige Gewohnheit, das loos der Verbrecher und Böſewichter zu entſcheiden!

Folgende zwey Hauptideen muß man bey Verbeſſerung der peinlichen Geſetze nie aus dem Geſichte verlieren. Die öffentliche Ordnung erheiſcht die Beſtrafung des Schuldigen, und: die Rechte der Unſchuld und Achtung für Menſchlichkeit machen es uns zur Pflicht, möglichſt gelind und nie ohne die vollkommenſte Ueberzeugung zu ſtrafen.

Man bildet die Gerechtigkeit blind. Freylich bedarf ſie keines Geſichts bey der Fällung des Urtheils: deſto mehr aber zur Prüfung und Unterſuchung. Nicht während der Inſtruction der Sache, ſondern erſt dann, wann das Urtheil über den Verbrecher gefällt werden ſoll, bedecke die heilige Binde ihre Augen. Kaiſer Gordian ſagt [5]): „es iſt die Pflicht des Richters, „mit gleicher Genauigkeit die Beweiſe des Anklägers „und die Rechtfertigung des Angeklagten zu prüfen.“ Ein wichtiger Grundſatz, der aber nicht gemißbraucht werden, der den Gedanken, daß das Geſetz ſeinen vorzüglichſten Schutz dem angeklagten Bürger ſchuldig ſey, nicht unterdrücken darf.

Eine andre, ſehr wichtige Betrachtung beſteht darinn, daß die Geſetze nur dann gut ſind, wenn ſie mit der Rechtſchaffenheit einen großen Vortheil verbinden. Nicht die Leidenſchaften zu ſtrafen, ſondern ſie zum Wohl des Staats zu lenken; in dem Menſchen das Gefühl zu erregen, daß ſein eigner Vortheil, ſein eignes Glück

Tugend

---

5) Non minus accuſatorem ad dicenda quam reum ad purganda quae negat, vrgere debet.

Tuend von ihm heiſſe, dies iſt der wahre Charakter zweckmäßiger Geſetze.

Die wahren Grundſätze der Geſetzgebung ſind mit den Grundſätzen der geſunden Vernunſt, und der allgemeinen practiſchen Philoſophie einerley und unterſcheiden ſich von ihnen nur dadurch, daß die öffentliche Gewalt ſie autoriſirte. Den Ausbrüchen der Leidenſchaften zuvorzukommen, dies kann nicht der einzige Gegenſtand des Willens des Geſetzgebers ſeyn. Er muß mit weitumfaſſendem Blick eben ſowohl auf die Zukunft, als auf die Gegenwart und Vergangenheit, Rückſicht nehmen. Er würde nur einen Theil ſeiner Pflicht erfüllen, wenn er ſeine Bemühungen blos auf Züchtigung und Strafen einſchränkte. Immer beſchäftige ihn die Sorge, die Quelle der Verbrechen zu verſtopfen, und ſich eben ſo ſehr der Strafe als eines Mittels zu bedienen, andere von ähnlichen Vergehungen abzuſchrecken.

Man entziehe den Leidenſchaften Nahrung und Vortheil, inſoweit die geſellſchaftliche Ordnung und der Trieb der Natur es erlauben; und eine der gewöhnlichſten Quellen der Verbrechen verſiegt von ſelbſt. — Den Uebelthätern, welche die Erde verwüſten, Einhalt zu thun, die nothwendigen Leiden des menſchlichen Geſchlechts zu vermindern, und es zu dem höchſten Grade von Glück, deſſen es fähig iſt, zu erheben, dies iſt der ewige [1] Zweck einer weiſen Geſetzgebung. Und dieſen

B 2   Grund-

---

1) Der Verfaſſer dehnt hier den Zweck der Geſetzgebung zu weit aus. Sicherheit und Ordnung im Staate herzuſtellen und zu erhalten, iſt der Zweck der Geſetze. Die Moralität der Bürger iſt ein Gegenſtand der Nationalbildung und wird wohl durch zweckmäßige Fürſorge des Staats und durch Anſtalten, aber nicht durch Zwangsgeſetze bewirkt. Ich werde dieß im Anhange weitläufiger ausführen.   Anm. des Herausg.

Grundsatz, hat die Kaiserin von Rußland beym Entwurfe
zu einem neuen Gesetzbuche für ihre Unterthanen zum
Grunde gelegt [6]).

Wollt ihr Verbrechen verhüten: begünstigt
gewisse Menschen nicht mehr, als alle Menschen
überhaupt, oder jeden einzelnen insbesondre. Man
kenne keine Furcht vor der Ungnade eines
Menschen, sondern bloß die Furcht vor dem
Gesetze! laßt Wissenschaft und Aufklärung
sich immer mehr ausbreiten! Und, was das
schwerste, aber sicherste Mittel ist, unterrichtet den
Bürger von Kindheit auf in der Tugend und Vaterlandsliebe! Die Tugend werde belohnt! Verbindet Vortheile damit, gut und weise zu seyn; gebt
nicht zu, daß Liebe zum Laster und zur Ausschweifung
Vortheile verschaffe! Entzieht der Habsucht ihre
Begünstigungen, und nie zehre daher die Einnahme
eines Einzelnen den Unterhalt von zwey tausend Bürgern auf. Erstickt Trägheit und Faulheit, und muntert
den Trägen durch Belohnungen auf; legt öffentliche Arbeitshäuser an, damit die Bürger stets Gelegenheit zur
Arbeit finden! Steuert den Anmaßungen des Stolzes,
und den beleidigenden Erniedrigungen, welche wir von
ihm erdulden müssen. Nähert daher die Bürger einander, stellt unter ihnen diejenige bürgerliche Gleichheit her,
welche sich mit guter Ordnung verträgt, und befestigt die
Verbindung aller Classen durch Vortheile und Bedürfnisse; bezähmt den Uebermuth derer, die stolz darauf sind,
durch Niederträchtigkeiten sich Ehrenstellen erkauft zu
haben, deren sie unwürdig sind! Laßt statt dessen, Fähig-
keiten, Kenntnisse und Bescheidenheit die ihnen bisher
versagten

6) Im 10. Artikel §. 251. u. f.

versagten Belohnungen hoffen! Vergeßt nie jene so gemeine und doch so verkannte Wahrheit: daß nur wahres Verdienst auf vorzügliche Rechte Anspruch
hat, und daß Ehrenstellen nur dem gehören, der
durch Kenntnisse und ununterbrochene Thä-
tigkeit sie verdient [k]). Dann wird es jener blutigen
Strafen nicht mehr bedürfen, die so oft der Menschlichkeit
vorgezogen werden, weil es leichter ist, Verbrechen streng
zu bestrafen, als Mittel zu finden, ihnen vorzubeugen.
Vergebens wird man die Leidenschaften zu unterdrücken
suchen, wenn man sie mit den Strafen nicht in ein gehöriges Verhältniß und Gleichgewicht bringt!

Die Stoiker, jene durch ihre Anstrengung in Be-
zwingung der Leidenschaften und durch viele zu ihr gehörige große Männer berühmte Sekte, haben die Behauptung gewagt, daß alle Verbrechen gleich seyen, und
gleiche Strafe verdienten. Ein Asiatisches Volk, dessen fast einziges Glück in der Unwissenheit, und dessen
ganze Philosophie in einer weichlichen Unterwürfigkeit
unter den Willen eines Tyrannen besteht, scheint diesen sonderbaren Grundsatz angenommen zu haben, und
mit Erstaunen findet man in der dummen Seele des
Japaners Grundsätze, welche durch die Beystimmung
der größten Männer Roms und Griechenlands geheiligt
zu seyn scheinen. Zeno verbarg diese Grundsätze den
Atheniensern. Ein wegen seiner Grausamkeit berühmter Gesetzgeber hatte sie schon vorher angewandt. Als
Draco einst gefragt wurde, warum er über alle Verbrechen ohne Unterschied den Tod verhängt habe, ant-

B 3   wortete

---

k) Meine Bemerkungen über diese wichtige Stelle wird man
im Anhange finden.   Anm. d. Herausg.

wortete er: weil sie alle ihn verbieren; wenn
ich aber auf die größten Verbrechen keine
härtere Strafe gesetzt habe, so geschah' es
deshalb, weil ich nichts kenne, was härter
ist, als der Verlust des Lebens 7).

Die Schüler des Zeno kannten keine andere Tugend, als die ganz vollkommene. Nur ein we-
nig von ihr abzuweichen, oder sie ganz zu verlassen, dies
war in ihren Augen gleich lasterhaft, wenigstens gleich
strafwürdig 1). Feurigen Freunden der Weisheit ist
dieser Irrthum zu verzeihen, allein glänzende Paradoxen
eines speculativischen Philosophen müssen nicht die Grundsätze der Gesetzgebung eines Volks seyn.

Nie sollen das Schauder erregende Verbrechen;
das Haß, oder Verachtung erweckende Laster; die zum
Mitleid rührende Schwachheit, und der fast immer
Nachsicht verdienende Fehler mit einander vermischt, oder
einander gleich gerechnet werden.

Ueberflüssig ist sogar die Widerlegung eines solchen
Systems — unnöthig die Bemerkung, daß die größere
oder mindere Schädlichkeit des Verbrechens, die stärkere oder schwächere Absicht des Schuldigen; Ueberlegung oder Zufall, Leidenschaft oder Uebereilung, Bosheit oder Irrthum das Wesen und die Größe des Verbrechens ändern. Bald werden wir uns bemühen, alle
diese Verhältnisse mit der erforderlichen Genauigkeit zu
bestim-

---

7) Plutarchi vita Solon. c. 17. Edit. Reisk. Vol. I. p.
349. Horat. Satyr. lib. I. 3. v. 115.
1) Wie allgemein die ältesten Gesetzgeber darin irrten, daß sie
Laster und Verbrechen vermischten, dieser Untersuchung werde
ich im Anhange eine besondre Abhandlung widmen.
Anm. des Herausg.

beſtimmen, dem Angeſchuldigten bey allem, was ihn
reißt, auf ihn Einfluß hat, und ihn umgiebt, folgen; und mit ſtrengſter Genauigkeit Alles abwägen, wodurch das Verbrechen erzeugt, entwickelt, vollbracht,
vermindert oder vergrößert wird.   Sein Einfluß
ſoll, ſo wie der Eindruck, den die Strafe machen
muß, geprüft werden.   Wir werden ſehen, wie ſehr dieſer nach Verſchiedenheit der Perſonen ſich abändert; ob
er in gewiſſen Fällen von ſeiner Beßrungskraft verliehre;
ob eine Strafe, die Einen Bürger vom Verbrechen abzuſchrecken vermögend iſt, auch auf alle übrige immer
den nämlichen Einfluß habe u. ſ. w.   Doch, dies iſt
nur ein kleiner Theil der Gegenſtände, worauf wir unſere Blicke richten werden.   Ehe wir aber zu dieſen Betrachtungen ſchreiten, müſſen nothwendig folgende Grundſätze angegeben werden, von denen mein ganzes Werk
ausgeht, und deren Evidenz meines Ermeſſens Niemand
zu leugnen wagen wird.

Erſter Grundſatz

Die Verurtheilung eines Unſchuldigen iſt ein
größeres Uebel, als die Losſprechung eines Schuldigen.

Zweyter Grundſatz

Bis zum Augenblicke der Verdammung muß
der Schuldige für unſchuldig gehalten werden.

Dritter Grundſatz

Ein nicht durchaus vollſtändiger Beweis iſt
kein Beweis.

Vier=

Vierter Grundsatz

Die Strafe muß nach der Wichtigkeit des Verbrechens, nicht nach der Stärke des Beweises abgemessen werden.

Fünfter Grundsatz

Da findet kein Verbrechen statt, wo kein Wille, es zu begehen, vorhergegangen und erwiesen ist.

Sechster Grundsatz

Das der m) bürgerlichen Gesellschaft zugefügte Uebel ist der vornehmste Maasstab des Verbrechens.

Sieben-

---

m) Das der Sicherheit der bürgerlichen Gesellschaft zugefügte Uebel ist der einzige wahre Maasstab des Verbrechens. So muß dieser Satz ausgedrückt werden, wenn wir in der Criminalgesetzgebung nicht ewig auf schwankende Begriffe bauen wollen. So wenig, als jeder Schade, den ein andrer Mensch durch meine Schuld erleidet, eine wahre Rechtsbeleidigung ist: so wenig ist ein der Gesellschaft zugefügter Schade absolut ein Verbrechen, sobald keine Rechtsverbindlichkeit dabey übertreten wird. Wer z. B. ein Fabrikat erfunden hätte, das ein bisher sehr gesuchtes inländisches Fabrikat überträfe und überflüßig machte, der würde dadurch, daß er diese seine Erfindung im Auslande bekannt machte, der Gesellschaft einen wichtigen Schaden zufügen. Seine Handlung wäre offenbar sehr unpatriotisch; aber wer wollte sie Verbrechen nennen? Der Erfinder bediente sich seines an der Erfindung habenden Eigenthumsrechts, von welchem die freye Disposition über die Mittheilung derselben unzertrennlich ist. Es wäre Tyranney, dieß Recht schmälern zu wollen. Und doch wäre der Schade, den er der Gesellschaft zufügte, offenbar unendlich größer, als der, den ihr der zufügt, der 12 Thlr. 12 gr. heimlich entwendet. Wäre also das der Gesellschaft zugefügte Uebel unbedingt der Maasstab der Verbrechen, so müßte er natürlich auch der Maasstab der Strafen seyn, und so wäre dann jener Erfinder, der sich noch dazu seines Rechts bediente, wenigstens

Siebenter Grundſatz

Bey den Strafen ſelbſt muß lediglich auf das gemeine Beſte Rückſicht genommen werden.

Achter Grundſatz

Bey den Strafen muß die Abſicht mehr dahin gehen, Verbrechen zu verhindern, als ſie zu beſtrafen.

Neunter Grundſatz

Nur derjenige darf beſtraft werden, der das Verbrechen begangen hat [n]).

Zehnter Grundſatz

Die Strafe darf in keinem Falle ſo geartet ſeyn, daß ein Verſehen der Geſellſchaft, das dabey vorgegangen ſeyn möchte, nicht wieder gut gemacht werden könnte [o]).

B 5   Eilfter

ſtens mit 10 Jahr Zuchthaus zu beſtrafen. Wer wird ſo kühn und ſo ungerecht ſeyn, dieß zu behaupten? Es bleibt alſo Alles ſchwankend und ungewiß, ſo lange wir nicht Sicherheit und ſtrenges Recht zum Grunde der Criminal-Geſetzgebung machen.   Anm. des Herausg.

n) Aus dieſem ſehr richtigen Grundſatze müſſen alle Strafen wegfallen, durch welche die Familie des Verbrechers unmittelbar mit geſtraft wird. Z. B. Conſiscation des Vermögens, Beraubung der auf Kinder forterbenden Vorrechte, Infamie, die auf die unſchuldigen Verwandten wirkt u. ſ. w.   Anm. des Herausg.

o) Dieß zielt auf die Todesſtrafen. Denn die Macht von ganz Frankreich konnte freylich den unſchuldigen Calas nicht wieder aufwecken, nachdem ihn das Parlament zu Toulouſe aus Dummheit ermordet hatte. Auch gehören hierher die ver-

Eilfter Grundsatz

Die Strafe ist hinreichend, wenn sie den Schuldigen abhält, das Verbrechen wiederum zu begehen p).

Zwölfter Grundsatz

Die Strafe ist ungerecht, wenn sie unnütz ist.

Dreyzehnter Grundsatz

Sie ist ungerecht, wenn sie zu strenge ist.

Vierzehnter Grundsatz

Allzustrenge Gesetze machen, daß viele Verbrechen ungestraft bleiben.

verstümmelnden Strafen. Die Untersuchung über die Todesstrafen wird unten im zweyten Theile vorkommen. Vorläufig bemerke ich hier dieß, daß in einem Staate, wo man Todesstrafen für unentbehrlich hält, dennoch die Regel ohne Ausnahme befolgt werden müsse: Es muß keine Todesstrafe an einem Menschen vollzogen werden, von welchem nicht mit der überzeugendsten Gewißheit entschieden ist, daß er unmöglich unschuldig seyn könne. So nur sichert sich der Staat, keinen Justizmord zu begehen. Anm. d. Herausg.

p) Dieß kann ich nicht uneingeschränkt zugeben. Der Satz sollte so ausgedruckt seyn: die Strafe ist hinreichend, sobald sie ein hinlängliches und verhältnißmäßiges Mittel zur Abschreckung andrer vom Verbrechen ist, und den Staat vor neuen Vergehungen gefährlicher Verbrecher sichert. Eine heimliche Gefangenhaltung des Verbrechers kann ihn von einem neuen Verbrechen vielleicht abhalten; aber sie wird sehr zwecklose Strafe seyn, in sofern sie dem Publicum nicht bekannt wird. Anm. d. Her.

Drittes

Drittes Kapitel
Vom Straf - Rechte

So lange ein Volk wild oder ungebildet ist, kennt es keine andere Strafe, als die Selbstrache [q]. In dem Maaße aber, in welchem sich die Gesellschaft ausbildet und aufklärt, in eben dem Maaße müssen die wilden Wellen der Rache und der Feindseligkeiten sich an den Füßen des Throns des Gesetzes legen, des Gesetzes, das sodann allein an die Stelle der persönlichen Rache tritt.

Man sehe die Denkmale der Völkergeschichte nach. Geht man bis auf ihre Kindheit zurück, lernt man die Lebensart der ersten wenigen Einwohner jedes Landes kennen, so findet man allgemein, daß der Mörder von den Kindern des Ermordeten bis ins Grab verfolgt ward; und daß diese Rachbegierde oft ganze Jahrhunderte auf die Familien forterbte und der Anlaß zu Blutvergießen ward. Die Westgothen standen dem Beleidigten, oder dessen Anverwandten das Strafrecht zu; der Schuldige sammt seinen Gütern wurde ihnen Preiß gegeben [1]. Die Scythen erlaubten zwar den Kindern oder Erben eines Ermordeten nicht, den Mörder zu strafen; allein, sie überließen ihnen das Recht, ihm die verdiente Strafe

zu

---

q) Nach dieser Aeusserung muß der Herr Verfasser beym Anblicke der Mordscenen in und außer Paris wohl oft in Versuchung gerathen, seine Landsleute, wenn auch nicht *peuple sauvage*, doch wenigstens *peuple mal civilisé* zu nennen. **Anm. des Herausg.**

1) *Lex Visigothor.* L. VI. Tit. 5. l. 12. *ut quod de iis facere velint, habeant potestatem.*

zu erlassen ²). Dieser Gebrauch hat sich bey den Tür-
ken und bey andern Völkern erhalten, denen die Grund-
fätze der Gesetzgebung und Politik noch weit fremder sind.
Den Negern an der Goldküste geben ihre Gesetze das
Recht, den Mörder durch einen Vergleich der Strafe
zu entziehen, die zwar gemeiniglich, jedoch nicht immer, in einer Geldbuße besteht. Denn das Leben des
Schuldigen hängt schlechterdings von der Willkühr der
Verwandten des Ermordeten ab ³). Allein, wer sollte
denken, daß ein Volk, das Handlung und Künste nach
Europa brachte, das durch Aufklärung und Sanftmuth
sich so sehr auszeichnete, daß die Toscaner vor der Regierung Leopolds des Weisen das Strafrecht auf eine
eben so ungerechte, als rohe Art gemißbraucht hätten ʳ)? Leopold hat jenes schändliche Gesetz bald vertilgt, welches die Verfolgung und Ermordung der angeblichen Schuldigen blos wegen eines oft geringen Verdachts, ohne vorgängige Untersuchung

---

2) Ammian. Marcellin. Lib. XXXI. cap. 2.

3) Allgemeine Historie der Reisen zu Wasser und zu Lande
IV. B. S. 212.

r) Der Inhalt des angeführten Artikels des Florentinischen
Criminalcodex zeigt deutlich, daß dort von der Gewohnheit
die Rede sey, flüchtige oder nach ergangener Edictalcitation
außengebliebene Capitalverbrecher für vogelfrey zu erklären, oder gar eine Belohnung auf ihren Kopf zu setzen.
Dieß nennt das Gesetz mit Recht eine barbarische und
abscheuliche Gewohnheit. Diese Gewohnheit ist aber Toscana nicht ausschließend eigen gewesen. In ältesten und
mittlern Zeiten konnte auch in Deutschland der Geächtete
von Jedermann, der ihn anhielt und dem er nicht Stand
halten wollte, umgebracht werden. S. Schwabenspiegel
C. CLIII. SENKENBERG *Selecta iuris et historiar.*
p. 296 Tom. IV. Meckbach Commentar über den
Sachsenspiegel S. 687. 731.   Anm. des Herausg.

suchung und Verurtheilung nicht nur zuließ, sondern sogar befahl 4).

Eben die Gesetze, welche ehemals die Gewalt der Herren, Väter oder Ehegatten so weit ausdehnten, gaben ihnen auch das Recht, zu strafen. Hatte nicht — um ein Beyspiel aus unserer Gegend zu nehmen, — bey den Galliern ein Vater, ein Ehemann die Macht, nach Willkühr über das Leben seiner Kinder, oder seiner Frau zu schalten 5)?

Eines von den eben angeführten 6) Gesetzbüchern erheischte von dem Herrn, der seinen Sclaven getödet hatte, nichts weiter, als den Eyd, daß er hierzu gute Ursache gehabt habe, gleich als ob der nicht fähig wäre, einen Meineyd zu begehen, der einen Mord für unbedenklich hielt!

Verdient unsre Gesetzgebung nicht einen gerechten Vorwurf, daß sie einem Einzigen das Recht der ganzen Gesellschaft übertrug? —

In den ersten Jahrhunderten der Monarchie entgiengen selbst die vom Könige begnadigten Mörder der Rache der Anverwandten des Ermordeten nicht. Oft bemühte sich der Fürst, sie durch das, mittelst eines unter

4) S. den 52sten Art. des neuen zu Florenz den 30sten Nov. 1786 publicirten Criminalgesetzbuches.

5) CAESAR *de bello gallico*, Lib. VI. c. 18. Selbst Puffendorf hat in seinem Natur = und Völkerrechte zu sagen gewagt, daß ein Mann, der sich verheurathet, sich über seine Frau eine solche Gewalt stipuliren könne. Er sieht zwar das Recht über Leben und Tod nicht als wesentlich mit dem Begriff eines Ehemannes verbunden an; allein, er glaubt, daß man es ihm sehr wohl in dem Heurathscontracte gestatten könne.

6) Leges Visigothor. Lib. VI. Tit. 5. l. 12.

ter dem Namen der Präception bekannten königlichen Schußbriefs ertheilten ſichern Geleits, derſelben zu entziehen [7]). Allein wie öft wurden eben dieſe
Schußbriefe dazu gemißbraucht, um unter dem Namen
des Monarchen Verbrechen zu autoriſiren, die aufs ſtreng-
ſte hätten beſtraft werden ſollen.

Endlich verſchwand der Mißbrauch der perſönlichen
Rache [8]). Nur ſchwache Spuren davon finden ſich nech
in den aus dem römiſchen Rechte entſprungenen franzöſiſchen Geſetzen, und ſelbſt dieſe reden nicht ſowohl von
einem beſondern Vorrechte, als vielmehr vom weſent-
lichen Befugniß, ſein Eigenthum, ſeine Ehre und ſein
Leben zu vertheidigen. So duldet man zum Beyſpiel,
daß ein Mann, der ſein Weib im Ehebruche ertappt,
daß ein Vater, der ſeine Tochter in den Armen eines
Verführers, oder auf der Flucht mit einem ſchuldigen
Liebhaber findet, von gerechtem Zorn entbrannt, auf der
Stelle ſie ſtrafe [8]). So darf ein Mann einen nächtlichen
Räuber tödten, wenn ihm kein ander Mittel übrig bleibt
der Gefahr zu entgehen [9]). Allein, ich wiederhole es,
die

7) Gregor. Turonenſ. Lib. X. c. 27.
8) Hier hätte der Herr Verfaſſer billig von dem Geiſte der
Befehdungen und Privatkriege, der im Mittelalter herrſchte
und bis zu Ende des 16ten Jahrhunderts dauerte, etwas
ſagen ſollen. Im Anhange werde ich dieſe Lücke auszu-
füllen ſuchen.   Anm. des Herauſg.
8) l. 22. §. 4. ff. ad Leg. Iul. de adult. L. vnic. C. de
raptu virginum.
9) L. 54. §. 2. ff. de furtis. l. 9. ff. ad l. Cornel. de ſicar.
                              Anm. des Verf.
    Hierher hätte vorzüglich die l. 4. §. 2. ff. ad leg. Aquil.
gehört: lex XII. tabb. furem noctu deprehenſum occi-
dere permittit, vt tamen id ipſum cum clamore teſti-
ficetur.   Anm. des Herauſg.

die Ursachen, daß man in diesen Fällen Selbsthülfe und
Selbstrache duldet, liegen stets in besondern Grundsätzen,
und es bleibt bey allen dem wahr, daß in Frankreich,
wie in allen gesitteten Staaten, das Strafrecht nur den
durch die Gesetze bestimmten Obrigkeiten zukomme.

Aber hat diese Verfassung entschiedne Vortheile?

Theilung der öffentlichen Gewalt verbürgt dem Staate
am sichersten eine dauerhafte Freyheit. Wo alle Theile
der Staatsgewalt in eine einzige vereinigt sind, da wird
die Freyheit nicht von langer Dauer seyn. Die richter-
liche Gewalt entspringt aus der gesetzgebenden und execu-
tiven zugleich. Die gesetzgebende Gewalt schuf sie: sie
ist die Erhalterinn und das Organ ihrer Decrete. Die
vollstreckende Gewalt wacht über sie, und in deren Namen befiehlt sie Gehorsam gegen die Gesetze, und bestraft
deren Uebertretung. Das Recht zu strafen ist ein furcht-
bares Recht. Man hat daher in neueren Zeiten, selbst
in freyen Staaten, für minder gefährlich gehalten, es
einer gewählten Classe von Bürgern, als dem ganzen
Volke zu überlassen. Nur allzuleicht pflanzen sich falsche Eindrücke in Volksversammlungen fort ⁵), und fast
immer ist Neid und Unwissenheit geneigt, ihnen Gehör

---

t) Welch ein wahres und dabey muthiges Urtheil von einem
jetzt in Frankreich lebenden Manne! Ich kann Herrn
Pastoret hier den Tribut meiner Ehrfurcht nicht versagen;
denn er beweist hier, so wie an mehrern Orten seiner Schrift,
daß er Muth genug habe, der herrschenden unsinnigen Parthey, trotz ihrer Macht und trotz ihrer gefährlichen blinden
Wuth, die Wahrheit zu sagen. Der redliche Freund des Vaterlands zittert eben so wenig vor dem Toben eines zügellosen
aufgehetzten Pöbels, als vor den Drohungen des einzelnen
Tyrannen. Wie könnte ich so einen Mann besser schildern,
als Horaz es bereits gethan hat, wenn er sagt:

Iustum

hör zu geben, wenn sie durch Neid und Bosheit erzeugt
worden sind.   Wie oft wird Tapferkeit und Tugend
ihr Opfer!   Damon wurde verbannt, weil er der wei-
seste, Cimon und Themistocles, weil sie die tapfersten,
Aristid, weil er der gerechteste unter den Athenern war.
„Niemand erhebe sich durch sein Verdienst über andre;
„Thut er es: so verbanne man ihn aus unseren Mauern,"
so sagten die Epheser, als sie den Hermodor verjagten [10]).

So lange das römische Volk das Strafrecht selbst
ausübte, so lange hatten Leidenschaft und Privatinteresse
bey seinen Richtersprüchen den Vorsitz.   Selbst unter
den Königen hatte es dies Recht gewisser Maaßen ausgeübt.   Romulus, das Haupt der Räuber, welche die
Hauptstadt der Welt gründeten, ließ zum Zeichen der ihm
anvertrauten Ausübung des Strafrechts Lictoren vor sich
hergehen, die mit einem mit Ruthen umbundenen
Beile bewaffnet waren [11]).   Allein, bald überlies er dem
Senate das Erkenntniß über die gewöhnlichen Vergehungen, und behielt sich blos die Entscheidung über
wichtige Verbrechen vor [12]).   Tullus Hostilius ernannte
für die Capitalverbrechen besondere Obrigkeiten, von denen an das ganze Volk appellirt werden konnte [13]).

Tarquin

Iuſtum et tenacem propoſiti virum
Non *civium ardor prava iubentium.*
Non *vultus inſtantis tyranni*
Mente quatit ſolida.   Anm. d. Her.

10) Ciceron. quaeſt. Tuscul. lib. V. c. 36. Nemo de nobis
vnus excellat; ſin quis exſtiterit, alio in loco, et
apud alios ſit.

11) Plutarchi Vita Romul. c. XXVI. p. 135. Vol. I. Edit.
Reiſk.

12) Dionyſ. Halicarnaſſ. Lib. II. c. 14. p. 84. Edit. Hudſon.

13) Liuius Libr. I. c. 26.

Tarquin der Grausame (superbus) änderte letzteres ab. Als stolzer Despot bemächtigte er sich aller Theile der öffentlichen Gewalt, so wie er des Throns sich bemächtigt hatte. Dahin war die Zusammenrufung des Senats; dahin die Versammlung des Volks! Der König allein verurtheilte, er allein strafte [14]), und jede grausame Strafe war stets ein neuer Beweis der feigen Rachsucht, die an seinem Innern nagte.

Tarquins Schandthaten machten der königlichen Gewalt ein Ende, und alle Theile der höchsten Gewalt kehrten nun wieder in die Hände der Bürger zurück. Publius Valerius, einer der ersten Consuln der Republik, nahm nun die Beile aus den Fascen weg, zum Zeichen, daß das Recht, am Leben zu strafen, dem Volk, und nicht seinen Häuptern, oder Obrigkeiten, zugehöre. Ein Zwölf-Tafelgesetz gebeut, daß kein Bürger anders, als in der großen Volksversammlung, seines Lebens oder seiner Rechte beraubt werden dürfe [15]). Ein andres Zwölf-Tafelgesetz ernannte aber doch für die Capitalverbrechen [16]) gewisse Commissarien.

Täglich fühlte man mehr, daß bey einer guten Gesetzgebung, Leben, Ehre, und bürgerliche Freyheit dem Unbestand eines unwissenden, und von Vorurtheilen eingenommenen Volks nicht überlassen werden dürfe. Indeß bleibt dem Volke die allgemeine Aufsicht über die

Magi-

---

14) Liv. L. I. c. 55.
15) DE CAPITE. CIVEIS. NEISEI. PER. MAXVMOM. COMEITIATOM. NEI. FERVNTOD. De capite civis, nisi per maximum comitiatum, ne ferunto. Tab. X. l. 4. Caput drückt bekanntlich das Leben und den Genuß aller bürgerlichen Rechte aus.
16) QVAESTORES PARICIDI Tab. IX. l. 5.

C

Magiſtratsperſonen und ihre Entſcheidungen, und die
Ausübung des Rechts, über Verbrechen der verletzten
Majeſtät zu urtheilen, und ſie zu beſtrafen [17]). Die
nurerwähnten Commiſſarien wurden vom Senate nach
vorgängiger Beſtätigung des Volks auf den Vortrag
der Volkstribunen ernannt [18]). Anfangs wurden ſie
nicht auf fortdaurende Zeit, ſondern bey jedem einzelnen
Falle ernannt, um den Proceß zu inſtruiren, und darüber zu erkennen; allein, im Anfang des 7ten Jahrhunderts nach der Erbauung Roms [19]) wurde ihr Amt
fortdaurend [u]).

Wie ſehr zu den Zeiten der Tiranney die Kayſer,
und unter ihrem Namen der Praefectus Praetorio zu
Rom, und die Proconſuln in den Provinzen dieſes fürchterliche

---

17) SIGONIVS de iudiciis populi romani, Lib. 3. cap. 2.'
Zu dieſen Majeſtätsverbrechen ward aber gar viel gerechnet. Sigonius ſagt davon in der vom Verfaſſer angeführten Stelle: ad maieſtatem autem pertinere exiſtimatum
eſt: ſi quis tyrannidis, aut regni occupandi conſilia ha-
buiſſet; ſi aduerſus rempublicam coniuraſſet; ſi hoſtes
ad bellum reipublicae faciendum concitaſſet aut iuuiſ-
ſet; ſi magiſtratum populi rom. in ordinem coegiſſet,
ſi ſacra imminuiſſet, ciues Romanos aut carcere aut
morte indicta cauſa affeciſſet, male ſua culpa pugnaſ-
ſet, plebis commodis aduerſatus eſſet; populo Romano
maledixiſſet. Auch gehörte die Unterſchlagung öffentlicher
Gelder für die Entſcheidung des Volks. Anm. d. Her.

18) Tit. Liv. Lib. IV. c. 51. Lib. IX. c. 26. et Lib. XXXVIII.
c. 54.

19) A. DCIV. ab V. C.

u) Ueber das, was hier von der richterlichen Gewalt bey den
Römern geſagt wird, ſehe man unten meinen dem zweyten
Theile dieſes Werks beygefügten Commentar in der zu ge-
genwärtigem Capitel gehörigen Stelle nach.
Anm. des Herausg.

terliche Recht gemißbraucht haben, ist bekannt [20]). Zum
Glück haben wir nicht nöthig, das Andenken an jene
Abscheulichkeiten zu erneuern.

Unter den ersten Stämmen unserer Könige wurde
dieses Recht von den Herzogen und Grafen ausgeübt.
Die Monarchie war damals in Departements abgetheilt,
davon jedes mehrere Districte in sich faßte.   Einige
Zeit hindurch übten die Herzoge in der Hauptstadt des
ihnen anvertrauten Departements, und die Grafen, die
ihnen nicht immer untergeordnet waren, in der Hauptstadt
des Districts das Strafrecht aus.   Letztere pflegten nie
ohne Beysitzer in peinlichen Sachen zu urtheilen,
und in den geringeren Städten hatten sie Stellvertreter
oder Schultheisen, die gemeiniglich die Vorsitzer eines
von Municipalrichtern zusammengesetzten Gerichts waren, welchem die Gerechtigkeitspflege und das Verfahren
gegen Verbrecher oblag [21]).

Der König hatte indessen, wie einst das Römische
Volk, die Oberaufsicht über den Gebrauch, den die
Herzoge und Grafen von dem Strafrechte machten.   Er
sandte zu diesem Ende obrigkeitliche Personen in die Provinzen, die unter dem Namen: Missi dominici bekannt
sind.   Eine Anstalt, die völlig überflüßig in einem Lande
ist, wo die Gesetze ein Werk der blinden Willführ sind,
wo die Regierung despotisch ist, oder wo jede Provinz eines
großen Reichs ihre besondern Gewohnheiten und Vor-

rechte

---

20) Dieses Recht findet man nach den Worten: potestas, me-
    rum imperium, ius gladii bezeichnet, l. 3. ff. de iuris-
    diction. omn. iudic.

21) Man sehe hiervon Capitular. Reg. Francor. und be-
    sonders capitula excerpta ex lege Langobardorum A.
    DCCCI. §. 25 — 28. beym Balusius Tom. I. p. 353.

rechte hat; allein, eine Anſtalt, die einem Lande, deſſen
Regierung auf freyen und natürlichen Grundſätzen beruht, unentbehrlich iſt, um in allen Theilen des Staats
eine heilſame Einförmigkeit der Juſtizverwaltung hervorzubringen und zu erhalten.　Dieſe Miſſi dominici verlohren ſich daher auch nicht eher, als bis durch das Lehns-
ſyſtem der Despotismus des Stolzes und die Unabhängigkeit der Großen unter uns hervorgebracht ward. „Als
„faſt Alles zu Lehen geworden war, ſagt Montesquieu[22]),
„konnte man jener außerordentlichen Staatsbeamten, de-
„nen die Aufſicht über die Verwaltung der Gerechtigkeit
„und der Staatsverwaltung anvertraut war, nicht
„länger in die Provinzen ſenden.　Es gab kein gemei-
„nes Recht mehr; denn niemand war vorhanden, der
„über das gemeine Recht und deſſen Beobachtung hielt.‟

In einem wohlgeordneten Staate iſt das Strafrecht nie dem Fürſten anvertraut.　Sein Name ſoll
mehr wohlthätige und friedliche Ideen, als ſolche, ins
Gedächtniß bringen, die Unordnung und Strenge voraus ſetzen *).　Allein, ſeine erſte Pflicht ſey, entweder
selbſt,

---

22) Eſprit des Loix, lib. 28. chap. 9.
v) Ein ziemlich ſeichter und aus der Luft gegriffener Grund.
Der Fürſt ſoll nicht ſelbſt Richter ſeyn, a) weil der Unterthan verlangen kann, nach den Geſetzen mit gehöriger Ueberlegung gerichtet zu werden, zu der der Regent nicht Zeit
hat, weil andre Regierungsgeſchäfte ihn zerſtreuen, auch
ihm nicht ſelten die hinlängliche Erfahrung und die
nöthige Reife der Kenntniſſe hiezu mangelt; b) weil
der Regent keiner Rechenſchaft unterworfen iſt, und alſo
keine Hülfe für den Unglücklichen zu hoffen wäre, den er
aus Ueberredung oder Leidenſchaft zu hart oder gar unſchuldig beſtrafte; auch Cabale leicht ihn aufbringen oder Fürbitte
zu unzeitiger Nachſicht gegen Vergehungen verleiten könnte;
c) weil die Fürſten ſich gewöhnlich über die Geſetze erhaben wähnen, und alſo ihre Urtheile leicht in Machtſprüche
aus

selbst, oder durch seinen Beamten über die Vollstreckung der Gesetze zu wachen, und er wird
stets für pflichtvergessen zu achten seyn, wenn diese
Oberaufsicht, statt thätig, stets gegenwärtig
und ununterbrochen zu seyn, langsam, entfernt
und nur vorübergehend ist.

In Frankreich straft der König nie. Selbst sein
Staatsrath giebt sich mit gerichtlichen Entscheidungen
nicht ab. Seine Pflicht ist, die Beobachtung der Gesetze zu sichern. Er annullirt daher jedes Urtheil das
die Gesetze verletzt, ohne jedoch in der Hauptsache zu
entscheiden, deren Untersuchung er wieder einem andern
Tribunale überläßt. Selbst in den nunmehr, wie billig,
aufgehobenen sogenannten Arrets du propre mouvement,
übte der Monarch einen Theil der vollstreckenden Gewalt
aus. Er setzte einen Ungehorsam gegen die Gesetze,
deren Erhaltung ihm obliegt, voraus. Diese Bemerkung ist um so wichtiger, je leichter die Verwirrung
der Ideen in Ansehung des Wesens der verschiedenen
Pflichten der Staatsbeamten bey Westsetzung einer allgemeinen Justizverfassung Unordnungen erzeugen könnte.

Uebrigens ist es auch aus dem Grunde unmöglich,
daß der König selbst Strafen zuerkenne, weil er in dem
Prozesse selbst Parthey ist, indem unter seinem Namen wider die Verbrecher geklagt wird; und aus eben
dieser Ursache möchte es sogar ungereimt seyn, ihm das
Begnadigungsrecht zu lassen; denn dann würde
er anklagen und zugleich lossprechen.

ausarten würden, dieß und mehreres Gute über diesen
Punct ist besser und weitläufiger ausgeführt in Kleine
Annalen der Preußischen Gesetzgebung 1. Th. S. 391 u. f.
Anm. des Herausg.

Viertes Kapitel
Vom Begnadigungsrechte

Faſt nie handelt man vom Begnadigungsrechte ohne diejenigen, denen es zugeſchrieben wird, wegen ihrer Aehnlichkeit mit der göttlichen Majeſtät glücklich zu prei‐ ſen. Selbſt Cicero wiederholt dieſen Gedanken mit vieler Selbſtgefälligkeit[1]). Und doch iſt er ſehr falſch, — denn Gerechtigkeit und Güte ſind zwey Grundeigenſchaf‐ ten des göttlichen Weſens.   Bey Menſchen aber hört die Gnade auf, eine Tugend zu ſeyn, wenn ſie ſich von der Gerechtigkeit entfernt.

Das Begnadigungsrecht beſteht in dem Rechte, den Schuldigen den Wirkungen der Geſetze zu entziehen, und eben dadurch wird es eine Verletzung der Geſetze. Mit redneriſcher Uebertreibung und doch nicht ganz unwahr, ſagt Cicero: „Begnadigt man die Verurtheilten, — „löſt man ihre Feſſeln, ſo iſt der Untergang des Staats „entſchieden.“ Worte, die viele Jahrhunderte hernach der gothiſche König Totilas gegen ſeine Hofleute wieder‐ hohlte, als ſie für einen Verbrecher um Gnade baten[2]). „Ein Verbrechen begehen, oder ſich der Züchtigung wi‐ „derſetzen, ſagte er, verräth gleiche Geſinnungen[x]).“

Die

---

[1]) Homines ad Deos, nulla re propius accedunt, quam ſalutem hominibus dando. Cic. pro Ligario.

[2]) Eiusdem ingenii eſt, delicto ſe obſtringere et delictorum ſupplicia impedire; omnino, aut hunc poenas dare, aut Gothorum rempublicam interire, neceſſe eſt.

[x]) Ein Ausſpruch, der mit Erlaubnis ſeiner Gothiſchen Ma‐ jeſtät, wohl etwas hart und unüberlegt war. Denn einmal iſt bey harten Strafgeſetzen Mitleid gegen die Verbrecher und Bemühung ſeine Strafe zu mildern, eine Frucht
menſch‐

„Die Verbrecher müssen bestraft werden, oder das Reich muß zu Grunde gehen!"

Strafe, Genugthuung und Abschreckung sind die drey vornehmsten, wiewohl nicht gleich wichtigen Zwecke der Gesetze ³). Begnadigt man den Verbrecher, so vernachläßigt man nicht blos den ersten dieser Gegenstände; man entzieht sogar dem Beleidigten die Genugthuung und der Gesellschaft das abschreckende Beyspiel. Gesetzt auch, die Reue, die Besserung des Verbrechers sey noch so gewiß, bleibt dann keine Verbindlichkeit gegen den Unglücklichen, der Unrecht gelitten, den man des Lebens beraubt hat, keine Pflicht in Ansehung der Bösewichter übrig, die nur eine wohlthätige Abschreckung im Zaume zu halten vermag? Hoffnung auf Begnadigung ist unstreitig einer der mächtigsten Reize zum Verbrechen.

Unter die Irrthümer des Montesquieu ⁴) rechne ich seine Meinung, daß das Begnadigungsrecht eine

C 4   Eigen-

menschlicher Gesinnungen; dann ist es auch nicht die Folge, daß selbst unzeitiges Mitleid, das zur Fürsprache für einen Verbrecher zu bewegen pflegt, Neigung zu gleichen Verbrechen verrathen sollte. Das unschuldige Mädchen, das in ihrer Einfalt einen Mörder aus den Banden losbitten will, verräth gewiß keine Neigung zum Mord, vielmehr das Gegentheil.   Anm. des Herausg.

3) Peccatis puniendis, tres sunt rationes, sagt Gellius sehr gründlich in den noct. attic. L. VI. c. 4. emendatio peccantis, vindicatio laesi, exemplum in vulgus. Beym Seneca de clementia L. I. c. 22 heißt es: in vindicandis iniuriis haec tria lex secuta est, quae princeps quoque sequi debet; aut vt eum, quem punit, emendet, aut vt poena eius caeteros meliores reddat, aut vt sublatis malis securiores caeteri viuant.

4) Esprit des Loix, lib. 6. chap. 16. Gretius, Puffendorf, und andre Lehrer des allgemeinen Staatsrechts haben den

nehm-

Eigenschaft der monarchischen Oberherrschaft, und ein wichtiger Vortheil gemäßigter Regierungen sey. „Diese „dem Fürsten eigene Macht, zu begnadigen, sagt er, kann „von treflicher Wirknng seyn, wenn sie mit Klugheit „ausgeübt wird. Der Despotismus, der nie verzeiht, „dem aber auch nie verziehen wird, ist dadurch von je- „nem Vortheile entblößt.“ In einem der folgenden Kapitel sagt Montesquieu ferner 5): „Gnade ist die „auszeichnende Eigenschaft des Monarchen. Noth- „wendiger ist sie in Monarchien, wo man durch Ehre „geleitet wird, die öfters das fordert, was die Ge- „setze verbieten, als in freyen Staaten, deren „Grundsatz Tugend, und in despotischen, deren herrschende „Maxime die Furcht ist 𝔶).“

Gesetzt aber, man wollte die Grundsätze anerkennen, auf welche Montesquieu sein Gebäude der Staatsver- bindung stützt, — hat er sie hier nicht mehr verwirrt, als auseinander gesetzt?

Begna-

---

nehmlichen irrigen Satz noch mit weniger Einschränkun- gen, als Montesquieu, behauptet.

5) Liv. VI. ch. 21.

𝔶) Diese Stelle ist äußerst räzelhaft. Wie soll Tugend von wahrer Ehre verschieden, wie ein verschiedner Antrieb zur Beobachtung der Gesetze seyn? Oder soll dieß vielleicht hei- sen: in Monarchien muß das Begnadigungsrecht Statt finden, damit der eingebildeten Ehre vornehmer Verbrecher geschont werde, dagegen es dieser Schonung, da, wo man die Staatsbürger nicht nach Stand und Würden, sondern nach Verdiensten und Tugenden schätzt, nichs bedarf? Nun dann wäre ja wohl Montesquieus Ausspruch die bitterste Satyre auf die willkührliche Gerechtigkeitspflege mancher Monarchien.

Anm. der Herausg.

Begnadigen, wenn die Geſetze verdammen, liegt
dieß in den Gränzen der monarchiſchen Gewalt, die ihrem Weſen nach dem Geſetz unterworfen iſt?

Einen einzelnen Bürger allen übrigen vorziehen,
die Pflicht, die öffentliche Ordnung zu ſchützen, dem
Vergnügen nachſetzen, Privatbegünſtigungen zu ertheilen, heiſt das als Vater ſeines Volks handeln, oder
blinde Willkühr ausüben?

Welcher Vortheil ſoll für eine gemäßigte Monarchie
darinn liegen, daß der Regent ſich eine Autorität an-
maße, die größer iſt, als die Autorität des Geſetzgebers,
und daß er dieſe Autorität zu Gunſten der Böſewichter
und Verbrecher anwendet? — Iſt dieß nicht ein
durch die Geſetze geheiligter Despotismus? Auch findet
man in freyen Staaten von einer ſolchen falſchen Nachſicht keine Spur.

Man wendet ein, daß ſie in letzteren weniger nothwendig ſey, weil hier die Tugend, in Monarchien
hingegen die Ehre herrſche; allein, ich geſtehe, daß
ich den Unterſchied zwiſchen Tugend und Ehre nicht
einſehe. Geſetzt aber auch man gäbe ihn zu, ſollte denn
die Ehre nicht vermögend ſeyn, dem guten Bürger jede
Furcht und dem Böſewichte jede Hoffnung zu benehmen,
ſie, die ihrem Weſen nach reizbarer und ſtrenger iſt, als
die Tugend? Dieſe iſt gerne nachgiebig und geneigt,
dem Fehlenden zu verzeihen, die Ehre hingegen iſt un-
biegſam und fordert Beſtrafung der Verbrechen.

Man wendet ferner ein, das Begnadigungsrecht ſey
kein Ausfluß einer despotiſchen Regierung, die weder
Verzeihung giebt, noch erhält. Wohlan! Man
durchlaufe mit mir die Geſchichte, und ich will beweiſen,
daß das Begnadigungsrecht ſich ſtets in dem Verhältniſſe

aus-

ausgebreitet hat, als die Sklaverey der Völker ſich vermehrte. Das freye Rom kannte keine Begnadigungen,
deſto gewöhnlicher waren ſie im unterjochten Rom! Mit
einer Hand tödete der Tyrann ſeine Schlachtopfer, mit
der andern entriß er ſeine Lieblinge und Henker dem
Tode.

Habt ſanfte Geſetze, und verzeihet nie²).
Das Begnadigungsrecht enthält überdieß einen ſtillen
Vorwurf gegen die Geſetze. Würde man wohl
den Fürſten daſſelbe zugeſtehen müſſen, wenn ſeine Geſetze alle Fälle gehörig beſtimmt hätten, in welchen ein
Verbrechen nur ein geringer Fehler, mehr eine Folge
des Zufalls, als der Abſicht u. ſ. f. ſey. Mit Recht
kann man daher der Nachläßigkeit des Geſetzgebers einen
Theil der Uebel zuſchreiben, die aus dieſem Rechte ent-
ſpringen.

Eines der größten daraus entſpringenden Uebel iſt
ewige Partheylichkeit. Man nimmt mehr auf die Perſon, als auf die That, Rückſicht. Das Verbrechen des
Höflings ſey von welcher Art es wolle, er darf auf die
Nachſicht ſeines Monarchen rechnen. Der gute Fürſt
läßt ſich leicht durch die Thränen und Bitten derer, die
um ihn ſind, rühren ihn; allein, das Schreyen des Un-
glück-

---

2) Es iſt auffallend, wie ſehr richtig durchdachte Grundſätze
ſtets auf dieſelben Reſultate führen. Ohne dieſe Stellen
geſehen zu haben (das Original war damals noch nicht ge-
druckt) habe ich daſſelbe beynahe wörtlich und ohne mich auf
vorgängige Autorität zu berufen, geſagt in meinem Verſuche
über das Anſehen der Geſetze 2ten Abſchn. S. 48. Man
vergleiche mit dieſen Grundſätzen die 119te Paragraphe des
Toſcaniſchen Criminalgeſetzbuches, wo der unſterbliche Leopold der Weiſe ſeine gelinden Strafgeſetze mit der Aeuſſe-
rung ſchließt, daß ſie ohne Gnade unfehlbar vollſtreckt werden ſollten. Anm. des Her.

glücklichen, den das gesellschaftliche Verhältniß
weit von seinem Throne entfernt hat, kommt
nicht zu seinen Ohren, und wenn er es wagen
wollte, sich seinem Fürsten zu nähern, würde man nicht
sein Flehn, als ein neues Verbrechen ansehen?
Hier erst würde man sich erinnern, daß Gesetze
vorhanden sind.

Der Mißbrauch dieser Art von Begnadigung, die
Zudringlichkeit der Bittenden gegen den Regenten, die
Partheylichkeit für eine gewisse Classe der Verbrecher,
alle diese Uebel sind näher, als man wohl glaubt, mit dem
Gedanken verwandt, daß die Schande der Strafe
über die Anverwandten des Verbrechers sich aus-
breite! Die Letztern treibt also hier persönliches Interesse. Vernichtet dieß Interesse, hebt die Erblich-
keit der Schande auf, und ihr werdet der Vernunft und der Menschheit einen doppelten Dienst leisten!

Wollte man aber auch die Existenz des Begnadigungsrechts zugeben, so würde doch vor allen Dingen die
öffentliche Strafe und die Privatgenugthuung
wohl unterschieden werden müssen. Denn sollten auch
gleich jene Gründe, die man für so stark hält, hinreichend
seyn, die erstere durch Willkühr des Fürsten aufzuhe-
ben: so können sie doch die letztere unmöglich vernichten [6]. Die Begnadigung des einen würde Ungerechtigkeit gegen den andern seyn; und nie muß die Begnadigung

---

[6] Die französischen Gesetze haben dieß sehr richtig unterschieden, und in den Begnadigungsbriefen heißt es stets: „wenn
„vorher, im Fall solches nicht bereits geschehen, die bürger-
„liche Parthey Genugthuung erhalten.“ S. l. 2. C. de
in ius vocando.

digung des schuldigen Bürgers dem Unschuldigen zum Nachtheil gereichen.

Dann müßte schlechterdings Niemand, als der Monarch, befugt seyn, dieses Recht auszuüben. Auch gehörte es lange Zeit ihm ausschließend zu. Und wenn unter den Königen des ersten Stammes (rois de la premiére race) die Grafen sich dieses Recht zuweilen anmaßten, so war dieses selbst in denen Epochen, wo sie eine große Gewalt und eine ausgedehnte Gerichtsbarkeit hatten, blos Usurpation. Carl der Große verbot ihnen ausdrücklich, niemand zu begnadigen, der von den ihnen untergeordneten Richtern verdammt worden war [7].

Ich begreife daher nicht, wie in der Folge Unterthanen dieses Privilegium erlangen und behalten konnten! Die Häupter der Armeen, die ersten Kronbedienten, Bischöfe, Städte, selbst die Kapitel maßten sich dasselbe an, und dieser Mißbrauch dauerte bis in die Mitte des 14ten Jahrhunderts. Carl der Fünfte unterdrückte noch als Regent ihn endlich, und seine Verordnung wurde am Schluß des folgenden Jahrhunderts von Ludwig dem Zwölften bestätigt [8].

Ein Bischof, eine Stadt und ein Kapitel haben indessen dieses Privilegium erhalten. Das Kapitel ist das zu Rouen. Kraft einer durch Aberglauben erzeugten und von den Zeiten des heil. Audoenus (Ouen) und Dagoberts herrührenden Gewohnheit genießt dieß Capitel das Recht, alle Jahre am Himmelfarthstage

einen

---

7) Baluzii Capitular. regum francor. A. 813. c. 13. T. I. p. 509.

8) Im J. 1499. Die Verordnung König Carls V. ist vom 13ten May 1359.

einen Verbrecher nebst seinen Mitschuldigen zu begnadi=
gen, welchen man den Sarg des heiligen Romanus be=
rühren, aufheben und tragen läßt [9]). So hat gleich=
falls die Stadt Vendome vermöge eines unter der
Regierung Carls des Siebenten von Ludwig von Bur=
bon Grafen von Vendome geschehenen feyerlichen
Gelübdes [10]) das Recht, alle Jahre einen Verbrecher zu
begnadigen, erlangt. Das Begnadigungsrecht des Bi=
schofs von Orleans rührt aus dem entferntesten Al=
terthume her, und wird zwar selten ausgeübt; ist aber
dafür auch von weiterm Umfange. So oft ehedem ein
Bischof von Orleans sein Amt antrat, konnte er allen
Angeschuldigten Begnadigungsbriefe ertheilen; allein,
der Betrug selbst bewirkte die Aufhebung dieser für ihn
günstigen Anordnung. Verbrecher, die sich mühsam
der Verfolgung der Gerechtigkeit entzogen hatten, ließen
sich zu jener Zeit in Fesseln legen, weil sie einer baldigen
Loslassung mit Zuversicht entgegen sahen. Neunhundert
Verbrecher wurden im Jahr 1707 und zwölfhundert im

Jahr

---

9) Pasquier erzehlt: „Ein Drache, den man nachher Gargouille
„nannte, habe große Verwüstungen angerichtet, und selbst
„die Schiffe und Fahrzeuge auf der Seine umgeworfen;
„allein, der heilige Romanus habe sich im Chorhemde und der
„Stole in die Höle gewagt, wo dieses schreckliche Thier
„seinen Aufenthalt hatte, habe es bezwungen, ihm seine
„Stole in den Hals gesteckt, und so sey es sanft und ge=
„horsam, wie ein Lamm, geworden, und habe sich bis in die
„Stadt führen lassen, wo es aber in Feuer gerathen und
„vor den Augen des ganzen Volks verbrannt sey.“ Das
Privilegium des Domcapitels zu Rouen wurde von Carl
VIII. im J. 1485 und von Heinrich IV. im J. 1597 be=
stätiget.

10) Im Monat August 1428. Der Tag im Jahre, an dem die
Stadt Vendome dieses Recht ausübt, ist der Freytag vor
dem Palmsonntage.

Jahr 1733 auf diese Art in Freyheit gesetzt.   Dieses
fürchterliche Begnadigungsrecht wurde endlich durch eine
im April 1758 ergangene Verordnung auf die in der Diö-
ces von Orleans begangenen Verbrechen eingeschränkt,
und selbst unter diesen waren noch folgende Verbrechen
ausgenommen, nehmlich: „vorsätzlicher Meuchel-
„mord, Mord, Schmähung und Frevel, Ent-
„reißung der gefangenen Verbrecher aus den
„Händen der Gerechtigkeit, durch Geldbe-
„stechung oder andere Mittel; gewaltsame
„Entführung, alle an obrigkeitlichen Per-
„sonen und deren Untergebenen bey Aus-
„übung ihres Amts begangene Beleidigun-
„gen und Frevel; und alle mit diesen Ver-
„brechen zusammenhängende oder daraus
„entspringende Uebelthaten, wie sie in un-
„sern Verordnungen bestimmt sind; und
„alle übrige Gewaltthätigkeiten und solche
„Fälle, bey welchen in unserm Königreiche
„bekanntermaßen keine Begnadigung Statt
„finden soll [11].“

Wenn es in einem Staate schlechte Gesetze oder gefährliche Gebräuche giebt, wenn diese Gesetze und Gebräuche Privilegien begünstigen, die der öffentlichen
Ruhe zuwider sind: so ist es nicht genug, sie einzuschränken, man muß sie völlig vertilgen.

Ich

---

[11] Diese Fälle sind das Verbrechen der verletzten Majestät,
Vergiftung, überlegter Mord, Raub, Zweykampf, falsche
Münze, Ketzerey, gewaltsame Empörung gegen die Justiz,
Beleidigung der Obrigkeit während ihres Amtes u. s. w.
S. den 16ten Titel der Verordnung von 1670. Art. 4. auch
L. 3. Cod. de abolitionibus.

Ich wiederhole es: das Begnadigungsrecht muß entweder ganz aufgehoben, oder doch wenigstens einzig- und allein auf die Person des Monarchen eingeschränkt werden [12]). Und selbst bey diesem müßte dieß so gefährliche Vorrecht möglichst beschränkt werden. Selten widersteht ein leutseliger Fürst dem Eindrucke der Reue, den Thränen der Unglücklichen, den Seufzern einer trostlosen Familie. Nur die Gesetze können ihm zu Hülfe kommen, und ein Gefühl unterdrücken, das von schädlichen Folgen werden würde.

Der König der Westgothen durfte sich bey gewissen Verbrechen ohne die Beystimmung der vornehmsten Diener der Kirche und des Staats von dem natürlichen Mitleiden nicht zur Nachsicht hinreißen lassen [13]).

In Engelland hat man dem Begnadigungsrechte sehr nützliche, obgleich noch immer keine hinlänglichen Gränzen gesetzt. Die erste hat Bezug auf öffentliche Freyheit. Einen Bürger außerhalb des Königreichs gefangen nehmen, dieß ist ein Verbrechen, welches selbst der König nicht verzeihen kann. Eben so wenig kann er dem Beleidiger zum Nachtheil des Beleidigten verzeihen. Er muß bey allen Criminalprocessen, die auf Ansuchen einer Civilparthey angefangen worden sind,

sein

<hr/>

12) Außer diesen allgemeinen Fällen ist es ihm nach unsern Gesetzen und Gebräuchen auch noch zu gewissen besondern Zeiten verstattet, bey seiner Krönung und Salbung, bey seiner Vermählung, bey der Geburt des Dauphins, bey seiner Ankunft oder Reise durch diesen oder jenen Theil des Königreichs u. s. w. Würdiger wäre es für die Könige, wenn sie mit Wohlthaten gegen Unglückliche ihre Regierung anfiengen, und ihren Einzug in einer der großen Städte ihres Reiches feyerten, als mit Wohlthaten gegen Verbrecher.

13) Leges Visigothor. Lib. VI. tit. 7.

sein Mitleid unterbrücken; selbst bey denen, die in seinem Namen angefangen werden, ist jener Vorzug des Königs so lange gehemmt, als der etwa verursachte öffentliche Schaden noch nicht ersetzt worden ist. Kurz, der König kann die Bürger begnadigen, die das Parlament verurtheilt hat; allein er kann sie der öffenlichen Anklage und dem Urtheilsspruche nicht entziehen. Das Unterhaus erklärte die Begnadigung, wodurch Carl der Zwente dem gerichtlichen Verfahren gegen den Grafen von Danby Einhalt thun wollte, für nichtig und gesetzwidrig, und dieser Grundsatz wurde in der Folge durch eine feyerliche Erklärung geheiligt [14]).

Dieser weisen Einschränkungen ungeachtet muß man dennoch leider! den Mord unter der Zahl von Verbrechen erblicken, die einer Begnadigung fähig sind; allein, zum Glück pflegt sich dieses königliche Vorrecht bey keinen andern, als den durch Zufall oder Selbstvertheidigung veranlaßten Mordthaten zu äußern. Selbst in diesem Falle würde indessen ein weises und menschliches Gesetz den Vorzug vor einer über die Gesetze erhabenen Willkühr verdienen.

Ein anderer sehr bemerkungswerther Fehler besteht darinn, daß man durch die Gestattung des Begnadigungsrechts bey unwillkührlichen und gezwungenen Mordthaten zugiebt, der König habe in so einem Falle, das Recht, nicht zu verzeihen; denn ohne das letztere würde ja das Erstere blos ein Spiel seyn. Es wäre also möglich, daß man durch unvorhergesehene oder unvermeidliche Umstände in den Fall kommen könnte, auf

dem

14) Blackstone, C. 31. §. 2.

dem Schaffot zu sterben, ohne ein Verbrechen begangen zu haben a).

In Engelland setzt die Begnadigung nicht nur den Verbrecher in Freyheit, sondern sie reinigt ihn völlig, und giebt ihm alle bürgerliche Rechte wieder 15). In Frankreich hingegen ist selbst mit der Lossprechung Schande verknüpft. Ein juristisches Sprüchwort sagt 16): der Fürst schändet die, welche er freyspricht. Ein neuer Beweis, wie abgeschmackt es sey, den Monarchen, der durch die Begnadigung des Verbrechers die Schande nicht entfernt, mit jenem ewigen Beschützer der Ehre der Gerechtigkeit und der Gesetze zu vergleichen.

Der Gedanke, welcher in jenem Sprüchworte liegt, ist sehr alt. Bey Entstehung der monarchischen Verfassung dachten unsere Vorfahren wie wir. Der Fürst erlies dem Schuldigen die Strafe, ohne ihm seine Ehre und bürgerliche Rechte wieder zu geben. Selbst die Gesetze begünstigten diese Meinung, und ließen auf dem Verbrecher den Fluch der Schande haften. Nie ließen sie einen Menschen zum Zeugnisse zu, der einer Begnadigung die Erhaltung seines Lebens zu danken hatte.

a) Von allen diesen besonders in der französischen ehemaligen Justizverfassung liegenden Absurditäten wissen wir in Deutschland wenig. Das Begnadigungsrecht dient bey gerechten Fürsten sehr oft dazu, die Härte alter Gesetze zu mildern. Besser wäre es freylich fürs Ansehen der Gesetze, wenn sie gelinder und zweckmäßiger eingerichtet und dafür unnachläßig vollzogen würden. Anm. d. Herausg.

15) Blackstone, ebend.

16) Princeps, quos absoluit, notat. Es ist dies aus dem römischen Rechte hergenommen. l. 3. C. de generali abolitione: Indulgentia quos liberat, notat nec infamiam criminis tollit, sed poenae gratiam facit.

17) Baluzii Capitular. L. I. §. 13. p. 509. l. III. §. 47. 48. p. 763.

D   Fünf-

Fünftes Kapitel
Von den Strafen überhaupt.

Wir wollen uns nicht, wie Pufendorf und die meiſten Lehrer des allgemeinen Staatsrechts, bey der Definition der Strafe, oder der Todesſtrafe aufhalten. Denn bey einem Worte dieſer Art iſt die Definition gewöhnlich dunkler als das Wort ſelbſt.

Alle Strafen greifen, ſo wie die meiſten Verbrechen, eine Art von Eigenthum an. Der Menſch beſitzt das Eigenthum ſeines Lebens, ſeines Körpers, ſeiner Ehre, ſeiner Freyheit, ſeines Vermögens; man beraubt ihn ſeines Lebens, läßt ihn unter Martern winſeln, bedeckt ihn mit Schande, wirft ihn in Feſſeln, und bemächtigt ſich ſeines Vermögens. Die Vergehungen wider das phyſiſche Leben, wider die Ehre, Freyheit, und das Eigenthum anderer wurden entweder durch den Verluſt des Lebens beſtraft, dieß ſind die Todesſtrafen; oder durch Schmerz, und dieß ſind die körperlichen nicht tödtlichen Strafen; oder durch Schande, und dieß ſind die entehrenden Strafen; oder durch den Verluſt der Freyheit auf eine gewiſſe Zeit, oder auf immer, und dieß ſind die Strafen, welche wir Leibesſtrafen im engern Sinne [b] nennen wollen; oder durch die mehrere oder geringere Verminderung oder Einziehung des Vermögens, und dieß ſind die Geldſtrafen.

Ueber-

---

[b] Wir werden dieſe Bedeutung in der Folge ſtets beybehalten, welches ich den Leſer nicht aus der Acht zu laſſen bitte. **Anm. des Herausg.**

Ueberall hat man diese natürliche Eintheilung der Strafen, wiewohl auf eine sehr verschiedne Weise, anerkannt. Wie schrecklich ist die Geschichte der Todesstrafen bey ältern und neuern Völkern! Ich werde mich hüten sie zu schildern; auch würde ich nicht Kraft dazu haben. Indeß wollen wir wenigstens dieß gräßliche Gemälde zum Theil enthüllen, um zu zeigen, wie weit berühmte Nationen die Grausamkeit getrieben haben ᵉ).

Ich werde nicht von der in Indien und Assyrien, länger als zweytausend Jahre vor der christlichen Zeitrechnung gewöhnlich gewesenen Kreuzesstrafe ¹), nicht von denen Gegenden in Afrika reden, wo man den Leib des Schuldigen öffnet, und sein Eingeweide heraus reißt und verbrennt ²), nicht von den Foltern jenes asiatischen Volks, dessen Grausamkeit Montesquieu berühmt machte ³), wiewohl die Japaner, wenn sie den Leib aufschneiden, kreuzigen, mit Säbelhieben zerfleischen, an den Füßen aufhängen, den Kopf in eine Grube legen, in die eine Schlange und ein hungriger Hund gesperrt sind ⁴), nicht mehr Vorwürfe verdienen, als so viele europäische Nationen, die entweder die Knochen des Schuldigen mit einem gräßlichen Eisen zerschmettern,

D 2   oder

---

e) Man sehe über diese Materie ein Buch, das der Verfasser nicht gekannt zu haben scheint. IAC. DOEPLERI theatrum poenarum et suppliciorum II. Tom. Lipf. 1697. 4. Anm. des Herausgebers.

1) Diodor. Sicul. L. II. c. 1. et 18. Die Gentoos strafen auf diese Art die heimlichen Diebe.

2) Dieß ist die Strafe der Mörder im Königreiche Widah an der Afrikanischen Sclavenküste. Allgemeine Historie der Reisen zu Wasser und zu Lande IV. B. S. 349.

3) 6. Buch 14. Cap. und 22. Buch 17. Cap.

4) Beschreibung von Japen, in der allgemeinen Historie der Reisen zu Wasser und zu Lande XI. Band. S. 594.

oder ſeine zitternden Glieder durch Thiere zerreißen und
ſchleifen laſſen. Doch was thaten die Juden? — was
die Perſer? — was die Egyptier?

Die Juden zerſchnitten den Leib mit Sägen, zer-
quetſchten ihn unter mit Eiſen beſchlagenen Wagen,
hieben ihn mit Beilen oder Meſſern in Stücken, warfen ihn in brennende Ziegelöfen, ſie tauchten den Verbrecher in Keſſel voll ſiedenden Waſſers, goſſen ihm flie-
ßendes Bley in den Mund, zerſetzten ihn auf Dornen,
ließen ihn von Thieren zertreten, ſtürzten ihn in einen
Fluß, oder ließen ihn in Aſche erſticken 5).

Die meiſten von dieſen Strafen waren auch bey den
Egyptiern gewöhnlich. Auch ſie bedienten ſich biswei-
lcn

5) Ich habe in meinem Werke Moyſe conſideré comme
legislateur et comme moraliſte Chap. V. Art. 2. p. 357
von allen bey den Hebräern gewöhnlichen Strafen geſprochen; der größte Theil dieſer Strafen kam bisweilen unter
Tyrannen wieder zum Vorſchein. Der unter dem Namen le juſticier (der Scharfrichter) berüchtigte Peter ließ
einen des Ehebruchs beſchuldigten Mönch zerſägen.
Anm. des Verf.
Wenn der Hr. Verfaſſer Michaelis moſaiſches Re geì
kannt hätte: ſo würde ſein Werk über die moſaiſche Geſetzgebung wahrſcheinlich gründlicher ausgefallen oder gar un-
terblieben ſeyn. Auch in der hier angeführten Stelle hätte
er von ihm lernen können, a) daß er nicht zu viel auf die
Träume der Rabbiner hätte bauen ſollen, b) daß nicht alle
in der Bibel vorkommende Strafen zum Moſaiſchen Rechte
zu rechnen ſind, in welchem nur zwey Arten der Todesſtrafen das Schwerdt und die Steinigung beſtimmt ſind. c) Daß
Lebendigverbrennen, in Stücken hauen, erdroſſeln, nicht
jüdiſche, ſondern Chaldäiſche und Syriſche Strafen waren.
d) Daß ein großer Theil deſſen, was er unter die Todesſtrafen rechnet, nicht geſetzliche Strafe, ſondern Rache an
beſiegten Feinden war, wie z. B. das Zerſägen, das Legen
auf Dornen u. ſ. w. S. Michaelis Moſaiſches Recht
V. Th. §. 231. 232.
Anm. d. Her.

len der Thiere, um Menschen zu tödten. Ptolemäus Philopator versuchte es bey den Juden von Alexandrien: allein nach Josephs Erzählung sollen sich die hierzu bestimmten Elephanten geweigert haben, der Wuth eines rasenden Fürsten zu dienen [6]. Wer erinnert sich nicht der Strafe des Vatermörders? In alle Theile seines Körpers bohrte man spißiges Schilf von der Länge eines Fingers, legte ihn hierauf auf Dornen, und verbrannte ihn lebendig [7].

Die Persische Strafe des partheyischen Richters ist bekannt. Sie erwürgten ihn, und überzogen mit seiner Haut den gewöhnlichen Richterstuhl, damit ein fortdauerndes immer gegenwärtiges Schreckbild seine Nachfolger von ähnlichen Verbrechen abhalte [8]. Plutarch gedenkt einer noch grausamern Todesstrafe [9]. Man nahm zwey vollkommen gleiche Tröge, streckte den Verbrecher in einen derselben aus, und legte den andern dergestalt darauf, daß der ganze Leib, Kopf, Hände und Füße ausgenommen, dadurch bedeckt wurde. In diesem Zustande gab man ihm zu essen, und er mußte Nahrung zu sich nehmen, wenn ihm nicht auf der Stelle die Augen ausgestochen werden sollten. Auch ließ man ihn Milch mit Honig vermischt trinken, oder man begoß ihn damit, und setzte ihn so der Sonne aus, damit dadurch die Fliegen herbeygelockt werden und sein Gesicht zerstechen und peinigen sollten. In diesem Zustande mußte er alle Bedürfnisse der Natur befriedigen! Fäulniß

D 3　　　　　　nagte

6) L. II. contr. Appion. Auch S. das dritte Kapitel der Maccabäer.
7) Diodor Sic. L. I. c. 77.
8) Herodot. L. V. c. 25. Valerius Maximus L. VI. c. 3.
9) Im Leben des Artaxerxes.

nagte langsam an seinen Eingeweiden.   War er so gestorben, und nahm man denn den obern Trog weg, so
fand man den Leichnam stets von Würmern zernagt, die
durch die Fäulniß entstanden waren.

Euch schaudert?   Ja! solche Strafen erfanden
Völker, deren Namen die Jugend zuerst kennen lernt!
Um Odem zu schöpfen, richte ich meine Blicke auf zwey
in den Jahrbüchern der Menschheit berühmte Länder!
Von Grausamkeiten dieser Art sind die peinlichen Gesetzbücher von China und Brittannien wahrscheinlich nicht befleckt!

In England wird der Staatsverbrecher lebendig
an einem Galgen aufgehangen, wo man ihm das Herz
und die Eingeweide heraus reißt, und sie ihm ins Gesicht schmeißt.   Mit blutiger Hand zeigt sie der Henker
dem Volke, und ruft ihm zu: seht das Herz des Ver-
räthers!   Nach diesem noch nicht abgeschaften, jedoch
durch den Gebrauch gemilderten Gesetze, wird der Verbrecher, ehe er gehangen wird, mit bloßen Haupte über
das Pflaster geschleift ¹⁰).

Man preißt die väterliche Regierung der Chinesen,
und die Vortreflichkeit ihrer Moral.   Auch verdienen sie
in der That in den meisten Puncten dieses Lob: sie würden
es in allen verdienen, wenn sie sich nie von den Grundsätzen des Confutsee entfernt hätten.   So wie sie fünf
Arten der Landesverweisung und fünf Hauptpflichten haben, so giebt es auch bey ihnen fünf Hauptstrafen: das
Brandmarken auf der Stirn, das Abschneiden der Nase,
das

---

10) Heut zu Tage wird er vor dem Hängen erdrosselt. Indessen giebt es neue Beyspiele von Verbrechern, denen man
Herz und Eingeweide ins Gesicht geworfen hat.

das Abhauen der Füße oder das Durchhauen der Sehnen
der Gelenke, die Entmannung und den Tod.

Bis hierher finden wir bey ihnen nichts, das abscheulicher wäre, als die von vielen andern Völkern angenommenen Züchtigungen.   Allein worin besteht bey
ihnen die Todesstrafe?   Nicht nur die Staatsverräther, und die Verletzer der Majestät, sondern auch
Diebe, und zwar Diebe die Grausamkeiten ausgeübt
haben, werden in zehntausend Stücke gehauen.   Man
höre den Pater du Halde: „der Henker bindet den Verbrecher an einen Pfahl, macht ihm einen Schnitt quer
über den Kopf, reißt ihm die Haut gewaltsam bis über die
Augen herunter, schneidet ihn hierauf nach und nach alle
Glieder ab, und überläßt ihn endlich, ermüdet von dieser
grausamen Arbeit, der Wuth des Pöbels. "

Schon mehrere Male empörte sich mein Herz während der Schilderung dieser schrecklichen Bilder, und
noch bebt die Feder in meiner zitternden Hand.

Und doch ist ein solches Gemälde nicht ohne Nutzen.
O daß der Schauder, den es einflößt, allen denen sich
mittheilte, die gleich jenem unverdient berühmten Gesetzgeber noch heute ihre Gesetze mit Menschenblut zu schrei-
ben wünschten!

Weniger würde man sich wundern, wenn man dergleichen grausame Strafen bey jenen stolzen Eroberern
fände, die so lange Zeit mehr auf die Erweiterung ihrer Herrschaft, als auf die Milderung und Verbesserung
ihrer Gesetze bedacht waren, und die, vertraut mit dem
Anblicke des Menschenblutes, wahrscheinlich weniger Bedenken gefunden haben könnten, es zu vergießen.

Und doch trieben die Römer die Grausamkeit nie
so weit, als viele andere Völker.   Auch sie hatten, wie

alle

alle Völker, Todes- und andere Strafen. Letztere waren körperliche, entehrende oder Geldstrafen; zum Beyspiel die Geldbuße, der Kerker, die Ruthen, die Strafe der Wiedervergeltung (poena talionis), das Brandmarken, die Landesverweisung, und die Sklaverey [11]). Die Todesstrafen waren nicht immer die nehmlichen, und beynahe stets nur für Fremde oder Sklaven bestimmt. Vermöge eines edlen Gefühls, (nur Schade, daß damit eine Kränkung der natürlichen Freyheit verknüpft war,) waren sie in ihren Gesetzen sehr sparsam mit Bürgerblute. Denn die Strafe des Kreuzes, des Galgens und der wilden Thiere war nicht für römische Bürger bestimmt, und ihre Gesetzgebung schien sogar in dieser Hinsicht täglich besser und sanfter zu werden. Die zwölf Tafeln hatten den Falsarien und Meineydigen die Herabstürzung vom Tarpejischen Felsen angedroht [12]): allein man schafte diese Strafe ab, und die Landesverweisung, Verbannung an einen bestimmten Ort, und Ausschließung aus dem Senat oder der Curie trat an ihre Stelle [13]). Selbst die Versagung des Feuers und Wassers, die man irrig für eine Todesstrafe ansieht, war im Grunde nichts weiter als ein Verbot im Vaterlande zu bleiben. Oft trat auch die Verbannung [14])

an

---

11) Damnum aut mulcta, vincula, verbera etc.
12) Tab. VII. l. 4.
13) l. 25. §. 1. ff. de poenis.
14) Dio Cassius Lib. LV. et LVI. l. 2. §. 1. π. de poenis. l. 3. π. ad Legem Iuliam peculatus. Außer den Strafen, von denen hier die Rede ist, führten die Römer auch noch folgende ein. Die Strafe des Feuers, besonders für die Mordbrenner, vermöge ihrer Grundsätze von der Talion. L. XII. Tabb. VII. 3. l. 12. π. ad leg. Pompei. de

parri-

an ihre Stelle. Nur bey der Strafe der Mörder naher
Verwandten fand diese Milde nicht Statt. Anfangs wurden sie gestäupt, in einen ledernen Sack gesteckt, und so ins Meer, oder in einen Fluß geworfen [15]).
Einige Jahrhunderte nachher steckte man einen Affen
und eine Schlange, und bisweilen noch einen Hund
und einen Hahn in den Sack. Allein damals seufzte
Rom schon unter dem Druck der Tyranney; ein Nero
beherrschte die Welt [16]). In der Folge ward der Verbrecher schneller ertränkt, und entgieng so wenigstens der
langen Marter.

Man vergleiche diese Strafen mit den bey unsern
Stammvätern üblichen, und dann prüfe man, ob Härte
das rechte Mittel sey, ein Volk zu schrecken oder zu
strafen, dessen Hauptzüge jederzeit, selbst in den Zeiten
der tiefsten Unwissenheit, Sanftmuth und Gefühl
waren. Selten straften sie Verbrecher am Leben. Das
Salische Gesetz verordnet bloß Geldstrafen. Selbst ein

D 5 Capi-

parricid. das Köpfen, die Verdammung zu Bergwerks-
arbeiten u. s. f. l. cit. l. 2. π. de publicis iudiciis.
l. 28. l. 11. §. 3. l. 28. π. de poenis.

15) Wenigstens besagt das Gesetz der 12 Taf. nicht mehr.
QVEI. PARENTEM. NECASIT. CAPVT. OBNVBITOD.
COLEOQUE. INSVTOS. ENDO. PROFLVENTEM. MER-
CITOR. Qui parentem necaverit, caput obnubito, coleoque insutus in profluentem mergitor. Coleus oder
culeus, ist der lederne Sack. Von ihm hat diese Todesstrafe den Nahmen. War kein Meer oder Fluß in der
Nähe, so warf man den Verbrecher den wilden Thieren
vor. l. 19. π. ad l. Pompei. de parricidiis l. un. C. de
iis, qui parentes vel liberos occiderunt.

16) Iuvenal. Sat. VIII. v. 211. Sat. XIII. v. 155. Hadrian
hob diese Strafe ganz auf. l. 9. ff. ad legem Pompeiam
de parricidiis.

Capitular des neunten Jahrhunderts [17] verhängt über den Vatermörder bloß eine öffentliche Buße, und die Einziehung seiner Güter. Ein anderes [18] setzt auf den Menschenmord eine Geldbuße. Erst unter den Königen des dritten Stammes hörten die Geldbußen der Mörder oder die sogenannten Compositionen auf; erst hier fing man an, den Mörder am Leben zu strafen.

Statt der Todesstrafen hatte man in den ersten Jahrhunderten der Monarchie viele entehrende Strafen. So tilgte zum Beyspiel ein bürgerlicher Verbrecher sein Vergehen, wenn er nackend oder im Hembde einen Sattel, ein Edelmann, wenn er einen Hund von einer Grafschaft zur andern trug.

Erst spät fanden die Leibesstrafen bey den Richtern und Gesetzen Eingang: lange Zeit hindurch waren Geldbußen die einzige Strafe. Allein ob gleich in den ersten Jahrhunderten der Monarchie die Strafen meistens in Geldbuße bestanden, oder doch in solche verwandelt werden konnten, so findet man dennoch in der Geschichte körperliche, Gefängniß- und Todesstrafen. Von diesen damals üblichen Verbrechen sind aber folgende außer Gebrauch gekommen. Das Brandmarken auf der Stirne und in dem Gesichte, die ewige Gefangenschaft, das Abhauen der Füße, der Nase und Ohren, das Ausstechen der Augen, das Peitschen auf den Tod, das Ertränken im Meere oder in einem Flusse, die Steinigung, das Herabstürzen von Thürmen oder Felsen, und ähnliche

17) Capitular. L. VI. §. 71.
18) Capitular. d. a. DCCXCVIII. 43. § 1.

liche ¹⁹). Auch giebt es einige Beyspiele, daß Menschen
geschunden und lebendig begraben wurden ²⁰).

In Bretagne gab es ein Herkommen, das noch
nicht abgeschaft ist, vermöge dessen die falschen Mün-
zer lebendig in heißem Wasser gesotten wurden.
In einem Gesetze der Burgunder ²¹) ist verordnet, daß
der, welcher einen Raubvogel stahl, sich von diesem Vo-
gel öffentlich von seinem Leibe sechs Unzen Fleisch fressen
lassen sollte: doch konnte er sich durch Erlegung einer
Strafe von zwey Sols (solidis) und einer Composition
oder Buße von fünf Sols davon befreyen. Sollte man
dieses Gesetz nicht für einen bittern Scherz des Gesetzgebers halten? —

Auch das Wiedervergeltungsrecht (ius talionis) ist
eine von den in den Capitularien angeordneten Strafen.
Lange Zeit hindurch, und noch mitten im dreyzehnten
Jahrhunderte fand diese Strafe Statt. In den Ver-
ord-

---

19) Greg. Turonensis führt mehrere Beyspiele an.

20) So vergrub man z. B. die Feigherzigen lebendig in den
Schlamm. Ein gleiches thaten die Teutschen. Noch jetzt
ist Ertränken eine in Teutschland gewöhnliche Strafe. Auch
viertheilt man dort die Hochverräther. Anm. des Verf.
Die ehedem beym Morde der nächsten Anverwandten
übliche Strafe des Säckens ist bey uns in Deutschland außer
Gerichtsgebrauch. S. Quistorps Grundsätze des deutschen peinlichen Rechts. 1. B. §. 282. und in Sachsen
ausdrücklich abgeschaft durchs Rescript v. 17. Jun. 1761.
C. A Fortf. I. S. 401. S. mein Handbuch des Churf.
peinl. Rechts I. Theil §. 283. Anm. S. 209. Beym
Hochverrath bestimmt die peinliche Gerichtsordnung Art.
124. das Viertheilen für die Männer, für Verbrecherinnen
das Ertränken. S. de Boehmer ad C. C. C. 124. §. 9.
Anm. des Herausg.

21) Lex Burgundion. additam. 1. l. 1.

ordnungen (Etabliſſemens) des heiligen Ludwigs [22]) iſt
ſie aufs neue den verläumderiſchen Anklägern zuerkannt.
Bald aber wurden die Strafen noch grauſamer. Was
that Ludwig der Eilfte, dieß verworfene Ungeheuer, dieſer grauſamſte aller Tyrannen? Er ließ ſeine Schlachtopfer auf Wippgalgen werfen, von denen ſie auf mit eiſer-
nen Spißen und Scheermeſſern beſetzte Räder herab ſtürzten. Nie wußte man die Gräuel der Grauſamkeit mehr
zu häufen, als unter ihm. Doch das Abſcheulichſte war
wohl, daß er jedesmal ſelbſt Zeuge dabey war, und eine
Wolluſt darinn fand, der Pein und der Verzweiflung der
ſterbenden Schlachtopfer zuzuſehen.

In der Folge wurden die Strafen auf mancherley
Art abgeändert. Die Todesſtrafen, die ſich bey
uns erhalten haben, ſind: das Viertheilen, Köpfen, Erdroßeln, Rädern, Verbrennen; die
bloßen Leibesſtrafen: das Aufhängen unter den
Achſeln, das Brandmarken, Stäupen, Ver-
ſtümmeln; diejenigen Strafen, welche auf die Frei-
heit Bezug haben: Galeeren, Zuchthaus, Kerker, Landesverweiſung. Die entehrenden Strafen ſind: (außer den Leibesſtrafen) der Pranger, der
öffentliche Verweis, die in einer peinlichen
Sache verhängte Geldſtrafe u. ſ. w. und in
Anſehung der Leichname: das Hinausſchleifen,
das Hängen des Leichnams an den Galgen,
und die Beraubung des Begräbniſſes. Ver-
mögensſtrafen ſind: Geldbuße, Confiscation,
bürgerliche Genugthuung, Koſten und Scha-
denerſetzung u. ſ. w.

Auch

22) 1. B. 3. Cap. Calumniantes ad vindictam poſcit ſimili-
tudo ſupplicii, Capitular. l. VII. §. 436.

Auch haben wir Canonische Strafen, als Degradation, Kirchenbann, Interdict, Seminar u. s. w. Kriegsstrafen sind: das Spitzru-
then - oder Steigriemenlaufen, im Arrest
geschlossen zu sitzen, die Schiffswinde, (cabestan,) oder
auf einem von den Balken derselben mit zwey Canonen-
kugeln an den Füßen zu liegen; eine oder mehrere
Stunden hindurch mit Schifstauen gepeitscht werden, eine Schiffsstrafe, die dem Gassenlaufen auf dem
Lande ziemlich ähnlich ist. Der Schuldige läuft nehmlich ein oder mehrere Male von einem Ende des Verdecks
zum andern durch die ganze in Reihen gestellte Mann-
schaft, nur daß er statt der Ruthen mit Stricken gehauen
wird. Das Kielholen, (la cale) wenn nehmlich der
Schuldige an einen Strick gebunden von dem Wipfel
des großen Mastes ein oder mehrere Male ins Meer geworfen wird u. s. w. In gewissen Fällen erlaubt auch
das Edikt von 1685, den Negern Nase und Ohren
abzuschneiden.

In der Verordnung von 1670 sind die Strafen, wiewohl sehr mangelhaft, verzeichnet. Hier werden nehmlich genannt: der Tod, die Folter mit Vorbehaltung des
vollkommnen Beweises, lebenslängliche Galeerenstrafe,
beständige Landesverweisung, Folter ohne Vorbehalt des
Beweises, zeitige Galeerenstrafe, Peitsche, gerichtliche
Abbitte, zeitige Verbannung. Vom Brandmarken,
Pranger, Halseisen, vom Schleifen, vom Abschneiden
der Zunge, von Abhauung der Faust, vom Stäupen im
Gefängnisse, von der Einsperrung ins Spital, oder
Zuchthaus, vom Aufhängen unter den Achseln, schweigt
sie ganz. Und doch sind dieß lauter Leibesstrafen, und,

mit

mit Ausnahme des Stäupens im Gefängniſſe, ſogar
ſämmtlich entehrend.

Strafe ſetzt Verbrechen, Anklage ſetzt
einen Ankläger ^d), einen Angeſchuldigten,
Ueberführung, einen Richter und ein Urtheil
voraus. Das Verbrechen heiſcht Strafe, der Ankläger fordert ſie auf, die Anklage beſtimmt ſie, der Angeſchuldigte duldet ſie, die Ueberführung rechtfertigt ſie, der
Richter erkennt ſie, das Urtheil gebiethet ihre Vollſtreckung. Und von allen dieſen Gegenſtänden werden wir
im erſten Theile dieſes Werks ſprechen. Der zweyte
Theil wird die Prüfung der verſchiedenen Gattungen der
Strafen enthalten; in dem dritten werden wir ihr Verhältniß zu beſtimmen ſuchen, und in dem vierten Theil
werden wir von ihrer Proportion zum Verbrechen, von
ihrer Abmeſſung, Strenge, Verjährung und Vollſtreckung, von der Pflicht, ihnen Einförmigkeit zu geben
und ſie auf den Verbrecher allein einzuſchränken, von
der Gefahr der Partheylichkeit des Geſetzes, von den
Gefahren unbeſtrafter Verbrechen handeln, und noch
einige allgemeine Begriffe mittheilen, deren Ausführung uns leicht, und von entſchiedenem Nutzen zu ſeyn
ſcheint.

d) Nämlich nach den Grundſätzen des franzöſiſchen Prozeſſes,
    wo es noch immer auch in peinlichen Fällen heißt, wo kein
    Kläger iſt, iſt auch kein Richter.
                            Anm. des Herausg.

Sechstes Kapitel

Von Verbrechen*).

Natur, Gesellschaft, Gesetz, dies sind die vorzüglichsten Gegenstände, denen der Mensch Ehrfurcht schuldig ist. Sie verletzen ist Verbrechen. Man kann also das Verbrechen nennen eine Verletzung der Natur, der Gesellschaft und des Gesetzes. Ich meine unter letzterem das positive Gesetz, und trenne es von der Gesellschaft und der Natur, weil es Handlungen giebt, die das Gesetz erlaubt, obgleich die Natur sie verwirft, so wie es auch Handlungen giebt, die Verbrechen sind, obgleich der Gesetzgeber sie nicht verbietet. So haben alle Gesetzbücher des Alterthums die Sklaverey erlaubt, ohne sie dadurch rechtmäßig zu machen. So begeht jenes dumme, grausame Volk, das den alternden Vater tödtet, um ihm die ungewissen Leiden des schwachen Alters zu ersparen, ein Verbrechen, ungeachtet seine Gesetze diese Handlung gut heißen.

In die erstere Classe (nehmlich der Verbrechen gegen die Natur) gehören alle Arten von Todtschlag. Hiernächst die Verbrechen gegen Aeltern, vielleicht sogar die gegen das königliche Ansehen, (als einer Art väterlicher Gewalt, die sich blos über eine zahlreichere Familie ausgebreitet) und endlich die Vergehungen gegen

*) Dieses ganze Capitel ist so seicht, so voll von theils falschen theils unbestimmten Ideen, daß ich, um das Unbequeme vieler und langer Anmerkungen zu vermeiden, der Berichtigung der hier vorgetragenen Ideen unten im Anhange eine besondre Abhandlung gewidmet habe, auf welche ich den Leser verweise. **Anm. d. Herausg.**

gen die Gottheit. Wenn gleich letztere die Natur
empören, welche, wie ein berühmter Philoſoph ſagt,
den Begriff eines höchſten Weſens, dem alle Völker unter verſchiedenen Geſtalten opfern, dem Menſchen
ins Herz ſchrieb: ſo verhält es ſich doch ganz anders mit
den Verbrechen gegen den Gottesdienſt, in ſofern
man denſelben von der großen Idee des Daſeyns Gottes zu unterſcheiden hat. Das Weſen dieſer ſogenannten Religionsverbrechen beruhet größtentheils auf rela-
tiven Ausdrücken, denen faſt jede Nation eine andre Bedeutung beylegt, und die dennoch am Ende auf nichts
mehr und nichts weniger hinaus laufen, als darauf:
„jener Menſch, jenes Volk, jene Sekte denkt nicht ſo
„wie wir.“

Die zweyte Claſſe faßt mehrere Verbrechen in ſich.
Einige werden faſt bey allen Völkern dafür gehalten,
und eben dieſe allgemeine Uebereinſtimmung giebt ihnen,
den Karakter der größeren Strafwürdigkeit f). Hierher
gehört der Ehebruch g). Andere hingegen ſind bey
den

f) Mit nichten! denn die Menſchheit erhebt ſich nach und nach
über ſich ſelbſt und entfernt ſich von Vorurtheilen in allen
Wiſſenſchaften, folglich auch in der Geſetzgebung. Der
ſogenannte Conſenſus gentium, (der noch dazu ſehr ſchwer
zu documentiren iſt) beweiſt alſo gar nichts für oder wider
einen Satz. Denn es giebt ja auch gemeinſchaftliche Irrthümer aller Völker. Die Franzoſen halten ſich mit Recht
oder Unrecht für das klügſte Volk der Erde. Dennoch
geben ſie zu, daß ſie viele ungerechte und zweckwidrige
Geſetze hatten und zum Theil noch haben. Wenn nun die
klügſten Völker irren, warum ſoll die Beyſtimmung der
übrigen dümmeren Irrthum zur Wahrheit ſtempeln?
Anm. des Herausg.

g) Es iſt ungegründet, daß alle Völker den Ehebruch beſtrafen. So ſtrafen z. B. die Einwohner der Landſchaft
Mayomba, eine ehemalige Provinz des Königreichs Loango
den

den meisten Völkern erlaubt, werden sogar bisweilen empfohlen, zum Beyspiele: Blutschande und Vielweiberey.

Die dritte Classe faßt solche Handlungen in sich, die weder der Natur, noch dem wesentlichen Glücke der Gesellschaft zuwider laufen, die aber ein positives Gesetz, vielleicht dem Naturgesetze zum Trotz, durch ein Verbot in die Reihe der Verbrechen setzt, und hierher gehört die Einfuhr verbotener Waaren.

Wenn man die Verletzung des Eigenthums zum Grunde der Beurtheilung der Verbrechen legt: so ist es leicht, sie nach dieser Grundidee einzutheilen. Ein Verbrecher ist nehmlich nur der, welcher das Leben, die Ehre, die Freyheit, das Vermögen, die Ruhe und die Geistesfreyheit andrer Menschen verletzt und beeinträchtigt. Nach dieser neuen [h]) Eintheilung ordnen sich die Verbrechen von selbst in verschiedne Classen. Gefangennehmung, Mord, kurz Alles, was darauf abzielt, das Leben zu rauben, oder es wenigstens in Gefahr zu setzen,

---

den Ehebruch nicht, sondern halten ihn vielmehr für ehrenvoll und lobenswerth. S. Allgem. Hist. der Reisen IV. B. S. 655. 656.   Anm. d. Herausg.

[h]) Sie ist nicht so neu, als der Herr Verf. glaubt. Unsre deutschen Criminalisten haben sie längst gebraucht. Man hält überhaupt in Frankreich vieles für neu, was es nur für Franzosen seyn kann, die zeither, vorzüglich in Ansehung der Litteratur mit glücklicher Selbstgenügsamkeit das, was andre Völker, besonders die Deutschen, dachten, und schrieben, sich so wenig bekannt machten, daß ein französischer Schriftsteller, der aus deutschen Quellen schöpft, die daher entlehnten Ideen keck für eigene ausgeben kann, ohne Gefahr zu laufen, in Frankreich Lügen gestraft zu werden.
Anm. des Herausg.

E

seßen, machen die erste Claſſe aus.   Ueble Nachreden,
Verläumdung, Verbreitung übler Gerüchte und Pasquille die zweyte.   In die dritte Claſſe gehören
der Zwang zur Sclaverey, die geheime Einkerkerung,
geſetzwidrige Gefangennehmung u. ſ. w.   In die vierte
Claſſe gehört Diebſtahl von aller Art.   Die fünfte
Claſſe, welche die Verbrechen gegen die öffentliche Sicherheit und Ruhe enthält, hat meiſtens Polizeyvergehungen zum Gegenſtande.   In die ſechſte Claſſe
rechne ich alles, was auf religiöſe und politiſche Begriffe
Bezug hat, kirchliche Spaltungen, Ketzereyen,
frechen Tadel der Anſtalten des Staats
u. ſ. w.   Nicht, als wollte ich die Freyheit, über Regie-
rungsanſtalten zu denken, einſchränken.   Das Eigenthum einer Meinung iſt ein unverjährbares, und keinem
Geſetz unterworfenes Recht des Menſchen.   Nur die
Ausbreitung ſolcher Ideen, welche Gährung und großes
Aergerniß veranlaſſen können ¹), kann der Staat verbieten.

Die Eintheilung der Verbrechen nach ihrem Verhältniſſe gegen die Natur, die Geſellſchaft, und
das poſitive Geſetz iſt einfacher, und ſcheint mir
richtiger zu ſeyn, als die gewöhnliche Eintheilung der
Criminaliſten.

Einige nehmen viererley Gattungen an: ſolche, die
die Religion betreffen, als Atheismus, Gottesläſterung,
Ketzerey u. ſ. w.; ſolche, die den Fürſten oder ſeine Würde
betreffen, als das Verbrechen der beleidigten Majeſtät
des

---

i) Man ſehe hierüber das was ich in der Einleitung zur Kri-
tik des allgemeinen Geſetzbuchs für die Preußiſchen
Staaten geſagt habe.   **Anm. des Herausg.**

des Aufruhrs, der falschen Münze u. s. w.; solche,
woburch Privatpersonen entweder an ihrer Person, oder
an ihrer Ehre, oder an ihrem Vermögen verletzt wer-
ben, als Mord, Vergiftung, Raub, Pasquille, Diebstahl u. s. w.; solche endlich, die die öffentliche Ruhe
stöhren, als Unzucht, betriegerischer Banquerutt u. s. w.

Andre Rechtsgelehrte haben statt acht Classen folgende vier angenommen: die Verbrechen der beleidigten göttlichen Majestät, als: erregter Zwiespalt
in der Kirche, Abfall vom christlichen Glauben, Kirchenraub, Zauberey, Atheismus, unzuläßige Verträge bey
Ueberlassung geistlicher Pfründen, (confidence) Simo-
nie u. s. w.   Die Verbrechen der verletzten menschlichen Majestät; als: Angriffe auf die Per-
son des Königs, Ungehorsam gegen seine
Befehle, unerlaubte Versammlungen bewaffneter
Menschen, Verfälschung des Staatssiegels, falsches
Münzen oder Verringerung der gültigen Geldsorten u. s. w.
die Verbrechen der Wollust, als: Ehebruch, Vielweiberey, ausserehelicher Beyschlaf, Nothzucht, Concubinat,
Blutschande, Sodomie u. s. w. Todtschlag, Mord, Vergiftung, Feueranlegen, Zweykampf, Abtreibung der
Leibesfrüchte, Selbstmord u. s. w. Hausdiebstahl, Strasenraub, Diebstahl mit Erbrechen, Wucher, Menschen-
raub, Abigeat, Aufkäuserey, Verheelung des Diebstahls
u. s. w.   Falsches (Falsum), Unterschiebung einer Person, Unterschiebung eines Kindes, Stellionat, Verläumbung, falsches Zeugniß, Anstellung falscher Zeugen,
Verfälschung öffentlicher oder Privatpapiere, Verfälschung
der Lebensmittel, oder anderer Waaren, falsches Gewicht,
falsches Maas u. s. w.; Injurien, und zwar wörtliche,
oder thätliche, oder schriftliche Pasquille u. s. w.; end-

E 2   lich

lich Polizeyverbrechen, als: Forſt- und Jagdvergehungen und verbotenes Fiſchen; Contreband, verbotene Spiele u. ſ. w.

In Rom theilte man lange Zeit hindurch die Verbrechen blos in öffentliche und Privatverbrechen [1]; eine ſchon bey den Athenienſern gewöhnliche Eintheilung. Oeffentliche Verbrechen waren diejenigen, welche die ganze bürgerliche Geſellſchaft intereſſirten, und bey welchen jeder den Ankläger machen konnte. Privatverbrechen giengen blos Privatperſonen etwas an, und nur der Beleidigte hatte das Recht, deshalb zu klagen. Der letzteren waren vier: Diebſtahl, Raub, Beſchädigung und Injurie [2]. Raub unterſcheidet ſich vom Diebſtahle nur durch die Gewalt, mit der der erſtere verbunden war.

Die öffentlichen Verbrechen wurden von den Römern in beſtimmte und auſſerordentliche eingetheilt; beſtimmte hießen die, die das Geſetz vorhergeſehen, und mit einer beſtimmten Strafe belegt hatte; außerordentliche, die das Geſetz nicht vorhergeſehen hatte, und deren Beſtrafung der Meinung und Einſicht des Richters überlaſſen war [3].

Ein großer Mann, deſſen Werk ehedem übertrieben erhoben ward, jetzt aber mit nicht minder ungerechter Uebertreibung herabgeſetzt wird, Montesquieu, nimmt vier

---

1) Titt. ff. de privatis iudiciis. de publ. iudiciis. Tit. Inſtit. de publicis iudiciis.

2) Furtum, rapina, damnum, iniuria. Tit. Inſt. de Oblig. quae ex delicto naſcuntur.

3) l. 1. §. 1. ff. de effractoribus et expilatoribus. l. 1. ff. de iudiciis publ. l. 7. §. 3. ff. ad leg. Iul. repetundar. l. 7. ff. ad leg. Flaviam de plagiar. l. 11. ff. de poenis.

vier Gattungen von Verbrechen an 4). Die von der
ersten Classe verletzen die Religion, die von der zweiten,
die Sitten; die von der dritten, die Ruhe; und die
von der vierten die Sicherheit der Bürger. Die Kaiserin von Rußland hat diese Eintheilung angenommen 5). Beccaria 6) kennt nur drey Gattungen
von Verbrechen: solche, die unmittelbar auf die Zerstö-
rung der Gesellschaft oder dessen der sie vorstellt, abzwecken;
solche, die der Sicherheit des einzelnen Bürgers schaden,
indem sie ihr Leben, ihr Vermögen, oder ihre Ehre angreifen; solche Handlungen endlich, die dem, was die
Gesetze in Hinsicht auf das gemeine Beste vorschreiben
oder verbieten, entgegen sind.

Diese Eintheilungsart des Beccaria scheint mir vor
Montesquieus Eintheilung den Vorzug zu verdienen;
allein sehr richtig hat ein junger Schriftsteller, der mit
vieler Wärme und großem Talente die Irrthümer unserer peinlichen Rechtsgelahrtheit bestritten hat, bemerkt,
daß die letzte Classe zu sehr in die andern eingreife,
und daß die Eintheilung der gesellschaftlichen Verbrechen zu unbestimmt sey 7). Er selbst bringt eine neue
Eintheilung in Vorschlag, vermöge welcher die Verbrechen vor allen Dingen in zwey Hauptclassen,
nehmlich in Staats = und Privatverbrechen; und wiederum die Staatsverbrechen in moralische, in

E 3 bür-

---

4) Esprit des Loix, Liv. 12. ch. 4.
5) Instruction der Kaiserinn von Rußland an die zu Aus-
    führung des Projekts eines neuen Gesetzbuchs niedergesetzte
    Commißion 7ter Art. §. 61. u. f.
6) Von Verbrechen und Strafen. §. 25.
7) Brissot de Varville Théorie des loix criminelles, Ch.
    II. Part. I, p. 102.

bürgerliche, oder Polizeyvergehungen, und
in Religionsverbrechen, die Privatverbre-
chen aber in solche eingetheilt werden, welche die Ehre,
oder das Eigenthum, oder die Sicherheit verletzen. Diese Eintheilung ist einfach, und bahnt den
Werth zur leichtern Einsicht des Verhältnisses zwischen
Strafe und Verbrechen. Dennoch verdient Varville,
gleich vielen andern, den Vorwurf, aus den Religionsverbrechen eine besondere Classe gemacht zu haben. Die Gesetze müssen die Handlung, nie aber
die Ueberzeugung bestrafen. Da diese nur Gott allein bekannt ist, so kann sie der Ahndung der Gesellschaft
nur in sofern unterworfen seyn, als sie die öffentliche Ordnung stöhrt. Auch erkennt dieß der Verfasser bey Gelegenheit der Ketzerey selbst [g]), äußert auch sonst mehrere
Male diese gerechte und menschenfreundliche Idee.

Die in Ansehung der Verbrechen zu beobachtende
Eintheilungsmethode ist nicht so gleichgültig, als leicht-
sinnige, oberflächliche Köpfe wohl glauben möchten. Von
ihr hängt die Beurtheilung der Größe des Verbrechens,
und also auch der Strafe ab [k]). Das sogenannte Verbrechen der beleidigten göttlichen Majestät, eine Handlung,

g) 2. Kap. 2. Th. S. 8.

k) Daß man über die Eintheilung der Verbrechen so ungewiß
ist, und die besten Schriftsteller hierinn so viele schwankende
Begriffe haben, kommt vorzüglich daher, weil man Gegenstände, über die man noch keinen bestimmten Hauptbe-
griff hat, auch nicht glücklich und bestimmt eintheilen kann.
Man bestimme genau, was Verbrechen sey, man unterscheide
es gehörig von Laster und Sünde und bestimme die Grenzen der Strafgewalt gehörig: so wird die Eintheilung der
Verbrechen nicht mehr schwer seyn. Mehreres hiervon
wird man im Commentar finden.

                               Anm. d. Her.

lung, welche in der öffentlichen Ruhe nur höchstens eine
sehr geringe Störung veranlaßt, die größte aller Uebelthaten zu nennen, heißt das nicht ein gesellschaftliches
Gebäude auf Grundpfeiler bauen, die statt daßelbe zu
unterstützen, es vielmehr umstürzen und zu Grunde richten müßen?

Ist man aber schon beym ersten Schritte dieser Laufbahn so sehr auf Irrwege gerathen, wo wird man einen
gewißen Standpunct finden, um sich nicht unaufhörlich
zu verirren? — Wie will man dann ohne Verletzung
der Gerechtigkeit das Wesen der S t r a f e aus der N a -
t u r der Verbrechen herleiten? — Ich bleibe bey
der letztern höchstwichtigen Bemerkung stehen. Mit
D e m ü t h i g u n g bestrafe man das durch S t o l z er-
zeugte Verbrechen. Der Verbrecher aus E i t e l k e i t
werde l ä c h e r l i c h gemacht! Der würde sehr wenig
Menschenkenntniß verrathen, der jene Verbrechen mit
k ö r p e r l i c h e n oder mit Geldbußen bestrafen wollte.
Besonders werden die letzteren die Leidenschaften; denen
sie entgegen arbeiten sollten, vielmehr erhöhen, und ge-
sellt sich einmal Schwärmerey zum Stolze, so findet er
in den körperlichen Strafen nur neue Nahrung.

Aus diesem Grunde wird auf die Verbrechen bey
einem handelnden und Goldliebenden Volke, wie z. B.
heutzutage die Holländer sind, und ehemals die Cartha-
ginenser waren, gewöhnlich G e l d b u ß e gesetzt seyn;
bey einem für die E h r e gefühlvollen Volke, wie die
Franzosen, eine e n t e h r e n d e; bey einem weichlichen
und wollüstigen Volke, für das (wie ehrdem für die
Sybariten) der Schmerz das größte Uebel ist, eine
k ö r p e r l i c h e S t r a f e. Doch wie würde man die
Spartaner haben bestrafen müßen? Durch Geldbuße?

E 4

buße? — Sie hatten kein Geld. Durch Leibesstrafe? — Sie wendeten ihr ganzes Leben dazu an,
dem Schmerze Trotz bieten zu lernen. Auf die Ehre
würd' ich die Strafe gerichtet haben, aber aus andern
Gründen, als die sind, die diese Strafe bey uns für
empfehlungswerth erkennen lassen. Eine und die nehmliche Strafe ist bisweilen zwey Völkern von ganz entge-
gengesetztem Charakter nützlich. Wären die Epikuräer
und die Stoiker, statt Sekten zu seyn, Nationen gewesen, so würde es für die Schüler des Zeno entehrende, für die Zöglinge Epikurs körperliche
Strafen bedurft haben.

Siebentes Kapitel
Von den Anklagen

Der römische peinliche Proceß eröfnete sich bey den der Entscheidung des Volks unterworfenen Sachen mit der Ladung, und bey den sogenannten öffentlichen peinlichen Processen (iudiciis publicis) mit der Anklage [1]).

In dem ersten Fall ward von dem Richter dem versammelten Volke das Verbrechen und der Verbrecher bekannt gemacht, auch der Tag fest gesetzt, da die gesetzmäßige Anklage erfolgen sollte. Er legte dem Angeklagten auf, zu einer bestimmten Zeit zu erscheinen, zu welcher er selbst erschien, um sein wichtiges Amt zu verwalten. Im zweyten Falle war jeder Bürger berechtigt, sich zum Ankläger aufzuwerfen; zur Fortsetzung der Anklage bedurft' es aber obrigkeitlicher Autorisation [1]). Sobald diese erfolgt war, wurde eine Schrift oder ein Libell eingereicht, das die Erzählung des Verbrechens, und die Schlußbitte dessen enthielt, der auf Bestrafung des Verbrechers drang: dieser Schlußbitte durfte in der Folge des Processes nichts hinzugefügt werden, wie man denn auch beym Beweise außer den im Libell enthaltenen keine andere Verbrechen einmischen, auch

E 5   über

---

1) Eine vollständigere Darstellung des Römischen Criminalprocesses werde ich unten im Commentar über dieses Kapitel liefern.   Anm. des Herausg.

1) Die Bitte, welche der Ankläger anbrachte, um zur Anklage gelassen zu werden, hieß: *Postulatio;* und die drauf folgende Handlung, bey welcher der Ankläger sich in das öffentliche Verzeichniß einschrieb, *delatio.*

über keine andere, als die dort erwähnten Thatſachen, Zeugen aufführen durfte. Die Veränderung der Schlußbitte
war indeſſen erlaubt, wenn man ſie mildern wollte [2]). Sobald der Ankläger ſeine Erklärung von ſich gegeben hatte,
nahm der Rechtshandel (cauſa) ſeinen Anfang; allein die
eigentlich ſogenannte Anklage fieng erſt mit dem von
Obrigkeitswegen beſtimmten Tage an, an welchem der
Ankläger ſeine Beweismittel, und der Angeſchuldigte
ſeine Vertheidigung vorbrachte.   Doch wurde dieſer
von dem Augenblick an reus, da ſein Name dem Prätor
angezeigt worden war [3]).

Wir werden in der Folge dieſes Kapitels noch mehrere hierher gehörige Gebräuche der Römer ſchildern, und
man wird leicht begreifen, daß das bey ihnen gewöhnliche, dem Athenienſiſchen ähnliche, Verfahren vor dem
unſrigen den Vorzug verdient.   Und wir ſind in dieſer
Rückſicht um ſo weniger zu entſchuldigen, da unſere
Rechtsgelahrtheit vor der Regierung Franz des Erſten
einen wohlthätigern Gang und eine menſchlichere Geſtalt
hatte.

Wir unterſcheiden Anklage, Denunciation, und
Klage. (l'accuſation, la denonciation, la plainte).
Die Klage iſt eine dem Richter vorgetragene Erzählung eines erlittenen Unrechts; die Denunciation
eine

---

2) SIGONIUS de iudiciis populi rom. L. III. hierher
  gehören auch die Titel der Inſtitutionen oder der Pandecten:
  de accuſationibus et inſcriptionibus, de popularibus
  actionibus, de publicis iudiciis.

3) Reus heißt zwar vorzüglich der Angeſchuldigte; allein eigentlich iſt dieſe Benennung beyden Theilen gemein. Reos
  appello, ſagt Cicero de oratore, lib. 2. c. 43. non eos
  modo qui arguuntur, ſed omnes quorum de re diſ-
  ceptatur.

eine geheime Anbringung eines erfolgten Verbrechens; die Anklage eine entweder im Namen des Fürsten, oder auf Verlangen einer Privatperson, welche alsdenn Civilparthey genannt wird, erfolgte gerichtliche Belangung eines Verbrechers. Im leztern Falle tritt jederzeit der Procurator des Königs auf, um die der ganzen Gesellschaft gebührende Genugthuung zu verlangen. Da die Klage in der Erzählung eines persönlichen Unrechts, oder einer persönlichen Beleidigung besteht, so hat der, welcher leztre nicht erduldet hat, auch keinen Vortheil bey Anstellung derselben, und ist folglich zu derselben unfähig. Die Denunciation hingegen sezt kein Privatinteresse voraus. Bey der Anklage klagt der Procurator des Königs, als öffentlicher Ankläger, auf Strafe, und die Civilparthey, als Privatankläger, auf Schadenersaz. Der erstere erfüllet eine Pflicht, und diese Pflicht muß bisweilen die verhaßten Schritte entschuldigen, die er thun muß. Die Civilparthey hat keine andere Verbindlichkeit, als die, welche sie sich selbst auflegt, insofern sie es nicht bloß bey der Civilklage bewenden lassen will: denn es hängt ja von einem solchen Kläger ab, ob er sich auf die Erzählung des erduldeten Unrechts einschränken will, ohne selbst Parthey zu werden, ohne auf Instruction des peinlichen Processes und auf Bestrafung zu bringen. Ja er hat nicht einmal das Recht, die Strafe des Schuldigen als Züchtigung zu fordern. Er hat Unrecht erlitten. — Man nimmt seine Klage an, allein die Verurtheilung geschieht im Namen eines andern. Entschädigung an baarem Gelde ist das Einzige, was er erhalten und verlangen kann.

Daß es unthunlich sey, mehrere Ankläger auf einmal zuzulassen, ist sehr begreiflich. Alle Völker haben

diesen

dieſen einleuchtenden Grundſatz anerkannt, und bey den
Römern muſte in einem ſolchen Falle der Prätor mittelſt
einer Präliminarſentenz beſtimmen, wer unter mehreren
das Recht zur Anklage haben ſolle 4). Und hierzu ward
vor allen andern der erwählt, der bey der Verurtheilung
des Schuldigen beſonders intereſſirt war. Der Grad
ihrer Zuläſſigkeit ward nach dem Grade dieſes ihres Intereſſe beſtimmt. Bey uns verwirſt man einen ſolchen
Ankläger, und läßt ihn zu einem Amte nicht zu, das
ihm doch die Natur gab. Uebrigens war es in Rom
denen, die ſich einmal zur Anklage gemeldet hatten, wenn
der Ankläger beſtimmt war, vergönnt, ſich mit letztern
zu vereinigen, und ſeine Klage mit zu unterzeichnen 5).
Und das zwar vermöge einer ſehr natürlichen Ordnung.
Die Führung des Proceſſes blieb in den Händen deſſen,
der das ſtärkſte Intereſſe an der Sache hatte, oder deſſen,
den man für den Würdigſten hielt, und der Beyrath
der ändern gab ihm größern Nachdruk und größere Wirk-
ſamkeit. In Frankreich hingegen hat die Civilparthey,
oder der beleidigte Theil nur eine ungewiſſe und untergeordnete Exiſtenz. Man bedient ſich wohl des Aus-
druks abhäriren (joindre) um anzuzeigen, daß
der

---

4) l. 16. ff. de accuſationibus et inſcript. Dieſe Entſcheidung
hieß *divinatio*.   Anm. des Verf.
Aus dem angeführten Geſetze ſelbſt erhellet, daß das
Intereſſe des Anklägers nicht der einzige, auch nicht der
Hauptbeſtimmungsgrund war. Es heiſt dort: Si plures
exiſtat, qui eundem publici iudicii accuſare volunt,
iudex eligere debet eum qui accuſet, cauſſa ſcilicet
cognita, aeſtimatis accuſatorum perſonis vel *de digni-
tate*, vel ex eo quod *intereſt*, vel aetate, vel *moribus*
vel *alia* iuſta cauſa.   Anm. des Herausg.
5) Man nannte ſie ſubſcriptores.

der Beleidigte bey der öffentlichen Untersuchung
des Verbrechens mit interessirt sey. Allein, eben diese
Adhäsion, die auf alle Fälle eine untergeordnete
Rolle anzuzeigen scheint, bezeichnet doch im Grunde
eine Hauptverrichtung. Klinget dieser Ausdruck nicht
so, als solle der Ankläger auch zugleich Richter seyn,
und als habe man einem von persönlichem Interesse oder
von Leidenschaft eingenommenen Menschen dieses Recht
nehmen, und es dafür dem Richter als unleidenschaftlichem
Werkzeuge des Gesetzes anvertrauen wollen? m). Noch
einen Tadel verdient der bey uns gewöhnliche Anklage-
proceß. So soll zum Beyspiel einen Ankläger, unter
welcher Gestalt er sich auch darstellt, nichts davon frey-
sprechen, seine Anklage auf eine bestimmte Weise
vorbringen zu müssen, besonders wenn er mit der Anzeige des Verbrechens zugleich die Anzeige des Schuldigen verbindet. In Rom mußte die Schrift, oder
der Libell vom Ankläger unterzeichnet seyn, und die
Nahmen des Angeschuldigten, des Richters, des Verbrechens, und die Bestimmung der Zeit und des Orts
enthalten, wo das Verbrechen begangen worden seyn
soll.

---

m) Ich verstehe hier Herrn Pastoret nicht ganz. Warum
hängt er so sehr am Worte Jonction (oder wie es in manchen
deutschen Provinzen heist,) Adhäsion? Der Beleidigte
kann als solcher blos interessirt seyn beym Schadenersatz,
oder der Ehrenerklärung. Die Bestrafung des Verbrechers
ist Sache des Staats, und es hat zu sehr das Ansehen per-
sönlicher Rache, wenn man hierbey auf das Interesse
des Beleidigten an der Bestrafung des Verbrechers ein
zu großes Gewicht setzt. Und Strafe soll ja, wie Herr
Pastoret selbst einräumt, nicht Rache, sondern Abschreckung
zum Zwecke haben.

Anm. des Herausg.

ſoll. „Ich werde, hieß es [6]), dein Ankläger daß
du — — — kann ich dieß nicht erweiſen, ſo un-
terwerfe ich mich der Strafe, welche du erdulden mußt,
wenn meine Anklage gerecht iſt.   Zu mehrerer Bekräf-
tigung unterzeichne ich dieſe Schrift, und überliefre ſie
dem Richter [n]). “

Die Klage iſt allezeit nothwendig, und es iſt ſehr irrig, wenn einige unſerer Criminaliſten ſie in mehreren
Fällen für unnütz halten.   Vouglans [7]) benennt folgende ſieben Fälle, in welchen der Richter ohne vorgängige Klage ſogleich zur Unterſuchung, ja ſelbſt zum Urthel,
vorſchreiten müſſe: die Ertappung auf friſcher That, und
die öffentliche Notorietät, das am Staatsoberhaupte verübte Verbrechen der beleidigten Majeſtät, den Zweykampf;

6) IGITVR EGO ILLE, ADVERSVM . TE IN . . . . .
ADSISTO.   SI TE INIVSTE INTERPELLAVERO, ET
VICTVS EXINDE ADPARVERO, EADEM POENA,
QVAM IN TE VINDICARE PVLSAVI, ME CON-
STRINGO, ATQVE CONSCRIBO PARTIBVS TVIS
ESSE DAMNANDVM ATQVE SVBITVRVM. ET PRO
REI TOTIUS FIRMITATE MANV PROPRIA FIRMO,
ET BONORVM VIRORUM IVDICIO ROBORANDVM
TRADO.   BRISSONIVS DE FORMVL. SOLLEMN.
Lib. V. N. CLXXXVIII. p. 444. Edit. Bachii.

n) Die letztern Worte der Formel ſcheinen nicht ſowohl auf
den Richter, als auf die Subſcriptoren zu gehen.
                                    Anm. des Herausg.

7) Commentaire ſur l'ordonnance de 1670 tit. 3. Art. 1.
Jouſſe behauptet, daß die Klage zur Unterſuchung in allen
den Fällen nicht unumgänglich nothwendig ſey, in welchen
der Verbrecher von Obrigkeitswegen gefangen genommen worden iſt. „Wenn der Richter von Amtswegen verfahren hat,
„ſagt er, ſo iſt es ſogar überflüßig, daß der königliche Pro-
„curator oder der Fiskal in der Folge noch eine förmliche
„Klage einreiche; genug iſt es, wenn dieſe öffentlichen Be-
„amten hernach noch gegen den Angeſchuldigten auftreten. “

kampf; wenn gegen Aufrührer, oder gegen öffentlich
bekannte Bösewichter und von Obrigkeitswegen gefangen
genommene Verbrecher verfahren werden soll; wenn der
Angeklagte ein Fremder, und dessen Flucht zu befürchten
ist; wenn die Vollbringung eines begonnenen oder vor-
gehabten Verbrechens verhindert werden soll, und endlich,
so oft davon die Rede ist, einem von mächtigen Personen
unterdrückten Manne, Hülfe zu leisten, der es nicht wagt,
sich zu beschweren.

Was mich anlangt, so wünschte ich, daß selbst bey
Ertappung auf frischer That die Klage nicht unterlassen
werden dürfte. Dieß würde freylich unnütz seyn, wenn
man über das Verbrechen gleich nach dessen Entstehung
richtete: allein dieses geschiehet ja nicht. Der gemeine
Ruf giebt allezeit schwankende Begriffe, und bey Anklagen darf nichts unbestimmt und ungewiß seyn. Ein Pro-
tocoll, es sey nun abgefaßt, in welcher Form es wolle, gehört auf alle Fälle mehr zum Beweise, als zur Anklage.
Nur eine förmliche Klage enthält eine richtige Bestimmung der Gegenstände, worüber die Zeugen antworten,
und der Richter urtheilen soll. Ohne sie könnte dieser
alle Tage nach Willkühr seine Anklage ändern °).

Nicht

°) Ich werde die Eigenschaften des Anklage- und Untersu-
chungsprocesses im Commentar über diese Stelle deutlicher
auseinander setzen, und die Nachtheile und Vortheile jeder
von diesen Proceßarten angeben. — So viel ist entschieden, damit der Inquisitionsproceß vorzüglich in dieser Rücksicht einer Modification bedarf, daß der Richter durch Bosheit und Unwissenheit dem Angeschuldigten nicht schaden könne.
Ich weis Beyspiele, wo man offenbar Unschuldige einker-
kerte, und als man nicht anders zu Strafe und Kosten gelangen zu können glaubte, so lange Untersuchung an Untersuchung knüpfte, bis am Ende doch Etwas sich fand, das
einen Vorwand zum Kostenersatze abgab. Anm. d. Her.

Aber es ist nicht genug, daß die Klage geschrieben und unterzeichnet sey, der verläumderische Ankläger muß auch Strafe erwarten. Die Römer züchtigten ihn durch Schande und Schmerz 8), welchen er sich selbst vor der Anklage auf den Unterliegungsfall in einer Urkunde unterwarf, worinn er eidlich bezeugte, daß weder Boßheit, noch Haß oder Rache ihm die Anklage eingeflößt hätten 9). So weise Anordnungen enthält unsere Criminalordnung nicht. — Sie sagt, „daß Ankläger und „Angeber, deren Anzeige ungegründet befunden wird 10), „dem Angeschuldigten Unkosten und Schaden ersetzen, ja „nach Befinden zu noch größerer Strafe verurtheilt wer„den sollen.“ Wäre es nicht gerecht, den verläumderischen Angeber allezeit der Strafe zu unterwerfen, die der Unschuldige zu erdulden, Gefahr lief p)? Wäre es nicht gerecht, daß sein Name nicht vergeblich in das öffentliche Verzeichniß eingetragen, sondern daß diese Einzeichnung

---

8) Man erklärte ihn des Anklagerechts auf immer für verlustig. War er blos durch Präclusion zu dieser Strafe verdammt werden, so konnte er den Proceß wider den Verbrecher wieder aufnehmen.

9) S. die oben angeführte Formul beym Brissen.

10) Dritter Titul, 7. Art. Hier ist bloß die Verordnung Philipps des Schönen von 1303. und Philipps von Valois bestätiget. Carl IX. gab eine für Bretagne im Jahr 1565. deren 2. Art. folgendermaßen lautet: „Wir wollen nicht, „daß der Denunciant oder Ankläger der Verbrechen, wenn „er sich nicht selbst als Parthey angiebt und darstellt, ge„halten, oder einige Gerichtskosten zu tragen und Schaden„ersatz, den der Angeklagte etwa fordern möchte, er habe „denn offenbare und ungezweifelte Ursache hiezu, zu leisten „schuldig sey.“

p) Dieß wäre in manchen Fällen zu hart, in manchen zu gelind. Wie konnte doch ein so denkender Kopf die Tallon vertheidigen? . Anm. des Herausg.

zeichnung gegen ihn zu einem entscheidenden Corpore delicti würde? Sind Geldbußen für ein so großes Verbrechen hinlänglich? Freylich sagt die Verordnung:
„nach Befinden eine viel größere Strafe;
allein, diese pflegt nie zu erfolgen, außer in dem Falle,
wo falsche Zeugen angestellt worden sind, und also der
Ankläger als ein Falsarius belangt wird.

Dieß gilt nicht blos vom heimlichen Angeber,
wiewohl die Verborgenheit, in der er sich hielt,
eine strengere Strafe verdiente, sondern auch vom
Kläger, welcher ein Verbrechen erdichtete, und vom
königlichen Procurator, wenn er überwiesen werden
kann, daß er wissentlich das Werkzeug der Verläumbung
geworden sey.

Durch das Decret der Nationalversammlung ist
noch eine Ungerechtigkeit gegen den Angeschuldigten abgeschaft worden. Man verbarg ihm nämlich vorher sorgfältig, wer sein Angeber sey. Wäre ihm derselbe bekannt gewesen, so hätte er ja vielleicht beweisen können, daß die
Denunciation unstatthaft sey, und daß die Zeugen wegen Verwandschaft oder häuslicher Verhältnisse mit dem
Denuncianten, verdächtig wären. Selbst die Zeugen
konnten nicht wissen, ob sie verwerflich wären; denn sie
wußten den Nahmen des Denuncianten eben so wenig,
als der Angeschuldigte. Ja sogar der Richter war nicht
im Stande, sie zu verwerfen; denn auch ihm waren die
möglichen Verhältnisse zwischen den Zeugen und dem
Angeber unbekannt. Zu letzterm hätte man nach
reiferem Nachdenken über seine Beweggründe und seinen Charakter sagen können: „Sie haben durch das
„angegebene Verbrechen keinen Nachtheil erlitten, bloß
„ein edler Trieb zur Gerechtigkeit oder Vaterlandsliebe

F „führte

„führte ſie, wie ſie ſagen, vor Gericht. Was? Sie
„dienten dem Vaterlande und der Gerechtigkeit, und Sie
„verbergen ſich? Warum ſich verbergen, wenn das
„Verbrechen gewiß; warum denunciren, wenn
„es ungewiß iſt?“ — Uebrigens glaubte man gegen
den Angeſchuldigten hinlänglich gerecht zu ſeyn, wenn
man ihm verſprach, ihm, wenn er ſeine Unſchuld dar-
thue, den Angeber zu nennen. Und ſo war es möglich,
daß ein einziger Irrthum dem Zeugen Gewiſſensbiſſe,
dem Richter eine unwirkſame aber quälende Reue, dem
Verläumder den Sieg und dem Angeſchuldigten den
Tod zuziehen konnte!

Allein, noch nicht genug iſts, dem Angeklagten
die Erklärung des Angebers leſen zu laſ-
ſen [11]), den Richter davon zu unterrichten, ihn dadurch in den Stand zu ſetzen, zu prüfen, ob ſich die Zeugen in einem Verhältniſſe befinden, in welchem ſie die
Geſetze für verdächtig achten. Man ſollte vielmehr verordnen, daß nicht nur der Angeber (denn, der Zweifel einiger Rechtsgelehrten ungeachtet, iſt er als Zeuge
ſchlechterdings unzuläßig) ſondern daß auch der Kläger niemals zum Zeugniſſe zugelaſſen würde. Umſonſt wendet man ein, daß man in Anſehung des Be-
weiſes nothwendig zu dem die Zuflucht nehmen müſſe,
der das Verbrechen entdeckt hat; umſonſt ſucht man
ihn für unpartheyiſch auszugeben. Allein, bedenkt
man denn nicht, daß er ſchon deshalb ein dem Angeſchuldigten nachtheiliges Intereſſe an der Sache hat, weil er
entweder ſeine Klage erweiſen, oder die Schande und
Strafe eines Verläumders befürchten muß? Es iſt
                                                        alſo

_____

11) Decret vom 8. und 9. Octobr. 1789. 12. Art.

also unmöglich, daß einer zugleich Ankläger und gültiger Zeuge seyn könne. Schon zwey Zeugen sind ein
sehr schwacher Beweißgrund zur Verdammung! laßt
ihn uns nicht noch mehr schwächen und gestatten, daß
unter ihnen einer sey, der ein Interesse dabey hat, daß
der Angeschuldigte verdammt werde!

Bisweilen giebt die Rechtsgelahrtheit sehr tadelns-
würdige Winkelzüge an die Hand. Eins dieser arg-
listigen Mittel ist das, was die Practiker Resources zu
nennen wagen. Ich bin injurirt oder gebe vor, es zu
seyn. Statt mich unmittelbar an den königlichen Procurator zu wenden, wende ich mich an einen Commissair.
Dieser nimmt meine Klage an. Ich lasse mir hierüber
eine Registratur machen, und übergebe sie bey der Po-
lizeyobrigkeit. Diese macht nun den Ankläger, und
mich hört man als Zeugen ab. Noch ein andrer
Vortheil entspringt hieraus für den Kläger. Unterliegt
er, so leistet er keinen bürgerlichen Schadenersaß, und der
Fiscus zahlt, weil im Nahmen der Obrigkeit verfahren ward. Wird aber der Beklagte verurtheilt, so fordert
und erhält der Kläger seine Geldentschädigung, die man
von ihm nicht würde haben fordern können, wenn der
Angeschuldigte freygesprochen worden wäre.

Noch eine Bemerkung. Bey uns ist die peinliche
Anklage, oder die Denunciation durch einen Anwalt erlaubt. Die klügeren Römer verbothen dieses [12]); und
die persönliche Gegenwart des Anklägers war so nothwendig, daß die Klage gänzlich mit seinem Tode erlosch.

F 2   Wenn

---

12) Improbum iudicamus, vt quis alienae vtilitatis, vel
voluntatis, quasi sub specie accusationis, executor
existat. L. 15. Cod. Theodos. *De accusationibus.*

Wenn nún aber die Gegenwart des Angeklagten für unumgänglich nothwendig gehalten wird, wenn
man, nachdem man ihn abweſend verurtheilt hat, ein
neues Urtheil ſprechen muß, wenn er ſich ſtellt, wenn
ſelbſt heut zu Tage, wo man ihm einen Beyſtand
vergönnt hat, dieſer während der Inſtruction weder in
ſeinem Namen reden, noch ihm das, was
er reden oder antworten ſoll, angeben darf[13]),
wie kommt es, daß man dem Kläger erlaubt, ſich eines
fremden Anwalts zu bedienen? Jedes dem Angeklagten entwiſchte Geſtändniß weis man zu benutzen. Der
Ankläger hat dieſe Gefahr nicht zu befürchten. Er ſtellt
ſich durch einen Anwalt, deſſen Antworten und Einge-
ſtändniſſe er nöthigenfalls leugnet. Der Aedil Valerius klagte den Quintus Flavius an; man ſchritt gegen
ihn zum Urtheile. Ich werde ungerechterweiſe verurtheilt werden, ſchrie Flavius weinend! Was liegt daran,
ſagte Valerius, wenn du es nur wiſſt. Die Römer
wurden durch dieſe Worte aufmerkſam, und Flavius
ward losgeſprochen. Ohne die Gegenwart des Anklägers wär er unnachbleiblich verurtheilt worden.

Setzen denn aber die meiſten dieſer Bemerkungen
außer der öffentlichen Unterſuchung nicht das allgemeine
Recht zur Anklage voraus; und iſt dieſes allgemeine
Recht nach den neuern Regierungsverfaſſungen beſonders
in Frankreich zuläßig? Eine ſchon an ſich, beſonders
aber in unſern Tagen ſehr wichtige Frage, deren Auflö-
ſung der Gegenſtand des folgenden Kapitels ſeyn wird.

13) Decret vom Jahr 1789. 18. Art.

Achtes Kapitel
Vom Ankläger

Wo kein Ankläger ist, da findet keine Klage Statt. Ein Satz, wovon die Römer so sehr überzeugt waren, daß wenn der Kläger zurück trat, die Klage erlesch, und der Schuldige der Evidenz seines Verbrechens ungeachtet, der Strafe entgieng. Wahr ist es, daß die Censoren gewöhnlich ohne Ankläger, ja sogar ohne Zeugen urtheilten; allein ihr Urtheil war nur vorbereitend, nicht entscheidend. Indeß verurtheilte man oft, ohne daß eine bürgerliche Parthey den Schuldigen angegeben hatte. Das obrigkeitliche Ansehn trat an deren Stelle. Lucius Quintus Cincinnatus that dieses gegen den Spurius Mälius, der wegen Aufkauf und Wuchers mit etrurischem Getraide angeklagt worden war. Er ließ ihn auf der Stelle vorladen und nachher durch den Magister equitum Servilius Ahala aufsuchen. Da dieser bloß den Kopf zurückbrachte, versammlete er das Volk, erklärte ihm die Natur des Verbrechens des Angeschuldigten, legte den Beweiß dar, und erkannte, daß sein Tod gesetzmäßig sey [1]). Bey der Anschuldigung jener vornehmen Römer, deren hundert und siebenzig zum Tode verurtheilt wurden, war der Richter selbst Ankläger. Der nämliche Fall trat bey dem Proceß wegen der Bachanalien ein, den der Consul Posthumius Albinus so eifrig betrieb, so wie auch beym Verfahren gegen Catilina, Lentulus und deren Mitschuldige. Selbst bey Verbrechen, die den Staat gar nicht interessirten, wurde dieser Gebrauch

F 3 beob-

[1] Livius lib. 4.

beobachtet. Kaiſer Severus verurtheilte ſo den Clau-
dius Gorgus, weil er durch die Begünſtigung der Aus-
ſchweifungen ſeines ehebrecheriſchen Weibes, die guten
Sitten verletzt hatte [2]). Ein Schriftſteller, deſſen
Unterſuchung und Einſichten uns in der Folge oft ſehr
nützlich ſeyn werden, Ayrault, führt mehrere Beyſpiele
an [3]). Dennoch läßt Dio Caſſius den Mäcen zum Auguſt ſagen [4]): „Beſtrafe nur die Verbrechen, wider die
„ ein Ankläger auftritt, die übrigen überſiehe, doch blos mit
„ Ausnahme der Staatsverbrechen; denn dieſe müſſen
„ ſelbſt ohne vorgängige Anklage beſtraft werden. “

Was ein Richter, ein auf dem Richterſtuhl ſitzender
Fürſt thun konnte, dazu hatte ein Ehemann, ein Vater, ein Herr als Richter der Seinigen gegen ſeine Frau,
Kinder und Sklaven ein viel größeres Recht. Caſſius
hatte als Volkstribun das Ackergeſetz in Vorſchlag
gebracht, und dieſer Vorſchlag und ſeine große Popula-
rität erwarb ihm große Gewalt über die Herzen des Volks.
Nach Beendigung ſeines obrigkeitlichen Amtes klagte ihn
ſein Vater vor ſeiner verſammelten Familie an, daß er
nach dem Throne ſtrebe, verurtheilt' ihn, und ließ ihn
hinrichten [5]). Auch erzählt Valerius Maximus, es habe
Lucius Gellius gegen ſeinen Sohn eine Anklage deswegen
angebracht, daß derſelbe ſeine Stiefmutter habe tödten
wollen, er ſelbſt habe die Beweismittel in der Sitzung
des Senats angebracht, allein ſie hätten unzulänglich ge-
ſchienen, und er ſelbſt nebſt den übrigen Senatoren habe
ihn für unſchuldig erklärt.

Bey

2) l. 2. §. 6. ff. ad l. Iul. de Adulter.
3) Ordre, formalité et inſtruction judiciaire. Liv. 2.
　　Art. 1. §. 26.
4) Dio Caſſ. l. 52.
5) Valerius Maxim. L. V. Cap. 8. §. 2. C. 9. §. 1.

Bey den Untersuchungen, wo es an einer Civilparthey fehlte, traten der Staat und der gemeine Ruf
an die Stelle des Anklägers. Auguſt zeugte gegen den
Primus, ohne dazu aufgefordert zu ſeyn. Worein miſcheſt
du dich, ſagte ihm der Sachwalter des Angeſchuldigten,
„und wer führt dich unberufen hierher? —" Das
Vaterland! antwortete Auguſt. —

Vaterland war für die Sele eines Römers kein
todtes und unwirkſames Wort. Von dieſer Idee beſeelt
zu ſeyn, war ſowohl zum Anklagen als zum Zeugen hinlänglich. Selbſt die Vornehmſten des Staats ſcheuten
ſich nicht, Ankläger zu ſeyn. Junge Römer fingen
damit oft die die Laufbahn der Ehre an. Cicero
erwarb ſich dadurch einen Theil ſeines Ruhms. Eine
Anklage des Dolabella, eines durch einen Triumph berühmten Conſulars, war eine von Cäſars erſten Thaten [6]); allein der Erfolg war unglücklich. Glücklicher
gieng es, da dieſer große Mann durch den Vettius
und Curius als Mitſchuldiger des Catilina angeklagt
wurde [7]).

Nicht in Rom allein geſchahe die peinliche Anklage
öffentlich, ſie mußte es auch bey den vornehmſten übrigen Völkern des Alterthums, unter der Theocratie der
Juden, und unter dem Despotismus der Egyptier war
dies nothwendig [8]). Die Athenienſer dachten wie die

F 4   Römer

---

6) Sueton. Vita Caeſar. c. 4. Er klagte ihn der Concuſſion
an ꝛc. Dolabella wurde losgeſprochen und Cäſar begab
ſich nach Rhodus, ſowohl um dem ſich zugezogenen Haſſe
auszuweichen, als um ſich dem Studium der Beredſamkeit
zu widmen.

7) Sueton. Vita Caeſiris c. 17.

8) 5. B. Moſ. 19. 25. Sigonius de republica Hebraecor.
l. VI. c. 7. Selbſt in Egypten war ſie gezwungen. S.
Diodorus Sicul. L. I.

Römer [9]).   Wäre Agoratus ein Bürger gewesen,
Lysias würde ihm nicht alle die Anklagen, die er begon-
nen hatte, vorgeworfen haben [10]).   Bey den Franken
hatte jeder, der nicht die öffentliche Achtung verlohren
hatte, der aus der Kindheit getreten und nicht Sklav
war, das Recht, anzuklagen, und noch in den ersten Zeiten der Monarchie erblicken wir Spuren von diesem
und von den hierher gehörigen römischen Rechtsprin-
cipien [11]).

Die Erzählung jener Thatsachen, jener Gebräuche,
jener Gesetze ist keinesweges unnütz.   Schon in dem
Beyspiele der ersten Völker der Welt ist ein wichtiger
Grund für den Werth einer Anstalt [q]).

Geheime und beschränkte Anklage kann nach
dem System einer unbeschränkten Regierung Statt finden.   Allein, wo es Bürger und ein Vaterland
giebt, da verdient die öffentliche Anklage den Vorzug.
Sie sichert die Erhaltung der Verfassung und der Freyheit; sie hindert oder zähmt die Volksunruhen, die der unter-

drückte

---

9) Plutarchi Vita Solonis. Isocrates in Lochiten.

10) Lysias in der Rede gegen den Agorat.

11) S. hauptsächlich das 7. B. der Capitularien.   Das Gesetz der Westgothen erlaubte jedermann die Anklage wegen
schwerer Verbrechen.   Es gieng so weit, daß es sogar dem
Sohne erlaubte, seine Mutter anzuklagen.   Lex Visigoth.
L. III. t 4. l. 13. L. VI. Tit. 1. l. 6. Tit. 5. l. 15.

q Dieß möcht' ich nicht so unbedingt sagen. Was bey den
Römern und Griechen wirksam und thunlich war, ist es
darum noch nicht bey Franzosen oder Deutschen. — Allein
es gehört unter die jetzigen Modethorheiten, daß man aus
den Franzosen Römer und Athenienser zu machen gedenkt.
Manche Gelehrte in Frankreich treiben die Pedanterey in
dieser Rücksicht bis zum Uebertriebenen und Lächerlichen.
Die Zeit, die große Lehrerin der Menschheit wird auch diese
Thorheit nach und nach verbannen.   Anm. des Herausg.

drückte Eigennuß leicht erregt und nährt. Un ruhen, die um
so gefährlicher sind, je thätiger das Volk dabey ist; und wenn
diese Folge vorsätzlich verbreiteter Irrthümer, nicht aber Fol-
geter Aufklärung und der Einsicht sind, so wird das allgemeine Recht zur Anklage ein Zaum der Leidenschaft und
der Ausgelassenheit, und verschaft überdies den Vortheil,
daß Richter, Staatsbeamte und Befehlshaber vorsich-
tiger und strenger gegen sich selbst gemacht, und das durch
die Ausübung einer großen Gewalt öfters zum Verdacht
und Murren gereizte Volk berühigt wird. Man höre
einen Schriftsteller, dem der ungerechte Vorwurf gemacht
worden ist, daß stets der Despotismus aus ihm spreche.
Machiavell in seinen Betrachtungen über den Livius [12]
sagt: „Das Recht vor dem Volke oder einem Senat
„oder Richter diejenigen anklagen zu dürfen, welche die
„Staatsverfassung antasten, ist das nützlichste und
„nothwendigste unter allen Befugnissen, welche die Ge-
„setze denen zu Beschützern der öffentlichen Freyheit be-
„stellten Dienern des Staats anvertrauen können. Es
„erzeugt gewöhnlich zwey gute Wirkungen. Erstlich,
„daß es die Bürger aus Furcht vor der Anklage verhin-
„dert, etwas unerlaubtes zu wagen, und auf der Stelle,
„ohne Rücksicht auf den Stand oder die Dienste des
„Schuldigen die Strafe des Vergehens veranlaßt; zwei-
„tens, daß es den Ausbruch der Abneigung, welche in
„einer Statt gegen einen Bürger auf diese oder jene
„Weise entstehen kann, erleichtert. Man verschließe
„diesem in Gährung gebrachten Haße jene Oeffnung,
„und der unregelmäßige Ausbruch, den er sich verschaffen
„wird, wird dem politischen Körper den Tod bringen.

F 5 „Nichts

12) L. I. c. 7.

„Nichts hingegen erhält die Blüte und Gesundheit eines
„Staatskörpers beſſer, als Regelmäßigkeit der
„zur Vorbeugung und Stillung der Unruhen ange-
„wandten Mittel.‟

'Ehre, nicht Schande ſey aber mit dem Rechte
der öffentlichen Anklage verbunden.   Nach römiſchen
Rechten genoſſen mehrere Perſonen theils wegen ihres
Berufs, theils wegen ihres Geſchlechts, theils wegen
ihrer Geſundheitsumſtände, theils wegen ihres Alters,
theils endlich wegen ihres Verhältniſſes gegen den Schuldigen, oder gegen die Geſetze dieſes Recht nicht, zum
Beyſpiel Soldaten, Weiber, obrigkeitliche Perſonen
während der Dauer ihrer Aemter, Unmündige, Freyge-
laſſene gegen ihre Patronen, und die, welche öffentlich
für ehrlos erklärt worden waren [13]).   Leicht iſt es,
die drey letztern Ausnahmen zu rechtfertigen.   Die Geſellſchaft iſt denen, welche ſie beſchimpft hat, kein Vertrauen ſchuldig, eben ſo wenig denen, welche die große
Wohlthat der Freyheit vergeſſen, und feyerlich ihre
Undankbarkeit kund machen; und denen, welche die
Schwäche ihres Alters zu beſtimmten moraliſchen Begriffen unfähig macht. Beym Unmündigen machten die Römer

13) §. ff. de accuſationibus et inſcript. Die Worte heißen
     ſo: prohibentur accuſare, alii propter ſexum vel aeta-
     tem: vt mulier, vt pupillus, alii propter ſacramentum.
     vt qui ſtipendium merent; alii propter magiſtratum
     poteſtatemue, in qua agentes ſine fraude in ius vocari
     non poſſunt, alii propter delictum proprium, vt in-
     fames, alii propter turpem quaeſtum, vt qui duo iudi-
     cia aduerſus duos reos ſubſcripta habent, nummosue
     ob accuſandum vel non accuſandum acceperint, alii
     propter conditionem ſuam, vt libertini contra patro-
     nos.   Man ſetze noch hinzu l. 9. et 10. ff. de accuſatio-
     nibus et ſubſcript.

mer einen nachahmungswürdigen Unterschied.   Ihm
war es erlaubt, mit Wissen seines Vormundes anzuklagen, um den Tod seines Großvaters oder seines Vaters
zu rächen ¹⁴).   Schwerer ist die Ausschließung der Weiber ¹⁵), Krieger und Magistratspersonen zu rechtfertigen, denn da erstere vorzüglich vom Gefühl, die andern von Ehre und die letztern von Tugend beseelt
werden, so entdecke ich hierin lauter Gründe des Ver-
trauens und der Zuverläßigkeit.

   Ich will nicht erwähnen, daß man in der Religion
den Stoff zur Beschimpfung mancher Menschen fand,
und daher Ketzer und Heiden des Rechts der Anklage
beraubte.   Denn man hat endlich eingesehen, daß Recht-
schaffenheit nicht von Gottesdienstlichen Gebräuchen ab-
hange, und daß man diese Menschen um ihres Irrthums willen beklagen, aber nicht bestrafen müsse.

   In Frankreich haben wir dem Anklagerechte so enge
Grenzen gesetzt, daß sie sogar die Natur fesseln.   Eine
Mutter ist unfähig die Ahndung des an ihren Kindern
verübten Verbrechens gerichtlich zu suchen, wenn sie nicht
ihre Vormünderin ist.   Eben so wenig kann dieß eine
Ehefrau in Ansehung der gegen ihren Mann verübten
Verbrechen.   In andern Fällen haben unsere Gesetze
die Natur zwar nicht verkannt, aber doch nicht ganz gehört.   So verbieten sie dem Sohne, seinen Vater anzuklagen, und doch erlauben sie dem Vater, seinen Sohn
anzu-

---

14) l. 2. §. 1. ff. de accus. et inscript.
15) Das erste Gesetz des angeführten Titels bestimmt zu Gun-
     sten der Weiber einige Ausnahmen.   Es heißt darin: nisi
     mulier parentum, liberorumque, et patroni, et patro-
     nae, et eorum filii, filiae, nepotis, neptis mortem
     exequatur.

anzuklagen [16]). Sollte das Verbot nicht wechselseitig
seyn? Nur bey öffentlichen Verbrechen kann eine
öffentliche Anklage Statt finden. Der Ehebruch, der
Raub, die Verführung, die Beschimpfung oder das
üble Betragen des Sohns gegen den Vater, des Ehe-
manns gegen seine Frau, oder der Frau gegen den Mann
sind Privatverbrechen. Einem Fremden zu erlauben,
sie gerichtlich anzubringen, würde sehr gefährlich seyn.
Bey öffentlichen Verbrechen hingegen ist das gemeine
Beste so sehr in Gefahr, daß die Römer selbst diejenigen
zur Anklage zuließen, welchen die Anklage übrigens nicht
erlaubt war. So wurde eine Weibsperson zugelassen,
wenn von Getraidewucher oder boshafter Vertheurung
der Lebensmittel, von dem Verbrechen der beleidigten Majestät u. s. w. die Rede war [17]). Nach Annahme des
Christenthums fügte der Aberglaube noch Zauberey, Ketzerey und besonders die Irrthümer der Donatisten und Ma-
nichier hinzu [18]). Auch in Griechenland waren die
Anklagen der Staatsverbrechen privilegirt. Der Ankläger war hier in geringerer Gefahr, und der fünfte
Theil

---

16) Das römische Gesetz, die Quelle des unsrigen, leitet das
Verbot in Ansehung des Sohnes von der Einheit der Person zwischen ihm und seinem Vater her. Ist denn diese
Einheit nicht vorhanden, wenn der Vater seinen Sohn
anklagt?

17) l. 8. ff. ad l. Iul. de adulter. l. 3. §. 2. ff. ad l. Iul.
de annona.

18) Einen Bischof in der Kirche beleidigen, Geld für die Erhe-
bung zum Priesterthume geben u. s. w. sind beydes Verbrechen, deren Anklage den Weibspersonen erlaubt ist. l.
10. et 30. C. de episc. et cleric. l. 4. C. de haeret. et
Manich.

Theil der Stimmen war zu seiner Freysprechung hinlänglich [19]).

Dergleichen Gesetze sind eine traurige Ueberspannung
des Patriotismus. Große Irrthümer über **Beweis**
und **Verbrechen** sind ihre Quelle. Man entehrt
eine Tugend, die man zum Schilde der Verläumdung
macht. Gewißheit des Verbrechens ist ein unumgäng-
liches Erforderniß zur Bestrafung. Man wende alles
an, um dem **Verbrechen** vorzubeugen und seinen
weitern Ausbruch zu hindern. Man verdoppele die
Aufsicht und Behutsamkeit nach dem Verhältniß der gefährlichen Folgen. Dieß erheischt die öffentliche Ordnung. Allein man bedenke doch nur auch, daß ein nicht
minder gemeinnütziges, und mit der gesellschaftlichen
Ruhe innig verbundenes Gesetz gebiete, daß man den ruhigen Bürger nicht dem Unglück einer falschen, durch Hofnung der Ungestraftheit ermunterten Anklage Preiß gebe!
Ungerne, aber der Wahrheit zur Steuer müssen wir es
freylich gestehen, daß die öffentlichen Anklagen der Alten größtentheils Folgen des Neides und der Ungerechtigkeit waren. Doch verdienen sie deshalb nicht
ganz verworfen zu werden. Denn, welche menschliche
Einrichtung ist frey von allen nachtheiligen Folgen?
Allein man muß sie auf die allgemeinen Begriffe der Gerechtigkeit zurück führen, die am Ende doch die Vernunft
der Nationen seyn müssen, weil sie vom wahren Interesse derselben unzertrennlich sind.

Bisher haben wir blos von der dem unschuldig be-
fundenen Angeklagten vom verleumderischen Ankläger zu
geben.

19) Die Anklagen zu Gunsten der Pupillen genießen des
nehmlichen Vorzugs.

gebenden Genugthuung gesprochen.   Die Römer ließen
ihn noch überdem eine körperliche Strafe erdulten. Man
brandmarkte ihn auf der Stirn [20]).   Im Turpiliani-
schen Rathschlusse [21]) ward er selbst denn zu einer Geldstrafe und zur Ehrlosigkeit verurtheilt, wenn er auch vor
dem Endurthel die Anklage zurück nahm.   Bey den
Athenensern ward kein Verbrechen für abscheulicher gehalten, als die Vergehung des meineydigen Anklägers.
Die griechischen Redner schildern oft das Unglück mit
starken Zügen, das ein solcher Mensch stiftet.   Selbst
dann, wenn er des Meineydes nicht überführt war, und
blos nicht die gehörige Anzahl Stimmen für sich hatte,
verurtheilte man ihn zu einer sehr ansehnlichen Geldstrafe.
Ueberdem gerieth er in gesetzliche Ehrlosigkeit.   Man
verstattete ihm nicht weiter, Ankläger zu seyn, und man
untersagte ihm bey Todesstrafe, den Tempel der Ceres
und der Proserpina nicht wieder zu betreten [22]).

Ich beschließe dieß Capitel mit einem für die
Anklagen sehr vortheilhaften Ausspruche, der von einem sehr großen Manne herrührt, dessen Grundsätze
die Gesetzgeber aller Zeiten und Völker studiren
sollten [23]).

Die

---

20) S. unten den 1. Art. des 2. Kapitels des 2. Theiles.

21) l. 1. ff. ad SCtum Turpillian.

22) Man sehe unter andern die Reden des Antiphon über die
Anklage der Mordthaten.

23) S. die Rede des Andocides über die Mysterien.

Die Stadt, sagte Solon, ist am besten regiert, wo um eine Verletzung anzeigen zu dürfen, man nicht nothwendigerweise der Beleidigte selbst seyn muß 24).

24) Plut. Vita Solon.

Zusatz des Herausgebers.

Ich bin mit den in vorstehenden letzten beyden Capiteln ge= äußerten Grundsätzen des Verfassers in wenigen Stücken einver= standen; hätte auch hie und da manche andre Nachricht und Bemerkung zu berichtigen gehabt; allein eben weil sich die No= ten dadurch zu sehr gehäuft haben würden, lasse ich hier meine Anmerkungen, Zusätze und Berichtigungen ganz weg, und ver= spare sie zur weitern Ausführung in dem am Schluße des zwey= ten Bandes befindlichen Commentar.

Neuntes

Neuntes Kapitel
Vom Angeſchuldigten

„Aber ſo wird der Schuldige entkommen,‟ — ruft man uns unaufhörlich zu. Es iſt endlich einmal Zeit, auch zuweilen zu ſagen: aber der Unſchuldige würde verurtheilt werden! Dadurch, daß man dem Angeklagten einen Beyſtand verſtattet, wird manchem Fehler vorgebeugt, der im Gericht begangen werden könnte. Nun kann die Wahrheit nicht mehr ſo oft beleidigt werden, da man nun den Angeklagten nicht mehr zwingt, zwiſchen der Erhaltung ſeines Lebens und den Vorwürfen eines Meineydes zu wanken. Man macht aus der Gerechtigkeit „keine „heiligen Myſterien mehr,‟ wie Ayrault ſie nennt, „die nur der Prieſter wiſſen darf‟ [1]), und wir haben jene myſtiſchen Formeln verbannt, jene Erfindung des ſklaviſchen Roms, das unter Tyrannen zitterte, welche den Gedanken an die Freyheit ein Verbrechen zu ſchelten wagten.

Unſtreitig ſind dies die wichtigſten Veränderungen, die man zum Beſten des Angeklagten wünſchen konnte: gleichwohl könnte man ihm noch einige Vortheile verſchaffen. Bey den Alten hinderte die Anklage den Angeſchuldigten nicht an der Ausübung ſeiner bürgerlichen Geſchäfte. Man ladete ihn vor Gericht,

ohne

---

1) B. 2. Art. 3. „Wenn die Gerechtigkeit, die ſelbſt blind iſt, „ſagt dieſer philoſophiſche und über ſein Zeitalter erhabene „Schriftſteller, nicht von Jedermann geſehen wird, ſo iſt ſie „nicht Gerechtigkeit, ſondern Monopol.‟ B. 2. Art. 3. §. 55.

ohne perſönliche Haft gegen ihn zu beſchließen.
War er nicht über der That ſelbſt ertappt worden, in
welchem Falle keine Unterſuchung der Beweiſe nöthig
war: ſo hielt man es für ungerecht, einen Menſchen gefangen zu halten, deſſen Unſchuld bald dargethan ſeyn
konnte. Man erlaubte ihm, ein wachſames Auge auf
ſeinen Ankläger zu haben. Und da man nicht auf ſeine
Losſprechung wartete, um ihm ſeinen Ankläger zu nennen; ſo erklärte das Urtheil, das ihn freyſprach, auch
die Anklage für verläumberiſch, und ſtrafte deren Urheber.

Aehnliche Grundſätze brachten in Engeland die Habeas
Corpus-Acte hervor. So lange die Anklage nicht kapital
iſt, kann vermöge derſelben der Angeklagte gegen Caution, ſich zu ſtellen, ſeine Freyheit behalten²). Warum ſollten wir ein Geſetz, das lange bey uns galt, und
welches England aus Frankreich erhielt, nicht wieder aufnehmen ³)? Warum könnten wir nicht wenigſtens bürgerliche Gefängniſſe anlegen, wo der Angeſchuldigte, den
man für unſchuldig hält, und gleichwohl in Feſſeln legt, aufbe-
wahrt würde? Die Römer hatten ſolche Gefängniſſe. Sie
wußten wohl, daß die Gefangenſchaft nur eine Verſiche-
rung der Perſon, nie eine Strafe ſeyn dürfe, ſo lange das

Urtheil

---

2) So oft ein Bürger in Verhaft genommen wird, iſt er
berechtigt, nach der Urſache davon zu fragen, und zu begehren, daß ihm ſein Ankläger vorgeſtellt werde. Unſre Criminalverordnung hat ganz entgegengeſetzte Grundſätze. S.
Tit. 13. Art. 16. und 17. Der Däniſche Strafcodex
ſetzt, ſobald der Verbrecher nicht über der That ertappt
worden iſt, und keine körperliche Strafe ſtatt haben kann,
Caution an die Stelle der Verhaftung.

3) S. den zweyten Theil dieſes Werks, Kap. 2. Art. 6.

G

Urtheil noch nicht geſprochen iſt. Das Römiſche Recht 4)
gedenkt viererley Arten von Gefängniſſen, welche nach
dem Range des Verbrechers und der Beſchaffenheit des
Verbrechens verſchieden waren. Die Gefangenen genoſſen
darin alle Bequemlichkeit, außer der Freyheit 5). Nur die
Verurtheilten waren mehr eingeſchränkt. Und als durch
wiederhohlte Bemühungen der Despotismus einen Gebrauch eingeführt hatte, den Schwachheit oder Furcht
heiligte, einen Angeklagten auch zuweilen zu feſſeln: ſo
empfahl wenigſtens das Geſetz, ſeine Ketten zu erleichtern, ihm einen geſunden Platz anzuweiſen, ihm nicht
in einem unterirrdiſchen Gefängniſſe das Tageslicht zu
rauben, ihm ſeine Bedürfniſſe nicht zu verkaufen, zu
verhindern, daß nicht die Ankläger des Kerkermeiſters
Grauſamkeit erkauften, und endlich ihm nie das Vermögen zu rauben, von der Obrigkeit gehört zu
werden 6).

Bey uns genießt der Angeſchuldigte dem Herkommen nach nicht einmal ſo viel, als man ihm unter der
Herrſchaft der Tyranney in Rom zugeſtand. Anſtatt
Menſchen, deren Verbrechen noch nicht ausgemacht
iſt, die Beraubung ihrer Freyheit zu verſüßen, ver-
ſagt

4) L. 1. D. *de cuſtod. reor.* Carcer, oder das gewöhnliche
Gefängniß; militi traditio, wenn der Angeklagte militari-
ſchen Wachen zur Obhut übergeben ward; die dritte Art
iſt eine Gattung von habeas corpus; die vierte beſtand
darin, daß der Angeſchuldigte unter den Augen des Pro-
conſuls ſelbſt blieb, daher nannte man ſie eine freye Gefangenſchaft, cuſtodiam liberam.

5) Plato, im 9. Buche von den Geſetzen hatte dieſe den Angeſchuldigten vortheilhafte Idee, und noch unpartheyiſcher, als
die Römer, weil er dabey auf Rang, Verbrechen oder Vermögen keine Rückſicht nahm.

6) L. 1. C. de cuſtod. reorum.

sagt man ihnen die ersten Wohlthaten der Natur. Man pfropft sie in Pläße voll unreiner luft,
und glaubt sie wohl gar zu begünstigen, wenn Tageslicht
in ihre Kerfer fällt 7). Stroh ist ihr lager, Wasser
ihr Tranf, Brod ihre Koft 8). Der Unschuldige
liegt neben dem Vatermörder. — Aber wozu Kerker
und Bande! Warum ist man so ungerecht, eine bloße
Obhut in eine Strafe zu verwandeln? Uebrigens liegt die
Ursache, warum ein solcher Gefangner mehr leidet, als
der andre, nicht allezeit in der Größe des angeschuldigten
Verbrechens. Beystand und Trost, die er von der
Gesellschaft zu erwarten berechtigt ist, stehen in der Willführ des Kerkermeisters; dieser übt sie, je nachdem er habsüchtig, oder ihr vermögend seyd; er gewährt sie
dem Reichen, der morgen für sein Verbrechen
gestraft wird, und verweigert sie dem Armen, welcher losgesprochen wird. Heißt das nicht alle Begriffe von natürlicher Gleichheit umstoßen? Heißt es
nicht den, der die Gesellschaft beleidigte, beschü-
ßen, und den beleidigen, der unglücklich und tugendhaft ist 9)?

Auch haben wir den Gebrauch der Einziehungsde-
crete zu weit ausgedehnt. Unsre Criminalverordnung

G 2   gestat-

---

7) Es giebt helle und dunkle Kerker. S. Reglement von
1717 Art. 11.

8) Und dieß muß noch bezahlt werden. Für Brod und Stroh
muß der Gefangene täglich einen Sous, für ein Bette fünf
Sous (2 gr.) bezahlen. S. den peinlichen Coder, Tit. 51.
S. 408. 9. Vergl. die Criminalverordnung, Tit. 13.
Art. 25.

9) Ich will damit nicht sagen, die Criminalverordnung treffe
nicht auch einige Verfügungen zu Gunsten der Gefangenen,
aber sie werden selten oder schlecht vollzogen.

gestattet sie, zum Beyspiel, auf die Registraturen der
Floß = und Forstmeister und ihrer Untergebnen,
ohne daß die Zeugen, welche sonst die Gerichtsdiener
beybringen müssen, dazu gerufen werden [10]).   Warum
gab man letztern dieses Privilegium vor andern Arten
der Policeydiener?   Lamoignon bemerkte die Strenge
dieses Artikels.   „Niemand, sagt er mit gewöhnlicher
„Geradheit und Scharffsichtigkeit [11]), wird die Floß-
„und Forstmeister und ihre Untergebenen für ehrlicher
„und glaubwürdiger halten, als Andere; ja sie kön-
„nen den Vorzug, den man ihnen gestattet, sehr miß-
„brauchen."   Deinungeachtet blieb der Artikel bestehen [12]). In einem andern Artikel heißt es: bey Duellen
soll auf bloßes gemeines Gerücht die gefängliche Einziehung
resolvirt werden, so wie auch auf Anzeige der Herrschaft,
wenn diese Verbrechen und Vergehungen ihrer Bedienten denuncirt. Warum stellet man, wie in andern Fällen,
nicht auch hier erst eine weitläufige Untersuchung an, bevor
man den Verhaftsbefehl resolvirt? Bey dem Duell berufen
sich die Criminalisten auf die Schwierigkeit des Beweises.   Also, aus Furcht vor Ermangelung desselben,
sperrt man einen Menschen auf bloßen Verdacht ein!
Und nun die Bedienten!   Nicht blos ihre F r e y h e i t
überläßt man der W i l l k ü h r ihrer Herren; man setzt
sie einer Handlung wegen gefangen, um deren willen
man keinen andern Bürger würde a r r e t i r e n lassen.
Das Gesetz scheint i h r e n S t a n d f ü r e i n e n vol-
len Beweiß eines Verbrechens anzusehen!
Nach

10) Verordnung von 1670. Tit. 10. Art. 6.
11) S. das Projekt der Verordnung.
12) Im angeführten Titel Art. 8.

Nach ganz andern Grundſätzen handelte Leopold der
Zweyte. Er verbot, als er noch Großherzog von Toscana war, die Verhaftsbefehle bey allen Verbrechen,
auf welchen eine Geldſtrafe ſteht. Wenn es nöthig iſt,
den Angeklagten zu vernehmen, ſo wird er vor Gericht
geladen. Erſcheint er auf zwey Citationen nicht: ſo be-
kommt er Wache, wie bey uns in Ehrenſachen zu geſchehen
pfleget. Verlangen die Umſtände ſeine Verhaftnehmung
ſchlechterdings, ſo wird er doch unmittelbar darauf vernommen, und dann kann er gegen Caution ſeine Freyheit erlangen. Wenn aber das Verbrechen ſo beſchaffen iſt, daß es eine Leibesſtrafe nach ſich zieht, ſo ſteht
es in der Willkühr des Richters, den Verbrecher einzie-
hen zu laſſen oder nicht, je nachdem es die Umſtände
fordern [r]).

Man reſolvirt auf Verhaftnehmung bey Verbrechen,
auf welche Leibesſtrafe geſetzt iſt. Wie nun aber, wenn
nur infamirende Strafe erfolgen kann? Folgt denn die
Infamie dem, der dazu verurtheilt ward, nicht überall
nach und erreicht ſie ihn nicht überall? Noch
weniger können wir die Verhaftnehmung bey ſolchen
Vergehungen billigen, die nur mit Geldbußen geahndet
werden [s]).

G 3

So

---

r) Criminalgeſetzbuch für das Großherzogthum Toskana, §.
XV. und folg. Noch hat der Verfaſſer hinzuzuſetzen vergeſſen, daß Leopold die unſchuldig eingezogenen, inſofern ſie
ſich an ſonſt Niemand halten können, aus einer beſonders
dazu beſtimmten Caſſe zu entſchädigen befahl.

Anm. des Herausg.

s) Ueberhaupt ſollte man eine harte Strafe auf Brechung des
Handgelöbniſſes ſetzen, und dann, ehe man einkerkert, wohl
prüfen, ob der Nachtheil, den der Angeſchuldigte zu befürchten
hat, wenn er entflieht, größer ſey, als die Strafe, der er durch

die

So oft man der Verhaftnehmung durch Caution
überhoben seyn kann, befiehlt die Menschlichkeit, letztere
zu gestatten, und die Gerechtigkeit billigt diese Menschlichkeit vollkommen. Zu Athen mußte sich der Richter
eidlich verbinden, nie einen Angeschuldigten ein-
ziehen zu lassen. Griechen und Römer hielten die
Verhaftnehmung um so mehr für schimpflich, je theurer
ihnen die Freyheit war. Nur besiegte Feinde, Sklaven und Feinde des Vaterlandes kerkerten sie ein.

Hier macht man einen Einwurf, der nähere Untersuchung verdient. Der Angeschuldigte, sagt man, kann
sich hernach mit den Zeugen besprechen, und seinem Ankläger Fallen legen. Aber der Ankläger kann sich
auch mit den Zeugen besprechen, und dem Angeschuldigten ein Gleiches thun! Was dem, der
den Angriff thut, erlaubt ist, das sollte man dem Andern zu seiner Vertheidigung wehren? Warum soll der,
der Unterdrückung und Gefahr am meisten zu fürchten
hat, die wenigsten Vortheile genießen? Seine Verwandten und Freunde dürfen alle Beweise, alle Mittel,
die ihm zu Statten kommen, aufsuchen: und ihm selbst
wollt ihr sie verweigern? Jedes Mittel ist zur
Vertheidigung erlaubt, nur kein Verbrechen. Die

Römi-

die Flucht entgeht. Ueberhaupt sollte der Willkühr der Richter bey der Einkerkerung weniger überlassen seyn. Mancher Nichtswürdige findet ein Vergnügen daran, die Gefängnisse zu bevölkern. Mancher elende Ignorant weis nicht
einmal die Grundsätze, nach denen er Verhaftnehmung und
Loslassung zu decretiren hat, mancher noch verabscheuungs-
würdigere Bösewicht versteht sich wohl auch mit dem Gerichtsdiener und Gefangenwärter, dem er in die Hände arbeitet.
Hier sollten bestimmtere Gesetze vorhanden seyn, die dem
Richter die Uebertretung der Gränzen seines Amts unmöglich machten! Anm. des Herausg.

Römiſchen Geſetze forderten ſogar, daß der Ankläger
dem Angeſchuldigten ſogleich die Zeugen, welche er auf-
zuſtellen gedachte, nennen mußte.   Und wenn im fernern Verlaufe des Proceſſes, oder bey andern auſeror-
dentlichen Fällen dieſer verhaftet wurde: ſo hielt man
es für gleich billig, den Ankläger feſtzuſetzen.   Die Römer konnten ſich nicht überzeugen, daß man einen Menſchen in Feſſeln ſchlagen müſſe, um ihn zu über-
führen [13]).

Wenn man ſonach hört, wie ſtreng und unerbitt-
lich das Geſetz gegen den Angeſchuldigten verfährt: ſo
wundert man ſich, wie die Criminaliſten von dem, was
ſie ſeine Privilegien nennen, noch ſo viel ſprechen können.   Man meint Wunder, welche erhabne Gedanken ihnen die Menſchlichkeit eingebe.   Wir wollen
ſie anhören.

Es ſind vierzehn ſolcher Privilegien:

„Er iſt nicht verbunden, die Unkoſten des pein-
„lichen Proceſſes im voraus zu bezahlen.“   Des
Proceſſes, in welchem er angeſchuldigt und gefangen geſetzt wurde, der vielleicht ganz ungerecht angeſtellt war! Warlich eine große Gnade!
Und doch muß er die Vertheidigungskoſten
tragen!

„Er darf der Defenſion nicht entſagen, und
„wenn er ſich rechtfertigen will, muß er zu jeder
„Zeit gehört werden.“   Fürwahr eine außeror-
ordentliche Gnade! Und man nennt dieſes kein Recht,
ſondern eine Begünſtigung!

G 4

„Er

---

13) Cuſtodiae ſimilitudinem patiatur. Cod. Theodoſ. L.
IX. T. 1.

„Er kann nicht ungehört verurtheilt werden.“
Erstaunt man nicht über eine solche verschwenderische
Großmuth! Aber noch ist der Artikel nicht zu Ende,
und ich darf den Zusatz des menschenfreundlichen Gesetzgebers nicht vergessen: „Er darf nicht ungehört
„verurtheilt werden, wenigstens nicht, ohne ihn in
„gerichtlicher Form constituirt zu haben.“

„Auf sein bloses Geständniß darf er nicht
„verurtheilt werden;“ das ist, nicht ohne Beweis.

„Er soll entlassen werden, wenn auch die Be-
„weise des Anklägers nur mangelhaft sind.“ Dieß
ist der bekannte Grundsatz der Römer [14]). So einleuchtend weise er ist, so haben ihn doch unsre Rechtsgelehrten schädlich gefunden, und vestgesetzt, „daß der
„Angeschuldigte nicht anders, als wenn er auf eine ge-
„setzliche Weise seine Unschuld dargethan hat, völ-
„lig losgesprochen werden könne.“

„Kömmt es darauf an, daß der Angeschuldigte seine
„Unschuld beweise, so kann er Zeugen jeder Art, auch
„nicht ganz glaubhafte, abhören lassen.“ Das letzte
sagt gar nichts; denn ein unglaubhafter Zeuge kann
zwar abgehört werden, aber wird ja dann ohnehin verworfen. Die ersten Worte heiligen wieder das über-
große Privilegium sich vertheidigen zu dürfen.

„Die Aussage eines Zeugen kann zu seiner Ab-
„solvirung beytragen, auch wenn den Zeugen diese Aus-
„sage nicht wieder vorgelesen worden ist.“ Man
setze hinzu: und die Aussage eines Klägers, sey
er auch noch so verdächtig, kann dazu beytragen,
ihn mehr zu graviren.

„Blose

14) Actore non probante, reus absoluitur.

„Bloſe Muthmaſungen werden für Be-
„weiſe angeſehen, wenn es auf ſeine Vertheidi-
„gung ankömmt.“ Und reichen nicht auch bloſe
Anzeigen, wenn es ſolche ſind, die ihr offenbare
oder nahe nennt, wenn ihrer viele ſind, zuweilen zu,
ihn zu verurtheilen? Iſt denn auſerdem euer Grund-
ſaß auch genau abgefaßt? Man ſieht die Vermuthungen, die zu ſeinem Vortheile dienen können, ſo wenig
als Beweiſe an, daß man blos den Kläger abweiſt,
ſtatt die Anklage ausdrücklich für unſtatthaft zu erkennen.

„Alle während ſeines ungehorſamen Auſſenbleibens
„wider ihn geſprochene Urtheile verlieren ihre
„Kraft gänzlich, ſobald er ſich ſtellt, und die Unter-
„ſuchung muß dann ſchlechterdings von vorn angehen.“
Dieß iſt kein Privilegium, ſondern blos eine gerechte
Handlung, welche aus dem Grundſaße folgt, daß Niemand
ungehört verurtheilt werden darf.

„In zweifelhaften Fällen muß man mehr
„geneigt ſeyn, ihn loszuſprechen, als ihn zu ver-
„urtheilen.“ Und dieß nennt man ein Privilegium?
Immer dieſelben Läſterungen der Unſchuld und Menſchlichkeit!

„Bey dem wider ihn abzufaſſenden Urthel
„muß man der gelindeſten Meynung folgen. Die här-
„tere erfordert eine Mehrheit von zwey Stimmen.“
Glücklicherweiſe iſt dieß Privilegium ausgedehnt
worden. Jetzt werden zwey Drittel der Stimmen zur Verurtheilung zu einer Leibes= oder infamirenden Strafe, und vier Fünftel zu einer
Todesſtrafe erfordert.

G 5 „Zu

„Zu einer Verurtheilung zur Todesstrafe
„werden die klarsten und untrüglichsten Be-
„weise erfordert.“ O hätte man immer diesen Grundsaß befolgt!

„Ist die Anklage verläumderisch, oder unge-
„gründet gewesen, so kann er nach beendigtem Processe
„gegen seinen Ankläger auf Kosten- und Schaden-
„ersaß klagen.“ Davon ist schon im Kapitel von den
Anklagen gesprochen worden.

„Endlich darf nach einer gewissen Zeit und in ge-
„wissen Fällen nicht mit der Untersuchung gegen
„ihn fortgefahren werden.“ Nachdem er die Schande
der Anklage, die Schrekniße der Gefangenschaft, die
Furcht vor einem Irrthume der ihm das Leben kosten
konnte, erlitten hat! Welche Wohlthat!

Bevor ich dieses Kapitel schließe, sey es mir erlaubt,
über das Dekret der Nationalversammlung eine
Betrachtung anzustellen, die mir wichtig zu seyn scheint.

Der zweyte Artikel empfiehlt den Schöppen
(notables adjoints) „ein unverbrüchliches Still-
„schweigen über den Inhalt der Klage und
„der andern Actenstücke des Processes zu
„beobachten.“ Der sechste Artikel befiehlt, daß
die Information, die vor der Resolution der Verhaftnehmung vorausgeht, in der Stille geschehen solle.
Der vierzehnte erlaubt: dem Angeschuldigten,
nach dem Verhör, die Abschrift aller zum
gerichtlichen Verfahren gehörigen Actenstücke mitzutheilen.

Die Verordnung dieses Gesetzes ist leicht zu befolgen, wenn nur Ein Angeschuldigter ist; wenn ihrer
aber mehrere sind, wie soll sich da der Richter verhal=
ten?

ten? Offenbar wird das Verfahren, das man einem
von ihnen mittheilt, auch den übrigen bald bekannt
werden; ja noch vor dem Verhör bekannt werden, wenn
ihrer viele sind. Und doch soll sie aur erst nach demselben bekannt werden.

Versagt man nun dem Verhörten die Abschrift der
Untersuchung, so verstößt man gegen den vierzehnten
Artikel; wird sie ihm gestattet, so handelt man wider
den zweyten und sechsten Artikel, da die Angeschuldigten,
die noch nicht verhört sind, schon den Inhalt der
Klage und der übrigen Stücke der Untersuchung kennen.

Dieß Uebel ist entschieden, und ich weiß nicht, ob es ein
sicheres Mittel giebt, ihm abzuhelfen. Ich kenne nur
eins, aber vielleicht hat es andre Inconvenienzen, wenigstens scheint die Nationalversammlung es verworfen
zu haben. Es würde darin bestehen, daß man die Information des Processes nicht geheimer hielte, als nach
dem funfzehnten Artikel die Fortsetzungen derselben gehalten werden. Die öffentliche Abhörung der
ersten Zeugen ist nicht gefährlicher, als die der
zweyten, und man kann letztern eben so wohl entgegen
setzen, es sey zu befürchten, der Angeschuldigte werde sich
bemühen, die Spuren seines Verbrechens zu vertilgen.
Ich gebe zu, daß er dann schon das Verhör passirt ist;
aber auserdem, daß die Gewißheit, die Procedur bald kennen zu lernen, den Angeschuldigten im Verhöre sehr
vorsichtig machen, und ihn immer zu allgemeinen Antworten oder zum Stillschweigen bestimmen wird, frage ich,
welchen Beweis kann man daraus hernehmen, da sein
Eyd nicht mehr erforderlich ist, und sein Bekenntniß
nichts wider ihn zu bewirken vermag? Denn dieß
kann

kann es blos, wenn es mit den Aussagen der Zeugen übereinstimmt. Und sollte auch diese meine Bemerkung unrichtig seyn: so würde ich immer fragen, ob es einen Augenblick giebt, wo das Gesetz einen Angeschuldigten nicht zu seiner Vertheidigung zulassen darf. Sobald die Anklage übergeben worden, ist meine Ehre gekränkt, meine Freyheit oder mein Leben bedroht. Und ich bin zum Stillschweigen verurtheilt t)? Man wird mich hören, wenn erst ein Decret über mich gesprochen worden, aber das Decret, man sage was man wolle, ist schon eine Art von Strafe. Die Wohlfahrt des Ganzen erfordert es, rechtfertigt es; das will ich glauben: aber doch würde ich es vielleicht vermieden haben, wenn man mich gehört hätte. Ich würde durch offenbare Beweise die Anklage sogleich niedergeschlagen haben.

Bey den Griechen und Römern geschah die Instruction des Processes, wie die übrige Untersuchung, öffentlich, und der Angeschuldigte hatte das Recht, die Zeugen zu befragen, die man allezeit in seiner Gegenwart abhörte. Auch in Frankreich geschah sie bis in die Mitte des sechzehnten Jahrhunderts öffentlich 15).

t) Hier liegen im Criminalprocesse noch viel unerkannte Mängel, und es ist des schärfsten Nachdenkens würdig, sie aufzusuchen und zu prüfen, ob und wie sie abzustellen seyn werden. Anm. des Herausgebers.

15) So stimmte also der Gebrauch, auf den man sich so oft beruft, eilf bis zwölf Jahrhunderte mit dem hier geäuserten Wunsche überein, und unsre Väter namen darin die ersten Nationen des Alterthums zu Mustern.

Zehn-

Zehntes Kapitel
Vom Beweise

Beweisen heißt die Wahrheit einer ungewissen Handlung darthun.

Die Criminalisten unterscheiden mehrere Gattungen
von Beweisen. Den Beweis durch Worte, durch In-
strumente oder Schriften, durch Zeugnisse,
und durch Vermuthung. Der erste ergiebt sich
aus dem Geständniß des Angeschuldigten, der
zweyte aus den Akten oder andern Schriften, der
dritte aus der Aussage der Zeugen, der vierte
endlich aus Anzeigen.

Bevor man die Beweise untersucht, muß nothwendig das Corpus delicti außer allem Zweifel seyn. Unsre
Criminalverordnung trift über diesen Punkt die nöthigen
Vorsichtigkeitsmittel [1]), wozu das Dekret der Nationalversammlung nur noch dieses gesetzt hat, daß bey Abfas-
sung der Registratur zwey vom Richter requirirte No-
tarien gegenwärtig seyn müssen [2]).

Das Eingeständniß des Angeschuldigten allein kann niemals für einen Beweis gelten; eben so
wenig sein Stillschweigen. Gleichwohl schließt
man in mehrern Ländern durch einen doppelt thörig-
ten Schluß von dem einen auf das andere, und nimmt
entweder das Stillschweigen des Angeschuldigten
für Geständniß, oder quält ihn mit Martern [u]).

Sollte

1) Tit. 4. und 5.
2) Decret vom 8. und 9. Octobr. Art. 5.
u) Ein Angeschuldigter, der aus Hartnäckigkeit nicht antwor-
tet, macht sich a) auf alle Fälle sehr verdächtig, denn der
Unschul-

Sollte man es wohl glauben, daß die englischen Gesetze
anbefehlen, den Angeschuldigten, der sich zu sprechen
weigert, in einen dunkeln Kerker zu werfen, ihn da auf
bloßer Erde auf den Rücken zu legen, Bauch oder Brust
mit ungeheueren Gewichten zu beschweren; ihm statt aller Nahrung in diesem Zustande nichts, als drey Stücken
Brod und drey Gläser faules Wasser zu reichen, und
zwar so, daß er beydes nie zusammen, sondern einen
Tag zu essen, den andern zu trinken bekömmt ³)? Der
Tod zögert nicht, seine Martern zu endigen. Welche
Greuel, selbst bey solchen Völkern, deren Gesetze sonst
gerecht und menschlich sind!

Der schriftliche Beweis geschieht auf doppelte Art ⁴),
entweder durch Sachverständige (Schreibemeister) welche attestiren, daß die Hand der producirten Schrift des
Angeschuldigten H a n d sey ᶻ), oder durch Zeugen,
welche aussagen, daß sie ihn eine U r k u n d e nachmachen,
Zahlen oder Worte auskratzen, und andre dafür hinsetzen,

ein

Unschuldige braucht sich nicht zu weigern, zu leugnen und
seine Unschuld zu betheuern, b) er macht sich einer strafbaren Widersetzlichkeit gegen seinen Richter schuldig, der im
Nahmen des Staats dasitzt, und dem er Red und Antwort
schuldig ist. Einen solchen Menschen so, wie in der angeführten Stelle der englischen Gesetze beschrieben ist, oder
auf andre Art zu martern, wäre Grausamkeit; aber ihn
mit empfindlichen Zwangsmitteln zur Sprache zu bringen,
ist vernünftig. Es ist ja hier nicht die Rede von dem was
er sagen soll, sondern nur, daß er rede.
                                                Anm. des Herausg.

3) Blakstone, a. a. O. Kap. 25.
4) Criminalverordnung von 1737 über die Falsa. Tit. 1.
   Art. 13.
z) Sind dieß keine Zeugen! Bey uns in Sachsen muß der
   Angeschuldigte eine solche Schrift recognosciren, sonst macht
   Aehnlichkeit der Hand blos Verdacht. Anm. d. Herausg.

ein Pasquill drucken, oder einen Wechsel haben nachmachen sehen. Alsdann wird es ein Beweis durch Zeugen und erfordert um so größere Vorsicht, je leichter die
angegebne Thatsache ihrer Natur nach der Einsicht des
Zeugen entgehn, oder sein Auge sich täuschen konnte.

Es giebt Verbrechen, wo der Beweis durch Zeugen
fast immer unmöglich ist; dann wird er in der Regel durch
einen schriftlichen Beweis supplirt. Er dient statt der
Information [5], ist aber noch gefährlicher, als diese.
Die Zeugen sagen aus, was sie gesehen haben: die S a ch-
v e r st ä n d i g e n, was sie glauben. Sie selbst würden
eingestehen müssen, daß ihre auf Muthmaßungen gegründete Kunst für den Richter nicht so viel Glaubwür-
digkeit haben könne, als andre fremde Zeugnisse. Das
Urtheil zweyer Sachverständigen ist also nicht hinreichend,
um eine Verdammungssentenz darauf zu gründen.

Der Beweis durch Z e u g e n ist der gemeinste, und
bey allen Gefahren, die daraus entstehen können, doch
nicht der u n s i c h e r st e. Daß es Nothwendigkeit sey,
ihn zuzulassen, ist offenbar. Doch wollen wir dabey
nicht vergessen, daß es z w e y Zeugen waren, auf deren Aussagen Sirven und Langlabe verurtheilt wurden;
wir wollen nicht vergessen, daß in dem berühmten Processe des la Picardiere zwey Zeugen das Verbrechen gesehen hatten; daß ein andrer das Aechzen des Sterben-
den, und noch ein andrer den Schuß fallen gehört, und
die blutige Wäsche gesehen hatte. Und doch war keine
dieser Thatsachen zuverläßig und la Picardiere lebte.

Die

_____

[5] Criminalverordnung von 1670 Tit. 25. Art. 4.

Die Vernunft erfordert zwey Zeugen, sagt Montesquieu [6]), weil ein Zeuge, welcher etwas behauptet,
und der Angeschuldigte, der läugnet, sich einander das
Gewicht halten, und es also einen dritten braucht, um
den Ausschlag zu geben.

Ohne Zweifel wäre die Antwort, die man ihm darauf geben könnte, zu spitzfindig, nämlich daß, weil die
Behauptung des Zeugen, dem läugnen des Angeschuldigten die Wage halte, nur ein Zeugniß übrig bleibe, und
daß wenn das Gesetz ein einziges Zeugniß verwerfe, es
nicht wider den Sinn des Gesetzes seyn würde, noch einen dritten Zeugen zu erfordern.   Weil inzwischen die
Instruction des Processes ö f f e n t l i c h geschieht, der
Angeschuldigte einen Rechtsverständigen Beystand hat,
dem, die Lage der Sache sey, welche sie wolle, das Recht
zusteht, das Verfahren zu tadeln, und Vertheidigungen
und andre Rechtfertigungsmittel beyzubringen : so halten
wir in den Fällen, wo das Corpus delicti völlig ausgemacht ist, zwey Zeugen für hinreichend. Ist aber das Corpus delicti bey Verbrechen, welche Spuren zurück lassen [7]);
wie beym Diebstahl mit Einbruch oder beym Morde, nicht
völlig klar, so ist offenbar, daß die Procedur keinen Grund,
der Beweis keinen Gegenstand mehr hat, und die Verurtheilung unmöglich wird. Ich nenne diesen Grundsatz un-
widerleglich, und daß er das sey, kann am besten die
Beystimmung eines unsrer strengsten Criminalisten beweisen.

6) Esprit de Loix, l. 2. c. 3.

7) Welche die Rechtsgelehrten delicta facti permanentis nennen, im Gegensatze derer, welche keine Spur zurück lassen,
wie der Ehebruch, die Verbalinjurien. (delicta facti
transeuntis).

weisen. „Der Beweis des Corpus delicti, sagt Vouglans ⁸), ist so wesentlich, daß er weder durch Zeugenaussagen, noch durch einfache Anzeigen und Vermuthungen, so stark sie auch sonst immer seyn mögen, ja nicht einmal durch das Geständniß des Angeschuldigten selbst, ersetzt werden kann."

Aber soll man denn jeden Zeugen ohne Unterschied zulassen? Die Gesetze und die Juristen haben eine Menge Fälle von Zeugnissen für verdächtigen erklärt. Selbst ein Jude, ein Erkommunicirter, ein Ketzer sind, wenn man ihnen glauben soll, verwerflich ⁹). Nicht an einige Dogmen zu glauben, oder von der Gemeinschaft der Rechtgläubigen ausgeschlossen zu seyn, ist das ein Beweis von Betrügerey? Noch abscheulicher ist es, dem Armen entehrende Untüchtigkeit zuzuschreiben ¹⁰). Wie? So ist dann immer noch Armuth ein Verbrechen? Je mehr man ihr Mitleid und Beystand schuldig ist, desto mehr überhäuft man sie mit Schande und Verachtung.

In jenen Ländern, welche die Knechtschaft entehrte, erklärte man auch die Sklaven eines Zeugnisses für unfähig, ein Anathem, welches durch die französischen Gesetze beybehalten ¹¹) und von Montesquieu gebilligt wurde ¹² ʸ).

Es

---

8) Institutes au droit criminel, Part. 6. ch. 1.

9) S. Lacombe matiéres criminelles. Part. 3. chap. 13. Vouglans institutes au droit criminel. Part. 6. ch. 2.

10) Lacombe und Vouglans a. a. O.

11) Wider die Negern. S. Verordnung vom Jahr 1685.

12) Esprit des Loix, l. 12. Chap. 15.

y) Dieß ist wohl sehr natürlich. Denn da der Sclav unbedingt fremder Willkühr unterworfen ist: so ist man ja nicht

H   sicher,

Es darf schlechterdings keine Untüchtigkeit zum Zeugnisse Statt finden, wenn sie die Natur nicht selbst zuerkennt; entweder deshalb weil sich die Gefahr des Angeschuldigten verdoppeln, oder weil der Zeuge in die Nothwendigkeit kommen würde, wider eine Person, der er Liebe und Achtung schuldig ist, zu zeugen. Mit Recht erklären daher die Gesetze die Wahrhaftigkeit der Aeltern, der Bedienten, solcher, deren Vernunft durch Wahnsinn, Raserey, Trunkenheit oder Schwäche zerrüttet, bey denen sie erst im Reifen, oder schon sehr geschwächt ist, wie in der Kindheit und im hohen Alter [13], für verdächtig; ferner diejenigen, welche durch offenbare Leidenschaft, bekannte Feindschaft, Vorhaben, sich zu rächen, persönlichen Anfall, öffentliche Schande, und erblichen Haß für den Angeschuldigten, furchtbar seyn würden; endlich diejenigen, deren Sitten, Gewerbe oder Verbrechen Infamie verdient haben. Hat man aber, zum Beyspiel, wohl Ursache, das Zeugniß der Weiber zu verwerfen, wie in verschiedenen Ländern geschieht? Wodurch sind denn dergleichen Zeugen aus vernünftigen Gründen verdächtig? Dies ist blos ein alter, vie=

sicher, daß ihn nicht sein Herr durch Drohung, ihn zu ermorden, zum falschen Zeugnisse genöthigt habe.

Anm. des Herausg.

13) Gleichwohl läßt die Criminalverordnung die Zeugnisse der Unmündigen zu: doch soll der Richter darauf sehen, ob ihr Zeugniß nothwendig und glaubhaft sey, Tit. 6. Art. 2. Die Römischen Gesetze verwerfen nicht allein diese, sondern auch alle, die unter 20 Jahren sind. l. 20. D. de Testibus. Will man dieses Gesetz nicht annehmen, so sollte man wenigstens die zweydeutigen Worte: nothwendig und glaubhaft ausstreichen, wie Lamoignon vorschlug.

vielen Völkern gemeiner Irrthum 14). Die Ausnahme
von dieſer Regel iſt noch abgeſchmackter, als die Regel
ſelbſt. Man läßt nämlich das Zeugniß der Frauen
bey ſchweren Verbrechen zu, weil bey dieſen die B e w e i ſ e
nicht ſo ſ t a r k zu ſeyn brauchen 15). Ein abſcheu-
licher Grundſatz, bey dem ich mich nicht aufzuhalten
brauche. W i e v i e l e n M e n ſ c h e n h a t e r d a s
L e b e n g e k o ſ t e t!

Die Rechtsgelehrten haben dieſen Satz auf ſolche
Verbrechen ausgedehnt, die ſich ſchwer entdecken laſſen.
Halbe Beweiſe halten ſie für eben ſo hinreichend. Heißt
das aber nicht ſich aus der Verlegenheit, ein Verbrechen
zu beweiſen, dadurch ziehen, daß man es für wirklich
geſchehen annimmt? Nach ihrem Grundſatze erfodert der Ehebruch eben keine ſtrengen Beweiſe. Die
Engliſchen Geſetze ziehen eine entgegengeſetzte Fol-
gerung daraus. Sie verlangen bey dieſem Verbrechen
einen Beweis, wie er niemals Statt haben kann.

Die Zulaſſung der ſogenannten nothwendigen Zeugen iſt eine Folge jenes Satzes der Rechtsgelehrten.
Mehr mit den Mitteln, welche die Entdeckung des Verbrechens erleichtern, als mit Veſtſetzung der Beſtrafung
nach völliger Ueberführung beſchäftigt, glaubten ſie,
man brauche ſich um die gewöhnlichen Merkmale, aus
welchen man Verdacht ſchöpft, wenig zu bekümmern.
Die Inquiſition hat davon ein fürchterliches Beyſpiel
gegeben. Sie geſtattete die Zeugenausſagen der Aeltern,

H 2   Bedien-

---

14) Plato nahm ihn nicht an. Man ſehe das 11. Buch von
den Geſetzen. Mit eben ſo wenig Grunde ſchließt man
Pathen, Baſtarde u. a. m. aus.

15) In atrociſſimis leviores coniecturae ſufficiunt et
licet iudici iura transgredi.

Bedienten, und, was bey diesem Tribunal wohl zu merken ist, der Exkommunicirten [16]); doch setzt sie nur dann Vertrauen in sie, wenn zahlreiche Anzeigen hinzukommen. Bey uns reicht ihr Zeugniß zu, den Angeschuldigten zu verbannen.

Ein philosophischer practischer Rechtsgelehrter untersuchte vor einigen Jahren diese wichtige Frage in einem Processe, den seine Beredsamkeit berühmt gemacht hat. „In der Sprache des peinlichen Rechts, sagte er, ist ein „unentbehrlicher Zeuge, (testis necessarius) ein „Mann, den Vernunft und Gesetze für ver„dächtig erkennen und erklären, den die Justiz da„her in bürgerlichen Gerichten nicht ohne Einwen„dung, und in peinlichen schlechterdings gar nicht „als Zeugen zuläßt, dessen Aussage sie gleichwohl bey „gewissen Anklagen, wo sie glaubt, daß außer „ihm weiter kein Zeuge angetroffen werden könne, „auffordert, zuläßt, für glaubwürdig annimmt, ja so„gar in manchen Fällen andern vorzieht, wo sie glaubt, „daß kein andrer Zeuge die That wissen könne. Solche „Menschen, welche die Gesetze für verdächtig, und ei= „nes Zeugnisses für unfähig erklären, nennt man in „den Tribunälen unentbehrliche Zeugen. Man „hält es nicht für nothwendig, die verdächtigen Zeugen „allezeit zu verwerfen, sondern sie in manchen Fällen „zuzulassen, wenn die Verbrechen ohne verdächtige Zeu= „gen nicht bewiesen werden können. Die Criminalisten „geben vier solche Fälle an: wenn das Verbrechen im „Innern eines Hauses, oder an einem abgesonderten
                                        „Orte,

---

16) Mannel des inquisiteurs, pag. 35 sq.

„Orte, oder in der Finſterniß begangen worden, oder
„wenn das Verbrechen ſehr ſchwer iſt.“

„Wenn man auf die Ausſagen der unentbehrlichen
„Zeugen einen Menſchen verurtheilt, ſo geſchieht es alſo
„nicht bey leichten Anſchuldigungen, wo die Schwach-
„heit der menſchlichen Natur das Verbrechen wahrſchein-
„lich macht, wo die menſchliche Natur ſelbſt, ſo zu
„ſagen, wider den Angeſchuldigten zeugt; nein, bey
„ſolchen, wo Lebensſtrafe ſtatt findet, wo die Güte der
„menſchlichen Natur das Verbrechen unwahrſcheinlich
„macht, wo ſchon das menſchliche Herz gewiſſermaſen zu
„ſeinem Vortheile zeugt. Oder geſchieht dieß etwa nur
„bey ſolchen Anſchuldigungen, wo die Rechtfertigung
„des Angeſchuldigten auf tauſend Wegen in helles Licht
„geſetzt werden kann? Nein, gerade nur bey denen,
„wo ſie, nebſt der Anklage, in ſtetes Dunkel verhüllt bleibt.
„Mit einem Worte, das Vertrauen, welches die Ge-
„rechtigkeit den verdächtigen Zeugen bey geringen
„Anſchuldigungen verweigert, geſteht ſie ihnen bey ſchwe-
„ren zu. Da, wo ſie auch denen Zeugen, die allen
„Glauben verdienen, nicht trauen ſollte, verläßt
„ſie ſich auf die allerverwerflichſten. End-
„lich verwirft die Gerechtigkeit die verdächtigen Zeu-
„gen bey Anſchuldigungen, wo ihre Ausſagen dem Un-
„ſchuldigen nichts weiter koſten können, als ein wenig
„Geld, und läßt ſie in ſolchen zu, wo ſie ihm Ehre
„und Leben rauben können.“

Dieſe Gründe ſcheinen mir entſcheidend zu ſeyn. In
der That macht zuweilen eine kleinmüthige Furcht ſelbſt
fühlbare Seelen irre. Ich habe Menſchen, welche das

Unglück

Unglück andrer tief rührte, die Zuläſſigkeit der unentbehrlichen Zeugen mit Wärme vertheidigen hören. Die
öffentliche Sicherheit! ruft man aus. So ſagt doch lieber:
meine eigne Furcht! Mit welchen Gründen man die
Sache auch vertheidige, es iſt barbariſch, jemand auf die
Ausſage von Anklägern zu verurtheilen; denn das
ſind ſie.

Wenn es nun aber gefährlich iſt, die nothwendigen
Zeugen beyzubehalten, ſollte es nicht gut ſeyn, zahlreichen
Anzeigen (Indiciis) völligen Glauben beyzumeſſen [17]?
Anzeigen, ſo viel ihrer auch ſeyn mögen, bewirken doch
immer nur Wahrſcheinlichkeit oder Möglichkeit, niemals Wahrheit oder Wirklichkeit. Eine Anzeige
iſt eine ungewiſſe Sache. Hundert Anzeigen
geben hundert Ungewißheiten, und alle dieſe
machen eben ſo wenig eine Gewißheit aus, als
hundert Sophismen einen richtigen Schluß.
Die Gewißheit läßt ſich nicht, wie Zahlen und Quan-
titäten in Brüche auflöſen und ergänzen. Noch
könnte man ſagen, daß eine große Maſſe aus einer
unendlichen Menge kleiner zuſammengeſetzt wäre, und
daß eine allgemeine Größe das Reſultat der einzelnen ſey, aber bey Dingen die entgegengeſetzter
Natur ſind, iſt dieß der Fall nicht, und viele Ungewißheiten machen nie eine Maſſe von Gewißheiten
aus.

Mehrere

---

17) Ueber dieſen Punkt findet man in Briſſot Théorie des
    loix criminelles Kap. 3. Abſch. 5, eine weitläuftige Un-
    terſuchung und ſehr wahre Bemerkungen. Dieſe Stelle ge-
    hört unter die beſten des Werks.

Mehrere Criminalisten, unter andern auch Jousse [18]), haben sich nicht entblödet, unter die Umstände, welche ein Verbrechen wahrscheinlich machen, auch die B e s t ü r - z u n g d e s A n g e s c h u l d i g t e n zu rechnen. Eher hätte man seine U n e m p f i n d l i c h k e i t dafür setzen sollen. Andre erröthen nicht, zu behaupten, das ö f - f e n t l i c h e G e r ü c h t , welches einem Bürger ein Ver- brechen Schuld giebt, sey ein völliger Beweis, und Hr. von Vouglans nimmt die N ä h e d e s H a u s e s , das Vorgeben, s c h w e r z u h ö r e n , eine schlimme P h y - s i o n o m i e und einen ü b e l k l i n g e n d e n N a m e n auch unter die Anzeigen auf. Wenn die Richter von sol- chen Grundsätzen ausgehen wollten, so würden sie oft, wie d'Aguesseau sagt, „ihr ganzes Leben hindurch ein „U n g l ü c k zu beweinen haben, das k e i n e R e u e wie- „der gut machen kann. [19]). "

Man rühmt den Cujas, ohne sehr mit ihm bekannt zu seyn. Man verbindet mit seinem Namen den Be- griff eines Rechtsgelehrten, dessen ungeheure Gelehrsam- keit man anstaunt. Aber d a s weis man nicht, daß er mit tiefen Kenntnissen ein gefühlvolles Herz verband, daß er die Mißbräuche der Gesetze entwickelte, und in seinen Schriften die Sache der Menschheit gegen Unwis- senheit und Tyranney in Schutz nahm. Er, ein Ver- theidiger der Unschuld, erhebt sein Haupt mächtig gegen Anzeigen, Wahrscheinlichkeiten, Vermuthungen, und bringt darauf, daß jeder, der eines Verbrechens nicht überführt worden sey, losgesprochen werde. Er wiederholt

H 4:   häufig

18) Institutions au droit criminel, Part. 6. ch. 6.
19) Discours sur la prévention des magistrats, T. I. p. 192.

häufig den so einleuchtenden, als oft vergessenen Grundsatz,
man könne Niemand auf einen Beweis verurtheilen, der
nicht vollständig sey [20]).   Jemand auf blosen Verdacht verurtheilen, sagte einer von unsern Königen [31]),
ist eben so gefährlich als abscheulich [z]).   Von
dieser Wahrheit durchdrungen wollen wir in den Ver-
haftsdekreten, die Worte: wegen starken Verdachts, welche die Menschlichkeit verbietet, nicht länger gebrauchen.   Man sagt: der Verdacht hat keinen
Einfluß auf die Strafe.   Warum also im Gericht davon sprechen?

In einer bürgerlichen Rechtssache muß allezeit entschieden werden, wenn schon keine völlige Gewißheit verhan-
den ist; sie betreffe einen Contract, ein Recht, einen Proceß, so muß der Contract gültig oder null, das Recht
auf einer Seite seyn, die Sache einen Eigenthümer haben.

20) Quod non est plena veritas, est plena falsitas, sagt er
    über tit. C. ad Leg. Iul. Maj. sic, quod non est plena
    probatio, plane nulla est probatio

31) Pessimum et periculosum est quemquam de suspicione
    damnare.   Capitular. Reg. Franc. L. VII. f. 136.

z) O. daß man dielen weisen Ausspruch, den die so oft barba-
    risch gescholtenen Capitularien enthalten, in unsern sonst so
    menschlichen Rechtsstühlen beherzigte!   Das sogenannte
    transigiren mit unüberwiesenen Verbrechern ist ein abscheu-
    licher, verdammlicher Mißbrauch, den unsre größtentheils
    so nachdenkenden Urtelsverfasser gewiß vermeiden würden,
    wenn sie allezeit gehörig bedächten, was es heiße, einen
    Menschen mit Verlust von Freyheit oder Ehre strafen, der
    unschuldig seyn kann.   Mir liegt was Entsetzliches in die-
    sem Gedanken; und ich würde mich nicht beruhigen, wenn
    ich je ein Urtheil dieser Art gemacht hätte.   Mag doch
    diese Note mit Unwillen zuziehen! Wo Wahrheit und Men-
    schlichkeit sprechen heisen, da ists Verbrechen, zu schweigen.
                    Anm. des Herausg.

ben.   In peinlichen Untersuchungen hingegen bringt die
bürgerliche Ordnung nicht darauf, daß einer nothwendig
schuldig erklärt werde, wie dort, daß der Besitz eines
Grundstücks ausgemacht sey.   Sie geben keine Gelegenheit zu Streitigkeiten zwischen zwey Partheyen, deren Ansprüche schlechterdings auseinander gesetzt werden
müssen.   Wo keine Gewißheit ist, darf keine Verurtheilung Statt finden.   Ueberdies zieht in bürgerlichen
Rechtshändeln ein Irrthum nur Geldverlust nach sich;
in peinlichen aber kann er dem Menschen Ehre, Freyheit,
ja selbst das Leben rauben.

Eilftes Kapitel
Von den Richtern und Gerichten

In Rom waren die peinlichen Richter von den bürgerlichen unterschieden; für die sogenannten öffentlichen Verbrechen gab es wieder andre, als für die Privatvergehungen. Für diese letztern ernannte der Prätor einen Kommissär, der wiederum einige Männer zu seinem Beystande und zu Rathgebern erwählte. Ueber die öffentlichen Verbrechen, insofern solche nicht durch Appellation oder durch Anklage der Volkstribunen vors Volk gehörten, richteten gewisse Commissarien, gewöhnlich einer der Consuln, oder einer der Priester [1]), aber ihr Auftrag erlosch mit der Untersuchung des Verbrechens. Wir finden auch Beyspiele, daß solche Untersuchungen vor höhere Gerichte gezogen wurden. Man ernannte einen Diktator, um uneingeschränkt und ohne auf Appellationen zu achten, über eine vor dem ordentlichen Richter anhängige Sache zu entscheiden [2]). Da die Prätur und das Consulat nur ein Jahr dauerten, so sah man sich, wenn sie eben zu Ende giengen, genöthigt, die Sache zu beschleunigen, und beyzulegen, aus Furcht sie unter den neuen Magistratspersonen von neuen anzufangen. Zuweilen versuchte man, dieser Inconvenienz dadurch abzuhelfen, daß man zu jedem Processe einen besondern Richter ernannte. Man bewilligte ihm auch ein Jahr, das aber vom Tage seiner Ernennung an seinen Anfang

---

1) Livius, L. IV. cap. 13. 14. L. IX. c. 26. Vergl. Sigonius de judiciis populi Rom. L. II.
2) Aus dieser Ursache wurden Qu. Cincinnatus, C. Mänius und M. Valerius zu Dictatoren ernannt.

Anfang nahm.   Zu Anfange des siebenten Jahrhunderts [3]) erhielt das gerichtliche Verfahren eine bestimmtere und vestere Einrichtung.   Man ernannte sechs Prätoren, und die Untersuchung über Entwendung öffentlicher Gelder, Concussion, Raub und Verbrechen wider das Vaterland wurde durchs loos unter sie vertheilt. Hierzu setzte man in der Folge noch vier Arten der Untersuchungen, nämlich über Falsum, Meuchelmord, Giftmischung und Parricidium; wozu wieder vier neue Prätoren gewählt wurden [4]).   Cicero spricht oft hiervon; er klagt den Verres, wegen des Handels mit Qu. Opimius an, daß er über ein öffentliches Verbrechen entschieden habe, da er doch nur Richter über Privatverbrechen war [5]).   Zuweilen verband man beyde Aemter, oder übertrug einem von den Prätoren die Entscheidung eines Processes, worüber er eigentlich nicht kompetent war [6]).   Endlich hatten einige Stände noch ihre besondern Richter.   Der Pontifex Maximus richtete über die Priester und Vestalinnen; die Befehlshaber über ihre Soldaten, wenn diese ein Militärverbrechen begangen hatten.   Der Römer, der vor Karthago frech genug war, seinen Gästen diese berühmte Stadt in Eßwaaren nachgeahmt vorzusetzen, und sie essen zu lassen, wurde von den Censoren [b]), nicht vom militärischen Tribunal gestraft.

[3]) Im Jahre Roms 604.
[4]) l. 2. §. 32. D. de orig. Iur.
[5]) In Verrem Act. II. Lib. 1. cap. 63.
[6]) So entschied M. Fannius, der kurz nach der Dictatur des Sylla Prätor wurde, zugleich über Mord und Parricidium.
[b]) Das war sehr natürlich.   Seine Handlung war kein Verbrechen, sondern eine den ernsten Sitten der Römer zuwiderlaufende Spielerey.   Die Censoren waren ja nicht Richter, sondern Aufseher über die Sitten.
                              Anm. des Herausg.

ftraft. Dieses Tribunal war sehr wenig an Formalitäten gebunden. Die gewöhnlichen Fristen wurden nicht
gestattet, auch hatte der Ankläger weniger zu befürchten.
Fast allezeit vertheidigte sich der Angeschuldigte selbst;
die Richter waren bey den Beweisen weniger bedenklich,
und der Zuruf der Soldaten galt zuweilen für Verhör
und Confrontation der Zeugen 7).

   Man sollte glauben, die meisten für die ordentliche
Jurisdiction vorgeschriebenen Formalitäten hätten schnel-
les Verfahren und eine gewisse Bestrafung bewirkt.
Gleichwohl sah sich August, um den Uebeln zu begegnen,
welche auf der einen Seite aus der Langsamkeit der Instruction, auf der andern daraus entsprangen, daß die
Schuldigen ungestraft blieben, genöthigt, die Zahl gewisser Klassen von Richtern zu vermehren, an dem zu
diesem Amte erforderlichen Alter fünf Jahre nachzulas-
sen 8) und mehr als dreyßig Tage, die vorher den Spielen, welche von den Prätoren gefeyert wurden, geheiligt
waren, zu den Arbeitstagen zu schlagen.

   In dieser Darstellung der mancherley Veränderungen der peinlichen Gerichtsordnung erblicken wir auch
Beyspiele, daß besondere Kommissionen ernannt und die
Untersuchung mancher Verbrechen vor die höchste Gewalt
gezogen ward. Dieß sind schädliche Erfindungen, wodurch
mehrere neue Nationen das Uebel vermehrt haben, statt
es zu vermindern. Selten rechtfertigt sie die Nothwendigkeit, aber nur zu oft haben Haß und Ansehen sie gegen

Schwach-

---

7) Dieß war jedoch nur Mißbrauch. Gewöhnlich ward
   Zeugenverhör, Vernehmung und Urtheil nach der Stimmen-
   mehrheit beschlossen.

8) Es wurde nur ein Alter von 20 Jahren erfordert. Sueton im Octavius, Kap. 32.

Schwachheit und Armuth gemißbraucht. Wenn der Angeschuldigte, der sich seinen ordentlichen Richtern zu entziehen sucht, dadurch stillschweigend ihre Unpartheylichkeit ehrt, so beleidigt er eben dadurch die, deren Beystand er anruft c).

Ferner findet man dort Spuren von privilegirten Jurisdictionen und Fällen. Die Römer haben sie uns überliefert, und unsre Criminalverordnungen haben über diese Punkte manches angenommen, was unmöglich stehen bleiben kann. Nichts darf einen Angeschuldigten der Obrigkeit entziehen, welcher die Gesetze alle Bürger unterwerfen; und was Stolz, Hofnung auf Nachsicht oder Eigennutz Privilegium oder Begünstigung nennen, das schilt die Vernunft eine Ungerechtigkeit.

Die privilegirten Gerichtshöfe verdienen zum Theil diese Vorwürfe, noch strengere aber verdienen sie um der Art willen, wie sie strafen. Sie erkennen Todesstrafen auf solche Verbrechen, die sonst nur gelinde geahndet werden. Bey Entwendung einer kleinen Quantität Salz erkennt der Gerichtshof, der die Untersuchung darüber hat, auf den Tod. Für Erlegung eines Hirsches erkennt das Jagdtribunal; für Entwendung einer Vase das königl. Obergericht den Tod zu. Das strenge Verfahren gegen die Ketzer steht wahrscheinlicher Weise auch mit den Gesetzen, welche ehedem die Untersuchung derselben besondern Richtern auftrug, in genauer Verbindung 9). Endlich dürfen wir unter

den

c) Sonderbar! kann er denn den gewöhnlichen Richter, nicht für seinen Feind, nicht für leidenschaftlich wider sich eingenommen halten, und mehr von einem unpartheyischen Tribunal hoffen? War Herrn Pastoret das iuramentum perhorrescentiae unbekannt?   Anm. des Herausg.

9) Die Verordnungen Franz des ersten und Heinrichs des andern erlauben noch den weltlichen und geistlichen Richtern
ohne

den privilegirten Gerichtshöfen, die oberrichterlichen Jurisdictionen (jurisdictions prévôtales) nicht vergeſſen,
welche einem Menſchen allein, oder Beyſitzern, die er
nach Belieben wählt, das Recht überlaſſen, über das
Leben der Bürger abzuurteln. So lange die Straßen
noch unſicher waren, hatten ſie guten Nutzen, abr. nachdem die öffentliche Sicherheit beveſtigt war, hätten ſie
ganz abgeſchaft werden ſollen.

Die Privilegien und Begünſtigungen verurſachen
noch außerdem oft die Entfernung des Angeſchuldigten
von dem Orte, wo er das Verbrechen begieng, und die
Criminalverordnung hat den Nachtheil dieſer Entfernung
ſo wohl eingeſehen, daß ſie den entgegengeſetzten Grundſatz angenommen hat.[10]). Um über ein Verbrechen erkennen zu können, erforderte die Verordnung von Rouſſillon, daß es in der Jurisdiction begangen, und der
Verbrecher daſelbſt arretirt ſeyn mußte. Mangelte eines
dieſer beyden Erforderniſſe, ſo entſtanden mancherley
Schwierigkeiten daraus, welche die Verordnung von
Moulins durch den Befehl hob, daß die Unterſuchung
des Verbrechens allezeit vor den Richter gehören ſolle,
in deſſen Gerichtsbarkeit es begangen war[11]). Die
Römer hielten ſehr ſtreng über dieſen Grundſatz. Wenn
auſerordentliche Umſtände es nicht verſtatteten, ihn zu
befolgen, ſo ſchickten ſie lieber Leute in das Land ſelbſt
ab,

---

ohne Unterſchied, die Ketzer zu verfolgen. Verordnungen
vom 1. Jun. 1540. Art. 1. vom 19. Nov. 154?. Art. 1.
vom 27. Jun. 1551. Art. 1. vom 24. Jul. 1557. Art. 1.
und 2.

10) Tit. 1. Art. 1.

11) Criminalverordnungen von Rouſſillon, Art. 19. von
Moulins, Art. 35.

ab, welche dort die Spuren und Zeugnisse des Verbrechens sammeln mußten. Als die Loktier sich über die
Gewaltthätigkeiten beschwerten, welche die Truppen unter
dem Commando des Q. Pleminius begangen hatten, diesen Feldherrn eines Kirchenraubes im Tempel Proserpi-
nens den Scipio aber anklagten, daß er jenem nicht Einhalt gethan habe, so konnten diese beyden Männer, als
Angeklagte, nun nicht länger Richter seyn, sondern der Senat schickte einen Prätor dahin ab, um die Klage anzunehmen und darüber zu entscheiden [12]).

Noch ist es wesentlich, daß der Richter an keinem
andern Orte die verschiedenen zur Untersuchung gehörigen
Handlungen vornehme, als im Gerichtshofe selbst. Die
Criminalverordnung gestattet das Verhör der über der
That ergriffenen Verbrecher, an jedem dazu bequemen
Plaße [13]). Dringende Umstände können diese Anordnung nöthig machen, wofern nur das Verhör nach seiner Verhaftung wiederhohlt wird, wenn schon keine neuen
beschwerenden Umstände eintreten. Mit gleichem Rechte
kann man ein wiederhohltes Verhör für einen Angeschuldigten begehren, den der Richter des Orts, in welchem
das Verbrechen begangen worden, auf ergangene Requi-
sition bereits vernommen hat.

Was die Form der Gerichte anlangt, so war die bey
den alten Völkern gewöhnliche der unsrigen unendlich vorzuziehen. Die obrigkeitlichen Personen in Athen gaben ihre
Meynungen schriftlich ein. Dann wurden sie versiegelt,
und auf den Altar der Vesta niedergelegt. Sie reichten sie
dreymal, und mit einer religiösen Ceremonie ein. Eine
so

---

12) Livius, L. 29. c. 16 — 21.
13) Tit. 14. Art. 5.

so weise Langsamkeit ist dem Angeschuldigten nicht anders
als vortheilhaft.   Ist eine Meynung unerschütterlich:
nun so wird sie, um mich so auszudrücken, um so
gewisser. Ist sie zweifelhaft: so lasse man der Ueberlegung Zeit, sie zu ändern oder zu bestätigen.   Eben so
war es auch bey den Hebräern, denn wenn da, wie ich
anderswo gesagt habe [14], die Untersuchung zu Ende
war: so entschieden die Richter; aber auch diese Entscheidung war noch nicht unwiderruflich.   Sie kehrten nach
Hause zurück, wo ihnen der Wein untersagt, und Mäßig-
keit im Essen anbefohlen war, versammelten sich da zu
zwey und zwey, untersuchten das Verbrechen noch einmal
besonders, und brachten so durch gegenseitige Prüfung und durch Nachdenken, das sie den ganzen Tag
fortsetzten, den gefaßten Entschluß zur Reife.   Kamen
sie nun hernach wieder in den Gerichtshof, so bestätigten
oder veränderten sie ihren ersten Ausspruch.   Doch hatten sie nicht alle das Recht, ihre Meynung nach Gefallen
zu ändern.   Wer sich den einen Tag wider den Angeschuldigten erklärt hatte, konnte den Tag darauf zu seinem Vortheile stimmen; wer aber gestern zu seiner Lossprechung geneigt gewesen war, durfte ihn heute nicht
verurtheilen; ein weiser Unterschied, den ich als eine
Wohlthat des Gesetzes gegen die Menschheit betrachte.

Wenn in Athen das Volk ein Todesurtheil gesprochen
hatte, so untersuchte der Areopagus das Verfahren, und
verlangte die Revision desselben, im Fall es ihm ungerecht schien [15]. Diese heilsame Einrichtung machte dem

Solon

---

14) Moïse, consideré comme legislateur et comme moraliste, chap. 5. Art. 1. p. 349. s.
15) S. Demosthenes de corona, und Plutarch im Leben
des Phocion.

Ehre. In Frankreich haben wir noch einige; aber nur leichte Spuren davon erhalten, und die Schnelligkeit, womit die Vollstreckung des Urtels geschieht, entzieht allezeit gerade dem diese Begünstigung des Gesetzes, der daraus den gröſten Vortheil hätte ziehen können, dem Unglücklichen, der zum Tode verdammt ist.

Ich will hier noch einige Bemerkungen über den Titel der Criminalverordnung von den Gerichten hinzusetzen. Der zweyte Artikel kann nicht bleiben. Er will, daß man zur Instruction und zur Entscheidung der Criminalprocesse fortschreite, ohne auf Appellationen zu achten, selbst wegen der Incompetenz und Recusation des Richters, nicht. Die Verordnung von Rouſſillon [16] traf eine weisere Verfügung, und Lamoignon, der sich auf sie berief, sagte mit Recht [17]: „Wenn gegen die Incompetenz eines Richters eine Appellation eingewendet worden ist, so muß die Untersuchung ausgesetzt bleiben; denn nichts kann die Hände des Richters so sehr binden, als wenn es ihm an rechtlicher Gewalt fehlt; und es ist weniger unbequem, die Untersuchung auszusetzen, wofern der Angeschuldigte sich noch in Verhaft befindet, als sie von einem incompetenten Richter formiren zu laſſen.“ Puſſort antwortete, daß die Untersuchung allezeit privilegirt sey, und daß über dem Aufschube derselben die Beweismittel ihre Kraft verlören. Die Untersuchung privilegirt nennen, heiſt mit andern Worten, behaupten, eine Beschwerde oder eine Anklage müſſe mehr begünstigt werden, als die Vertheidigung und Rechtfertigung des Angeschuldigten. Doch, solche Grundsätze braucht man heut zu Tage

nicht

16) Art. 18.
17) Projekt der Criminalverordnung von 1670.

J

nicht mehr zu bekämpfen. Behaupten, daß die Beweismittel durch Aufschub ihre Kraft verlören, heißt einen
schimmernden Gedanken aufstellen, dessen Irriges man
bey näherer Beleuchtung bald erweisen kann.   In der
That fällt Alles zusammen, sobald die Procedur vor einem incompetenten Richter angestellt ist.   Ist diese
null, so zieht sie die Vernichtung des Beweises, den der
Richter erhalten wollte, nach sich; und die langwierig-
keit einer ganzen Untersuchung, die man unnützerweise
endigt, um bald hernach eine andre dafür anzufangen,
muß zur Schwächung der Beweismittel viel mehr beytragen, als wenn man zur rechten Zeit eine neue Untersuchung angefangen hätte.

In allen Ländern, in welchen die Gesetzgeber be-
dachten, daß der Angeschuldigte Mensch und Bürger sey,
erlaubten sie ihm, einen Theil seiner Richter zu verwerfen,
oft selbst, ohne daß er die Gründe davon anzugeben
brauchte.   Es ist bekannt, daß diese Gewohnheit, wodurch Unschuld und öffentliche Freyheit in Schutz genommen werden, eine der größten Wohlthaten gegen die
Menschheit in den englischen Gesetzen ist [18]).   Sie
galt schon in Rom. Auf das bloße Begehren des Angeschuldigten mußte der Prätor andre Richter verstatten,
ohne nach der Ursache zu fragen [19]).   Unsre Criminalverordnung gedenkt der Verwerfung der Richter nicht
einmal. Zwar hat die Civilproceßordnung einige Regeln
darüber vestgesetzt [20]); aber sie gestattet keine andern
Gründe, einen Richter zu verwerfen, als Verwandschaft,

Inter-

---

18) S. Blackstone cap. 27.   Das Gesetz gestattet ihm diese
    willführliche Verwerfung in favorem vitae.
19) S. Sigonius a. a. O. B. 2. Kap. 27.
20) Tit. 34. Art. 2. s.

Intereſſe oder Feindſchaft, und die Menge der dabey vorgeſchriebenen Formalitäten macht dieß dem Angeſchuldigten weniger günſtig, als eine neue Unterſuchung, welche ſeine Rechtfertigung verzögert.

Ein andrer Artikel lautet ſo: „Ueber keinen Pro-„ceß ſoll Nachmittags gerichtet werden, — ſobald das „Urtheil natürlichen oder bürgerlichen Tod, Galeeren-„ſtrafe, oder Verweiſung auf gewiſſe Zeit, bringt. Doch „wollen wir in den Gewohnheiten unſerer Parlamenter „keine Neuerungen machen [21].“   Dieſes Verbot, daß in peinlichen Gerichten des Nachmittags nicht geſprochen werden ſoll, iſt ſo natürlich und weiſe, daß wir es faſt bey jedem Volke antreffen; doch iſt jener Artikel nicht allgemein genug.   Er ſollte ſich auch auf die infamirenden Strafen erſtrecken, und die höchſten Tribunale nicht ausnehmen, deren Entſcheidung das Schickſal des Angeſchuldigten unwiderruflich beſtimmt.

Das Decret der Nationalverſammlung iſt einigen andern Einwürfen gegen die Form unſrer Gerichte begegnet.   Es befiehlt, die Gründe der Verurtheilung beyzufügen; um auf eine Leibes- oder infamirende Strafe zu erkennen, erfordert es zwey Drittheile der Stimmen, zur Verurtheilung zum Tode aber vier Fünftheile [22].

Dieſe Abänderung iſt, in Vergleich mit dem vorherigen Geſetze, ſchon eine große Wohlthat.   Allein, wenn bey jedem Verbrechen gleiche Gewißheit, daß es begangen worden, und daß es von dem Angeſchuldigten begangen worden ſey, ſtatt finden muß; ſo wird man vielleicht jene

J 2   Ver-

---

[21] Tit. 25. Art. 9.
[22] Art. 22 und 25. des Decrets vom 8. und 9. Oct. 1789.

Verschiedenheit in der erforderlichen Anzahl der Stimmen kaum gut heißen können.   Allerdings sollten bey Todes-strafen die Stimmen so einig seyn, als möglich; aber warum nicht in allen Fällen auf Unanimität bestehen? Die Gesetze fodern, der Beweis solle klarer seyn als das Licht der Mittagssonne.   Findet diese Klarheit Statt, so lange noch einige Richter sie nicht einse-hen?   Man wird mir wohl nicht einwenden, daß es alsdann zu gar keiner Verurtheilung kommen würde. Das hieße das Beyspiel unserer Nachbarn ganz verges-sen, bey welchen Unanimität der Stimmen erforderlich ist, und gleichwohl Strafen häufig vorkommen.   Laßt uns doch nicht immer die Menschlichkeit als eine Feindin der Gerechtigkeit betrachten!

Pastoret

Pastoret

über die

Strafgesetze

Zweyter Theil

Pastoret
über die
Strafgesetze

Zweyter Theil

Meinem angekündigten Plane gemäß soll das zweyte Hauptstück dieses Werks der näheren Prüfung der verschiedenen Arten von Strafen gewidmet seyn. Daraus wird erhellen, welche von ihnen beyzubehalten und welche abzuschaffen sind.

Leben, Körper, Freyheit, Ehre und Vermögen sind, wie ich im fünften Kapitel des vorigen Hauptstücks sagte, die Gegenstände der Strafe [1]). Daher ist sie entweder Lebens- oder Leibes- oder afflictive [2]) oder infamirende oder Geldstrafe.

Noch giebt es einige andre Züchtigungen, die weniger aus dem Wesen der Sache selbst, als aus den Grundsätzen der Kirche und der Regierung, fließen, die kanonischen und die willführlichen Strafen. Auch von diesen werde ich sprechen. Den Anfang mache ich mit den Lebensstrafen.

1) S. oben 1. Th. 5. Kap. S. 50.
2) Was unter diesen der Autor verstehe S. oben S. 50.

Erstes

Erstes Kapitel

Von den Lebensstrafen

Wir kennen in Frankreich fünferley Arten der Lebensstrafe: das Feuer, das Rad, den Galgen,
das Schwert und die Viertheilung.

Es ist eine traurige Pflicht, so viele Gegenstände
abzuhandeln, deren bloser Nahme unwillführliches Schaudern erregt. Doch, der Wunsch der Vervollkommung
unsrer Gesetze, die Hofnung, etwas zur Aufhebung von
Strafen beyzutragen, die unsre gesetzliche Verfassung entehren, und eine heilige Ehrfurcht vor Gerechtigkeit und
Menschlichkeit werden meinen Muth aufrecht halten.
Ich bitte vorzüglich hier meine Leser und die Freunde
der Vernunft und Wahrheit um Nachsicht und thätige
Aufmerksamkeit.

Wir stoßen hier gleich anfangs auf eine wichtige
Frage: hat die Gesellschaft das Recht, ihren Mit-
gliedern das Leben zu nehmen, oder nicht? Und, wenn
sie es hat, wie weit erstreckt sich dieses fürchterliche
Recht?

Erster Abschnitt.

Von der Todesstrafe überhaupt.

Die Verschiedenheit der Meynungen über diese so
äußerst wichtige Frage ist ein Beweis, wie schwer es,
wenigstens dem Anscheine nach, sey, sie befriedigend zu
beantworten. Doch, ich will es versuchen. Ich will
auf

aufdie Grundprincipien zurück gehen, sie richtig und klar
zu bestimmen suchen, und von ihnen zu den Gesetzen
und Handlungen der Völker übergehen; vielleicht daß
es mir auf andern Wegen gelingt, Licht über diese Materie zu verbreiten. Nach diesem Maaßstabe will ich
die drey vorzüglichsten Meynungen prüfen, deren jede
wichtige Vertheidiger gefunden hat.

Einige wollen die Todesstrafe für alle Verbrechen
beybehalten wissen, auf welche sie bis jetzt gesetzt worden
ist; andre verwerfen sie in allen Fällen ohne Ausnahme;
noch andre behalten sie nur für den Todtschlag bey, und
setzen auf die andern Verbrechen gelindere Strafen.

Die erstern ziehen bey ihrem Urtheile blos die
Gewohnheit, alten Gesetzen zu gehorchen, auch die Ehrfurcht, die sie ihnen, eben dieses Alterthums wegen zu-
gestehen, und die Bequemlichkeit zu Rathe, die
es hat, Alles, was die Alten gethan haben, für weise,
Alles, was sie dachten, für gerecht, was sie anordneten
oder empfahlen, für heilsam zu halten. Sie glauben,
das Wohl des Staats hange von der Erhaltung der Gewohnheiten ihrer Vorältern ab, und meynen, die kleinen Nachtheile, welche daraus entspringen könnten, kä-
men gegen diesen wichtigen Grund gar nicht in Betracht.
Pedanius Secundus Präfectus oder Gouverneur von
Rom wurde von einem seiner Sklaven getödtet. Dem
Herkommen nach verloren in diesem Falle alle Sklaven,
welche sich zur Zeit der Ermordung im Hause ihres
Herrn befanden, das Leben. Man führt sie zum Tode.
Das Volk empört sich, und wirft sich zum Beschützer so
vieler Unschuldigen auf. Im Senat waren die Meynungen darüber getheilt; doch wollte der größere Theil
keine Neuerung. Cassius, der unter diesen letztern war,

J 5 ver-

verlangte, man solle dem alten Geseß gehorchen. Er be=
merkte, es sey zwar hart für die Sklaven, aber heil=
sam für das gemeine Wesen. Er schloß seine Rede
mit folgender Erklärung: „Jede große exemplarische
„Strafe ist mit einiger Ungerechtigkeit gegen ein=
„zelne Individuen verbunden *), die aber durch den Nußen
„für's Ganze aufgewogen wird ²).“ ·

Die Vertheidiger der zweyten Meynung werden
blos von Menschenliebe geleitet; aber ist wohl diese Liebe
hier auch am rechten Orte? Führt sie sie nicht etwa
über die Gränzen der Vernunft? Vergessen sie nicht
darüber den Schuß, welchen die guten Bürger wider die
Eingriffe der bösen zu fordern berechtigt sind, und zugleich
die öffentliche Sicherheit und Ruhe? Wie? Sie berufen
sich noch dazu auf das Wohl des Staats! Leopold
der zweyte sagt in seinem Criminalgeseßbuche für
Toskana: „Da wir erwogen haben, daß der End=
„zweck, der Strafen seyn müsse, den, dem Ganzen und

bem

---

a) Diesem in der Hölle erfundenen Grundsaße haben auch nicht
selten andre Geseßgeber und Staatsverwalter gemäß gehandelt.
Aber es ist bey Gott! eine Entehrung der Menschenvernunft
und der Natur, so zu schließen. Die Geseße der Gerechtig=
sind nicht zum Spiel und zur Puppe da. Auch werden sie
nie ungestraft verleßt. Früh oder spat rächt sich die verachtete
Gerechtigkeit durch die verderblichsten und unglückseligsten
Folgen, welche alle Kunststücke der Höllenpolitik nicht aufzu=
heben vermögen. Ich sage es hier laut, und ich werde es
sagen, so lange ein Odem in mir ist, Gerechtigkeit ist der
erste Grundpfeiler des Menschen= und Staatenwohls, und
der Regent und Geseßgeber der sie entehrt, macht sich gegen
Welt und Nachwelt verantwortlich.

Anm. des Herausg.

s) Habet aliquid ex iniquo omne magnum exemplum,
quod contra singulos vtilitate publica rependitur. Ta-
cit. Annal. XIV. 44.

„dem Einzelnen zugefügten Schaden zu ersetzen, den
„Schuldigen zu bessern, der noch immer ein Sohn der
„Gesellschaft und des Staats ist, an dessen Besserung
„man niemals verzweifeln muß; sich zu versichern, daß
„auch den schwersten Verbrechern die Gelegenheit benom-
„men werde, neue Verbrechen zu begehen, und end-
„lich ein öffentliches Beyspiel aufzustellen: — so
„haben wir uns entschlossen, die Todesstrafe eines jeden
„Missethäters, was für einer es immer seyn mag, er
„sey anwesend oder contumacirt, wenn er auch eines
„Verbrechens, auf welches die bisher gegebenen Gesetze
„den Tod gesetzt hätten, überführt worden wäre, ab-
„zuschaffen, wie wir sie dann für immer durch das gegen-
„wärtige Gesetz abschaffen 3)." Die Kaiserin Elisa-
beth von Rußland, schwur bey Besteigung des Thro-
nes, Niemanden am Leben zu strafen, und sie hielt ihren
Schwur.   Peter der dritte schonte nicht weniger
das Blut seiner Unterthanen.   Die jetzige Beherrscherin
jenes ungeheuern Reichs macht nur selten von Todesstrafen Gebrauch und schränkt ihn nur auf Hochverrath
ein.

Auch Friedrich der zweyte machte nur selten
von der Todesstrafe Gebrauch; doch allezeit beym Todtschlag b); und dieß ist die dritte Meynung.   Die
Vertheidiger dieser Meynung scheint das nämliche Gefühl
der Menschlichkeit zu beselen; aber durch kalte Vernunft
geleitet zu seyn.   Aber sollte diese kalte Vernunft das
natür-

---

3) §. 51.

b) Desto häufiger aber bey Verbrechen der Soldaten, die er
zu Dutzenden hängen und rädern ließ, sobald von Komplott
zur Desertion u. s. w. die Rede war.
                                    Anm. des Herausg.

natürliche Gefühl nicht zu sehr ersticken? Sollten nicht
auch hier die Vertheidiger der Todesstrafen, ohne es selbst
zu wissen, von alten barbarischen Vorurtheilen beherrscht
worden seyn? Kann man endlich der Menschlichkeit
etwas abdingen? Uebrigens führt auch diese Parthey
so wie die andern beyden, das gemeine Wohl als
Grund ihrer Behauptung an. „Das Leben des
„Bürgers ist in Gefahr, wenn man es dem Schul-
„digen nicht nimmt."

Bey einer Frage von minderer Wichtigkeit würde
ich die Verschiedenheit der Meynungen und der Principien blos im Allgemeinen angegeben haben, aber diese
muß ich ihrer ganzen Länge nach entwickeln. Ich werde
mir nicht einmal eine nur flüchtige Darstellung der
Gründe erlauben, weil dadurch vielleicht wider meinen
Willen, die Gründe der verschiedenen Systeme geschwächt werden könnten. Da die erste Meynung jetzt
beynahe ganz aufgegeben worden ist, so werde ich nur
vorzüglich die beyden letzteren untersuchen. Vor allen
Dingen wollen wir Montesquieus, Rousseaus,
Beccarias und Mablys Meynung hören, so
wie das Urtheil des Ritters Filangieri 4), dieses
ausgezeichneten Denkers, welchen seine Apologisten den
Montesquieu Italiens nennen, und den der Tod den
Wissenschaften, der Vernunft und der Menschheit zu früh
entrissen hat.

Zweyter Abschnitt.
Montesquieus Meynung.

Montesquieu läßt seine Gedanken über die Todesstrafen mehr errathen, als daß er sie deutlich auseinander

gesetzt

4) In seiner Scienza della Legislazione.

gesetzt hätte. Demungeachtet liest man die Ideen eines
großen Mannes gern, dessen Stimme so lange Zeit
als Beweis gegolten hat.

„Ein Bürger, sagt er [5], verdient den Tod, wenn
er die Sicherheit so weit verletzte, daß er einem Menschen
das Leben geraubt hat, oder hat rauben wollen. Die
Todesstrafe gleicht einem Arzeneymittel für die erkrankte
Gesellschaft. Ist die Sicherheit nur in Rücksicht auf
Eigenthum verletzt, so können zwar für die Todesstrafe
Gründe Statt finden, aber es wäre vielleicht besser und
der Natur der Sache angemessener, Verbrechen gegen
das Eigenthum durch Verlust am Eigenthume zu strafen,
und dieß würde möglich seyn, wenn die Güter gemeinschaft=
lich oder gleich vertheilt wären. Allein, da es im Staate
Menschen giebt, die kein Vermögen haben, und da ge=
rade diese sich an anderer Eigenthume am leichtesten ver=
greifen, so war es nöthig, daß in diesem Falle die kör=
perliche Strafe an die Stelle der Geldstrafe trat."

„Alles, was ich sage, setzt Montesquieu zu Ende des
Kapitels, aus welchem diese Stelle genommen ist, hin=
zu, fließt aus der Natur der Sache und ist der Freyheit
des Bürgers höchstgünstig."

Ueberhaupt hat Niemand wider die Strenge der Stra=
fen so laut seine Stimme erhoben, als Montesquieu.
Man muß, sagt er, um die Menschen gehörig zu leiten, sich
nicht immer des höchsten, sondern stets gerade nur desje=
nigen Grades der Härte bedienen, der vermöge der Na=
tur der Sache unentbehrlich ist.

Dritter

_____

[5] Esprit des Loix Livre VI. Ch. XII.

Dritter Abschnitt.

Rousseau's Meynung [6].

„Man fragt, wie die Glieder der Gesellschaft, die doch kein Recht haben, über ihr Leben zu disponiren, dem Souverain ein Recht übertragen können, das sie selbst nicht haben? Diese Frage scheint blos deshalb schwer zu beantworten, weil sie falsch gestellt ist. Jeder Mensch hat das Recht, sein eignes Leben zu wagen, um es zu erhalten. Kann man wohl den, der, um einer Feuersbrunst zu entgehen, sich zu einem Fenster herabstürzte, einen Selbstmörder nennen? Oder hat man dies Verbrechen je dem beygemessen, der in einem Sturme umkam, dessen Gefahr er beym Einschiffen nicht voraussah?"

„Der Zweck des gesellschaftlichen Vertrags ist die Erhaltung der Contrahenten. Wer den Endzweck will, will auch die Mittel, und diese Mittel sind von manchen Gefahren, ja selbst von manchem Verluste unzertrennlich. Wer auf Kosten Anderer sein Leben erhalten will, muß es auch, nöthigen Falls, für sie aufopfern. Daher darf der Bürger nicht mehr selbst über die Gefahr richten, welcher das Gesetz ihn ausgesetzt wissen will; und wenn der Fürst ihm gesagt hat: es ist dem Staate vortheilhaft, daß du sterbest, so muß er sterben; denn nur unter dieser Bedingung hat er bis dahin in Sicherheit gelebt, und sein Leben war nicht blos eine wohlthätige Gabe der Natur, sondern ein bedingtes Geschenk des Staats."

„Die

6) Contrat social. Livr. II. Ch. V.

„Die Todesstrafe, womit man Verbrecher belegt,
kann beynahe aus gleichem Gesichtspunkt angesehen werden. Um nicht das Opfer eines Mörders zu werden,
willigt man ein, zu sterben, wenn man selbst einen Todtschlag verübt. Statt durch diesen Vertrag über sein
eignes Leben zu disponiren, hat man vielmehr nur
dasselbe zu sichern gesucht, und es ist nicht vorauszusetzen, daß einer der Contrahenten bey Schließung des
Vertrags die Absicht habe, sich hängen zu lassen."

„Ueberdieß wird auch jeder Uebelthäter, der das
Recht der Gesellschaft angreift, durch seine Missethaten
ein Rebell und Verräther seines Vaterlandes. Er hört
auf, Mitglied derselben zu seyn, indem er ihre Gesetze
übertritt; ja er kündigt ihr selbst den Krieg an. In
diesem Falle kann die Erhaltung des Staats mit der
seinigen nicht vereinigt werden, einer von beyden muß
das Opfer seyn, und wenn der Schuldige sterben muß,
so stirbt er nicht als Bürger, sondern als Feind.
Der ganze Proceß, sammt den Urthel, enthält den Beweis
und die Erklärung, daß er den gesellschaftlichen Vertrag
gebrochen habe, und also aufhöre, Mitglied des Staats
zu seyn. Da er sich nun schon durch seinen Aufenthalt dafür erklärte, so muß er aus der Gesellschaft entweder als
Verletzer des Vertrags durch Verweisung, oder durch
den Tod entfernt werden. Denn ein solcher Feind ist
nicht mehr als eine moralische Person anzusehen, sondern
als ein Mensch, und dann bringt es das Recht des Kriegs
mit sich, den Ueberwundnen zu tödten."

Vierter

Vierter Abschnitt.

Beccaria's Meynung 7).

„Worauf gründet sich denn das Recht, welches sich die Menschen anmaßen, ihres Gleichen zu würgen? Gewiß nicht auf das Recht, woraus die oberste Gewalt und die Gesetze entspringen. Sie stellen den allgemeinen Willen vor, und sind das Resultat des vereinigten Willens aller einzelnen Mitglieder. Ist aber wohl ein einziger Mensch zu denken, der andern Menschen das Recht einräumen würde, ihm das Leben zu nehmen? Kann man wohl voraussetzen, daß unter dem möglichst geringen Theile der Freyheit, den jeder aufopfern wollte, die Aufopferung des größten Gutes, des Lebens begriffen sey? Gesetzt aber, es wäre dem also, wie verträgt sich dann dieser Grundsatz mit dem andern, daß der Mensch kein Recht habe, sich selbst zu tödten, welches er doch haben müßte, wenn er es andern, oder der ganzen Gesellschaft sollte abtreten dürfen?"

„Die Lebensstrafe ist also kein Recht, und kann auch, wie ich erwiesen habe, keines seyn; sondern sie ist ein Krieg, welchen das ganze Volk mit einem einzelnen Bürger führt, dessen Vertilgung es für nützlich und nothwendig hält. Wie aber, wenn ich beweise, daß die Hinrichtung eines Bürgers weder nützlich, noch nothwendig sey? Nun, dann werde ich meine Sache zum Besten der Menschlichkeit gewonnen haben."

„Nur aus zwey Ursachen kann man den Tod eines Bürgers für nöthig halten. In jenen unruhigen Zeiten, wo

---

7) Von Verbrechen und Strafen 1. Th. S. 73. der Ueberf. u. d. 2. Ausz.

wo die Nation auf den Puncte steht, frey zu werden oder
ihre Freyheit auf immer zu verlieren, in Zeiten der Anarchie, wo die Gesetze schweigen, und statt derselben Verwirrung und Unordnung herrscht. Wenn dann ein Bürger, ungeachtet der Beraubung seiner Freyheit, immer
noch so viel Anhang und Ansehen hat, um auch dann
noch die Sicherheit des Volks in Gefahr setzen zu können,
oder wenn die Fortdauer seines Daseyns eine gefährliche
Abänderung in der Regierungsform veranlassen könnte;
dann ist der Tod eines solchen Bürgers allerdings nothwendig.   Allein, unter der ruhigen Herrschaft der Gesetze sehe ich keine Nothwendigkeit ein, das Da-
seyn eines Bürgers zu vernichten, ausgenommen, wenn
sein Tod das wahre und einzige Mittel wäre, Andere von
Verbrechen abzuhalten; und dieß ist der z w e y t e Fall,
wo man die Todesstrafe für gerecht und nothwendig halten kann. "

„Sollten uns aber, was das letztere betrifft, die Erfahrungen so vieler Menschenalter nicht sattsam beweisen,
daß die Todesstrafe entschlossenen Bösewichtern nie hin-
derlich gewesen sey, der Gesellschaft zu schaden? — Die
Strafe macht nicht durch ihre Härte, sondern durch ihre
D a u e r, den stärksten Eindruck auf den Menschen, weil
unsre Sinnen leichter und anhaltender durch wiederhohlte
Eindrücke gerührt werden, als durch starke, aber schnell
vorübergehende. Die Herrschaft der Gewohnheit erstreckt
sich auf jedes sinnliche Wesen, und eben so, wie der Mensch
sich zum Reden, zum Gehen und zur Befriedigung seiner
Bedürfnisse gewöhnt hat, eben so werden auch moralische Empfindungen nicht anders, als durch oft wiederhohlte Empfindungen und Eindrücke der Seele, zur Gewohnheit. Der zweckmäßigste Zaum, den man also dem

K   Ver-

Verbrecher anlegen kann, ist nicht das schreckende, aber vorübergehende Schauspiel des Todes eines Bösewichts, sondern der fortdauernde Anblick eines der Freyheit auf lebenslang beraubten, gleichsam in ein Lastthier verwandelten Menschen, der durch seine ermüdende Arbeit die von ihm verletzte Gesellschaft entschädigt. — Die Bestrafung eines Verbrechers muß mehr Schrecken, als Mitleiden einflößen. Der Gesetzgeber muß der Härte der Strafen Gränzen setzen, weil das Mitleid in den Seelen der Zuschauer die Oberhand behält, sobald sie solche mehr für ein dem Missethäter widerfahrnes Uebel, als für ein um ihrer selbst willen aufgestelltes Beyspiel der Abschreckung halten."

„Jede Strafe ist nur in so fern gerecht, als sie den Grad der Schärfe nicht überschreitet, der gerade hinreichend ist, die Menschen von Verbrechen abzuschrecken. Immerwährende Knechtschaft ist eben so sehr und noch mehr im Stande, auch den frechsten Bösewicht von Missethaten abzuhalten. Sehr viele Menschen sehen dem Tode mit stillem und ruhigem Blick entgegen; Schwärmerey macht oft ihn reizend; Eitelkeit, welche den Menschen bis ins Grab zu begleiten pflegt, mindert seine Schrecken; Verzweiflung lehrt ihn verachten. Allein, der Fanatismus verschwindet unter Ketten, Banden und Schlägen, oder im eisernen Käfig. Hier zerstreuen sich die Nebel der Eitelkeit; und der Ausbruch der Verzweiflung, der dem Verbrecher das Ende seiner Leiden wünschenswerth machte, dient blos dazu, um das Elend recht anschaulich zu machen, dem er entgegen geht."

„Unsre Seele widersteht den heftigen, aber bald vorübergehenden Schmerzen weit leichter, als dauernden und langwierigen Leiden — Wollte man sagen, daß ewige Knecht-

Knechtschaft eben so schmerzhaft, als der Tod, und folglich eben so grausam sey, so antworte ich, daß, wenn man alle unglückliche Augenblicke der Knechtschaft zusammen rechnet, sie vielleicht noch schlimmer ist. Denn sie erstreckt sich über die ganze Lebenszeit. Die Strafe der Sklaverey hat den Vortheil, daß sie dem, der sie sieht, weit schrecklicher vorkommt, als sie den Leidenden wirklich schmerzt; jener betrachtet die ganze Summe der unglücklichen Augenblicke, und dieser kann wegen der Unseeligkeit der gegenwärtigen Augenblicke an die zukünftigen nicht denken [d]). Alle Uebel werden durch die Stärke der Einbildungskraft vergrößert, und ein Leidender findet Lindrungsmittel und Trostgründe, welche die Zuschauer weder einsehen noch glauben können, weil sie der durch Gewohnheit abgehärteten Seele des Leidenden dieselbe Empfindlichkeit zutrauen, die sie selbst haben. " —

„Welche schreckliche Aussicht, eine lange Reihe von Jahren, oder wohl gar seine ganze Lebenszeit in der Sklaverey zuzubringen, und zwar im Angesicht seiner Mitbürger, von eben den Gesetzen, deren Schutz er genossen hat, zur Knechtschaft verdammt, ein Schimpf und ein Abscheu aller derer, mit denen er sonst gleiche Rechte genoß! Wie nützlich ist die Vergleichung aller dieser Uebel mit dem ungewissen Ausgange seiner Verbrechen, und mit der kurzen Dauer des Genusses der Früchte desselben. Das immerwährende Beyspiel derer, die Opfer ihres Leichtsinns geworden sind, macht auf ihn einen viel stärkern Eindruck, als der Anblick einer seltner vorfal-

K 2 lenden

_____

d) Das ist wohl nicht ganz richtig. Die Vorstellung: diese Leiden werden nie aufhören, muß für den Verbrecher schrecklicher seyn, als das Leiden selbst. Anm. des Herausg.

lenden Todesstrafe, deren Anblick die Seele mehr verhär= tet, als sie zur Besserung dient. "

„Die Todesstrafe ist ferner auch schädlich, weil sie den Menschen ein Beyspiel der Grausamkeit giebt. — Es scheint mir ungereimt, daß die Gesetze, welche die Herolde des Willens eines ganzen Volks sind, und den Menschenmord als das gröste Verbrechen bestrafen, selbst Menschenmord begehn, und sogar einen öffentlichen Tod= schlag anbefehlen, um die Bürger vom Blutvergießen abzuhalten. Nur die Gesetze sind von entschiedner Nütz= barkeit, die jeder Einzelne zu der Zeit, da die Stimme seines Privatvortheils schweigt, oder mit dem gemeinen Interesse übereinstimmt, vorschlagen und vestsetzen würde. Welches sind aber wohl die natürlichsten und allgemein= sten Empfindungen des Menschen in Ansehung der Todes= strafen? Man kann auf dieselben sehr leicht aus dem Widerwillen und der Verachtung schließen, mit der jeder Mensch den Henker ansieht, der doch ein unschuldiger Vollzieher des öffentlichen Willens, ein guter Bürger, der zum gemeinen Besten das Seinige beyträgt, und ein eben so nothwendiges Werkzeug der innern Sicherheit zur Zeit des Friedens, als der Krieger ist, der den Staat wider äusere Gewalt vertheidigt. "

„Die Geschichte der Menschheit zeigt uns ein grän= zenloses Meer von Irrthümern, auf dem hie und da et= liche wenige halb bekannte Wahrheiten umherschwimmen. Man setze mir also ja nicht das Beyspiel aller Zeiten und aller Völker entgegen, welche stets einige Verbrechen mit der Todesstrafe belegt haben; weder Beyspiel, noch Verjäh= rung vermag etwas über ihre Rechte der Menschheit! Wollten wir wohl die gräuliche Gewohnheit der Menschen=
opfer

opfer vertheidigen, weil Menschenblut die Altäre der meisten Nationen befleckte?"

„Daß nur einige wenige Völker, und vielleicht nur auf kurze Zeit, sich der Todesstrafe enthalten haben, dient vielmehr zu Bestärkung meiner Lehre. Denn große Wahrheiten haben ein für allemal das traurige Schicksal, daß sie in Vergleich mit der langen und finstern Nacht, welche das menschliche Geschlecht umhüllt, in Ansehung ihrer Dauer gleichsam ein vorübergehender Blitz sind. Noch ist er nicht gekommen jener glückliche Zeitpunct, wo die verblendeten Augen der Nationen sich dem Lichte der Wahrheit öffnen werden. Nur die Wahrheiten, welche die unendliche Weisheit durch Offenbarung uns mittheilen wollte, sind von diesem allgemeinen Gesetze ausgenommen."

Fünfter Abschnitt.
Mably's Meinung [8]).

„Wenn gleich die Gesetze niemals zu gelinde seyn können, so muß man sich doch hüten, alle Todesstrafen zu verbannen. Wenn das verderbte Herz des Menschen sich den größten Ausschweifungen überläßt, wenn die Politik alle Mittel, ihn zu bessern, ohne Erfolg erschöpft hat, ist es dann nicht vernünftig, ihn durch Schrecken vom Laster abzuhalten, und müssen ihm dann die Gesetze nicht einen stärkern Zaum anlegen? Man glaube ja nicht, daß ein Recht dazu erfodert wurde, über unser Leben zu schalten, um das Schwert in die Hände des Gesetzgebers zu überliefern. Nein! um unser Leben gegen die

K 3 offen-

[8] Principes des Loix, L. III. ch. 4.

offenbaren oder heimlichen Angriffe eines Mörders zu schützen, verlangten wir jene blutigen, empörenden Gesetze. Im Stande der Natur hab ich das Recht, den zu tödten, der mein Leben in Gefahr setzt, und dieses Recht habe ich beym Eintritt in die Gesellschaft der Obrigkeit übertragen; und warum sollte sie sich dessen nicht bedienen? Die Bürger haben dem Gesetzgeber kein Recht übertragen, mit ihrem Leben nach Belieben zu spielen; das wäre widersinnig und ungültig gewesen: aber sie verlangten, daß der Gesetzgeber über ihre Sicherheit wachen, und mit dem Schwerd in der Hand die ihnen drohenden Gefahren abwenden, oder sie gegen verderbliche Feinde von innen vertheidigen solle. "

„Die Nothwendigkeit, in der sich ein Staat befindet, seine Stärke einem äussern Feinde entgegen zusetzen, hält man gewöhnlich für einen sichern Beweis, daß er hierzu ein Recht habe. Aus diesem nämlichen Grunde, dem man, meines Erachtens, nichts Gründliches entgegenzusetzen hat, kann ich beweisen, daß die Gesetze in manchen Fällen Todesstrafen androhen müssen. Ich behaupte, daß, wenn Menschen fähig sind, einen übedachten, beabsichtigten Todtschlag, Vergiftung und Meuchelmord zu begehen, der Gesetzgeber sie zum Tode verurtheilen müsse. Alles ruft mir zu, daß keine Ordnung, kein Gesetz, keine Sicherheit, kein noch so geheiligtes Recht dem Menschen mehr heilig seyn werde, wenn das Schicksal eines tugendhaften Bürgers schlimmer ist, als das eines Mörders; und dieser Fall würde eintreten, wenn ich das erste, größte und unersetzlichste Gut verlöre, und mein Mörder sein Leben behielte. Alles überzeugt mich, daß die Gesetze wider den Todschlag unnütz seyn würden, wenn man den Mörder nicht zum Tode verur-

verurtheilte.   Ohne ein solches Geseß könnte der Feige
seinen Haß oder seine Rachgier sättigen, indem er, wenn
ich mich des Ausdrucks bedienen darf, ein sehr ungleiches
Spiel gegen den Bürger spielen würde, den er zu tödten
sich vorgenommen hat; jener setzte nur seine Freyheit,
dieser sein Leben aufs Spiel."

„Ich weis, was einige Philosophen sagen, welche
die Todesstrafen verbannt wünschen. — Wenn den
Unglücklichen, der zum ewigen Gefängnisse verurtheilt ist,
die Empfindungen der Furcht, des Schreckens, und der
Verzweiflung, die ihn in dem Augenblicke bestürmen,
wo er seinem Kerker übergeben wird, sein ganzes Leben
hindurch nicht verließen: so wäre diese Strafe härter
ter, als der Tod; aber in diesem Falle müßte man ihn
nicht aus Menschenliebe von der Last des Lebens befreyen.
Wir wollen uns nicht täuschen. Das Leben ist dem Menschen immer das größte Gut; und die Furcht vor dem
Tode vermehrt so gewiß das Schrecken und das Elend
des Kerkers, daß jeder Bösewicht, den man zum Galgen
führt, das härteste Gefängniß, die mühseligsten Arbeiten, als Wohlthat betrachten würde.   Der Mörder
glaubt seinem Feinde das größte Uebel zuzufügen, indem
er ihm das Leben nimmt, folglich hält er den Tod für
das größte Uebel; eben darum muß den Ausschweifungen
seines Hasses und seiner Rachgier durch die Furcht vor dem
Tode Einhalt gethan werden."

„Man spricht sehr viel von den schweren Arbeiten,
die man an die Stelle der Todesstrafen setzen will. Allein,
würde man nicht in Verlegenheit kommen, wenn ich auf
eine nähere Erörterung dieses Vorschlags dränge? Sind
diese Arbeiten, so hart sie auch immer seyn mögen, nicht
überall auf Erden das beschiedne Loos der Armuth? Und

warum wollt ihr denn, daß der Verbrecher und der
Arme gleiches Schicksal haben sollen? Ferner, könnt
ihr wohl hoffen, daß sie in den Arbeiten, die ihr ihnen
auflegen wollt, nicht läßig werden d). Wo findet ihr
Stockmeister und Büttel genug, um dieß zu verhüten?
Und wird das Mitleid nie in die Seelen dieser Menschen
bringen, werden sie uneigennützig genug denken, um eine
Nachsicht nie zu verkaufen, die die Absicht des Gesetzes
entkräften würde? Endlich kenne ich auch die Stärke
der Gewohnheit. Der Mensch gewöhnt sich an Alles.
Vielleicht, daß gar diese Verbrecher, deren elendes Leben
eurer Absicht nach den übrigen ein fürchterliches Beyspiel geben soll, mitten in ihrem Elende munter und
glücklich scheinen dürften. Ich setze nur noch ein Wort
hinzu. Wird keiner von den Missethätern, die ihr zu
lebenswieriger Sklaverey verurtheilt, seine Ketten zerbrechen, keiner durch die Flucht sich wieder in Freyheit
setzen? Entfliehen aber nur einige der Strafe, so begehen hundert andre Buben in gleicher Zuversicht das
Verbrechen; denn nichts bemächtigt sich leichter des
menschlichen Herzens, als Hofnung. "

   „Der Tod, sagt man, ist nur ein Augenblick.
Der Verbrecher weiß, daß er ihm nicht entgehen kann,
er wird mit diesem Gedanken vertrauter, das Schreckliche desselben vermindert sich durch die Gewohnheit;

                                                    das

---

d) Bey dieser Stelle muß ich bemerken, daß es nur ein Mittel giebt, den Verbrecher zur anhaltenden Arbeit zu gewöhnen, nämlich die Anstalten, daß man seine Arbeit zu Geld
   anschlage, und seine Nahrung ihm nach dem Maaße
   reiche, nach welchem er sie selbst verdient hat. Ein Mehreres davon unten.   Anm. d. Herausg.

das Beschimpfende der Todesart macht keinen Eindruck auf ihn, denn sein ganzes Leben war ja mit Schande gebrandmarkt.   Weit stärker würde die Furcht vor einem Orte auf ihn würken, wo er nichts, als Kerker, Ketten und lebenslange Arbeit erblickte. —— Die Hinrichtung eines Missethäters ist für den größten Theil der Menschen ein Schauspiel, das keinen tiefen Eindruck in ihrer Seele zurück läßt.   Man erblickt nur einen Gegenstand des Mitleids oder des Abscheus.   Man fühlt jenes heilsame Schrecken nicht, welches die fortdauernde Strafe eines Menschen erweckt, der zur härtesten Knechtschaft verurtheilt ist.   Auserdem dient diese Methode andern zum steten Beyspiel, jene hingegen gewährt nur eine vorübergehende Warnung. "

"Der Tod ist nur ein Augenblick, das geb' ich zu, aber ein über Alles entscheidender Augenblick. Er endigt die Zeit und eröfnet die Pforten der Ewigkeit. Die menschliche Natur schaudert vor ihm zurück.   Es wird dem Verbrecher nicht so leicht, als ihr euch einbildet, sich an den Gedanken des Todes zu gewöhnen, den er stets vor Augen hat. Denn jeder Unglückliche, der zum Hochgericht geführt wird, zittert und bebt; nur wenige gehen demselben mit Standhaftigkeit entgegen, und dann ist ihr Muth selbst doch nichts als Verzweiflung. Doch dem sey, wie ihm wolle.   Es kömmt weniger darauf an, den Schuldigen zu strafen, als die Andern von einem gleichen Verbrechen abzuschrecken. Wem sollte die öffentliche Hinrichtung eines Wesens seiner Gattung nicht mehr erschüttern, als die Besuchung der Gefängnisse und Galeeren, wenn auch da das Bild des Schmerzes und des Elends immer gegenwärtig wäre? "

„Man erblickt, sagt ihr, in dem zum Tode verurtheilten Verbrecher nur einen Gegenstand des Mitleids
oder des Abscheues. Wenn dieses wahr ist, so seyd versichert, daß eure peinlichen Gesetze, ungerecht, zweckwidrig und unmenschlich sind. Darum, weil sie die
Schwachheit eines Augenblicks wie ein Verbrechen bestrafen, darum, weil sie einen Diener, der seinen Herrn
bestahl, wie den Mörder, zum Tode verurtheilen, darum
weil ihr durch Verurtheilung eines Schuldigen, der sich
bessern könnte, und dessen Verbrechen nur von anfangen-
der Verderbtheit zeugt, die Vernunft beleidigt. —
Glaubt nicht, daß häufige Todesstrafen nöthig sind, um
die Leidenschaften im Zaum zu halten, und den vom
Gesetzgeber beabsichtigten Zweck zu erreichen. Wenn
die Verbrechen, welche den Tod verdienen, selten sind,
so ist auch die Häufung der Strafen, um sie zu verhindern, unnöthig; und diese Seltenheit ist der stärkste
Beweis von der Weisheit der Gesetze.“

„Nur zwey Arten von Verbrechern verdienen den
Tod; der Meuchelmörder und der Verräther des Vaterlandes; er habe nun eine willkührliche Gewalt einführ-
ren, oder den Staat einer auswärtigen Macht unterwerfen wollen.“

„Ich setze noch dieses hinzu, daß auch die leichteste
Todesstrafe die grausamste Strafe ist, die ein weiser
Gesetzgeber festsetzen kan. Er ist Vater des Vaterlandes; als Vater wird er also strafen, und zwar nur sehr
ungern. Welcher fürchterliche Gebrauch dieser Macht,
Martern auszusinnen! Statt sich blos dem Unwillen
zu überlassen, welchen das Verbrechen in jedem Redlichen
erregt, wird er das köstlichste Gefühl der Menschlichkeit
ehren, das die Natur in unser Herz gepflanzt hat.“

Sechster

Sechster Abschnitt.

Filangieris Meynung 9).

„Niemand, heißt es, kann etwas geben, was er nicht hat; nun hat aber der Mensch nicht das Recht, sich das Leben zu nehmen: folglich hat auch der Regent, der nichts anders ist, als der Depositair der von jedem Einzelnen dem ganzen Staatskörper übergebenen Rechte, keinesweges das Recht, jemanden am Leben zu strafen.“

„Hier ist der Trugschluß, der so viele Lehrer des Staatsrechts betrogen hat, und der, wenn er herrschend würde, auf alle andere Arten von Strafen sich ausdehnen ließe, deren sich die ausübende Gewalt im Staate zur Verhütung der Verbrechen bedient. Mit eben dem Rechte könnten wir behaupten, daß die Verurtheilung zu den Galeeren und in die Bergwerke; daß die Ehrlosmachung, daß ewiges Gefängniß Strafen wären, welche die höchste Gewalt im Staate nicht, ohne ungerecht zu seyn, zuerkennen dürfe. So wie Niemand das Recht hat, sich das Leben zu nehmen, eben so wenig kann er das Recht haben, es zu verkürzen; welches doch bey denen der Fall ist, die zu öffentlichen Arbeiten, auf die Galeeren, in die Bergwerke u. s. w. verurtheilt sind. Auf gleiche Art hat auch niemand, so wenig er Herr über sein Leben ist, das Recht über seine Ehre und Freyheit zu disponiren. Und so sind folglich die Strafen, welche die Ehre, welche die persönliche Freyheit nehmen, auch ungerecht; weil, wenn niemand das Recht hat, sich selbst dieser Güter zu berauben, auch niemand schlechterdings

9) System der Gesetzgebung, Vierter Band, Neun und zwanzigstes Kapitel. S. 26 der Linkschen Uebers.

terdings dem Regenten ein Recht abtreten kann, das er nicht hat." ——

„Jeder fühlt, daß der Staat das Recht haben müsse, denjenigen mit dem Tode zu bestrafen, der grausamer Weise das Leben andrer angegriffen hat; will er aber suchen, wo dieses Recht liegt, so findet er es nicht mehr. Die Wahrheit, die er sehen will, liegt zu nahe. Wir wollen sie weiter entfernen, und wir werden sie finden."

„Der Mensch außer der bürgerlichen Gesellschaft, im Zustand der natürlichen Unabhängigkeit, hat das Recht zum Leben. Entsagen kann er diesem Rechte nicht; aber kann er es verlieren? Kann er, ohne daß er darauf Verzicht thut, desselben beraubt werden? Giebt es wohl je einen Fall, in dem ihn der Andre tödten kann, ohne von ihm die Befugniß dazu erhalten zu haben?"

„Hatte ich wohl im Zustande der natürlichen Unabhängigkeit das Recht, den, der mich ungerechter Weise angreift, umzubringen? Niemand zweifelt daran. Wenn also Ich das Recht habe, ihn zu tödten; so hat er das Recht zu leben, verloren; denn es wäre widersprechend, wenn zwey einander gerade entgegengesetzte Rechte zu gleicher Zeit bestehen sollten. Es giebt also im Zustande der natürlichen Freyheit Fälle, in welchen ein Mensch das Recht, das er an das Leben hat, verlieren, und ein andrer das Recht erlangen kann, es ihm zu nehmen, ohne daß ein Vertrag zwischen beyden vorhergegangen wäre. Aber, kann man sagen: dieß findet blos auf den Fall des Angriffs und der Vertheidigung Statt. Wenn der Erfolg den Absichten des ungerecht Angreifenden entspricht; wenn der Unglückliche, den er angefallen hat, unter seiner mörderischen Hand todt bleibt,

erlischt

erlische dann vielleicht das Recht, das diesem auf das
Leben des Angreifenden zustand, mit seinem Tode? oder
geht es auf die ihn überlebenden Menschen über, deren
jeder dann Rächer und Beschützer der Naturgesetze wird?
Sollen wir annehmen, daß derjenige, der das Recht auf
sein Leben schon verloren hatte, ehe noch sein Verbrechen
vollendet war, es nun wieder erlange, nach wirklich
verübtem Verbrechen? Können wir glauben, daß dieselbe Ursache (das Verbrechen) einen Augenblick eher
und einen Augenblick später zwey einander gerade entgegengesetzte Wirkungen hervorzubringen, im Stande
sey?"

„Auf diese Frage lasse ich den grösten Denker Europens, den unsterblichen Locke für mich antworten.
„Die Naturgesetze, sagt dieser große Weltweise, wür-
„den, gleich allen andern Gesetzen auf der Welt, welche
„den Menschen vorgeschrieben werden, gänzlich unnütz
„seyn, wenn im Naturzustande niemand die Gewalt
„zukäme, auf ihre Beobachtung zu bringen, und dieje-
„nigen zu strafen, die sie entweder zum Schaden eines
„Einzelnen, oder des ganzen menschlichen Geschlechts,
„verletzen, dessen Erhaltung der Endzweck dieser allen
„Menschen vorgeschriebenen Gesetze ist. Muß es also
„im Naturzustande ein Recht geben, Verbrechen zu
„strafen: so erhellt daraus, daß jedem Einzelnen dieses
„Recht über alle Andere zustehen müsse, weil von Natur
„alle Menschen gleiche Rechte haben." Oder, um
dasselbe mit andern Worten zu sagen: weil das Recht,
das einem in diesem Naturzustande als Mensch zukömmt,
nothwendig auch allen andern Menschen zukommen
muß."

Die-

Diesem Raisonnement locke's können wir noch eine andre Bemerkung benseßen. Die Natur thut nichts ohne Zweck. — Welchen Zweck kann aber wohl der Haß haben, der in uns gegen denjenigen entsteht, der sich eines Verbrechens schuldig gemacht hat, das weder uns selbst schadet, noch unsern Verwandten, noch unsern Freunden? Wem unter uns ist es nicht unange-nehm, wenn wir ein Verbrechen ungestraft sehen müssen? Wer empfindet nicht eine gewisse Freude, wenn die Ge-rechtigkeit den Verbrecher zur verdienten Strafe verur-theilt? Wer unter uns allen wünschte nicht, wenn wir eine scheußliche That erzählen hören, den schändlichen Urheber derselben vor sich zu haben, um die Beleidi-gung des unglücklichen Beleidigten, den wir gar nicht einmal kennen, an ihm zu rächen? Wenn wir auf-richtig seyn wollen, so müssen wir eingestehen, daß wir uns in diesem Augenblick keines eigennüßigen Bewe-gungsgrundes bewußt sind.

Hätte also die Natur nur allein dem Beleidigten das Recht gegeben, den Beleidiger zu tödten, was hülfe es ihr, daß sie einen so entschiedenen Haß gegen den leßtern in die Seele aller übrigen legte? Wäre vielleicht die Sorge der Selbsterhaltung in diesem Fall nicht zu Er-reichung ihrer Absicht hinlänglich gewesen? Wenn uns hingegen die Natur mit jener Empfindung beseelt, so darf man annehmen, daß sie, im Naturstand, nicht nur allen Menschen das Recht gegeben habe, Verbrechen zu bestrafen, sondern sogar noch einen gewissen Reiz in uns lege, um uns zur Ausübung desselben anzutreiben.

Wozu sollten dem Menschen so viele Verbindlichkei-ten aufgelegt seyn, wenn nichts ihn abhalten könnte, sie zu verletzen? Wozu sollten ihm so viele Rechte gegeben

seyn,

seyn, wenn ihm dasjenige versagt wäre, was doch durchaus nöthig ist, um andere zu bewegen, dieselben nicht zu verletzen?

Hätte die Natur dem Menschen das Recht, wovon die Rede ist, versagt, so würde das Naturgesetz ein absurdes Gesetz seyn. An der Unvollkommenheit des Naturzustandes war daher nicht der Mangel dieses Strafrechts Ursache, sondern blos der Mangel an Mitteln oder an der nöthigen Gewalt, solches geltend zu machen, und in allen Fällen auszuüben.

Diese Unvollkommenheit des Naturzustandes nun ist in der bürgerlichen Gesellschaft verbessert worden. Nicht, als ob ein neues Recht geschaffen worden wäre. Es ist blos die Ausübung des alten sicher gestellt. Zwar ergreift hier kein Einzelner mehr gegen einen andern Einzelnen die Waffen, um ihn wegen eines begangenen Verbrechens zu züchtigen: aber wohl die ganze Gesellschaft, und zwar ist der Depositair der gemeinsamen Gewalt derjenige, der dieses Recht ausübt, nachdem sich die einzelnen Menschen desselben begeben haben, um es dem Staatskörper zu übertragen, oder dem Regenten, der ihn vorstellt.

Die Menschen haben sich jedoch nicht auf einmal dieses Rechts begeben. Es mußte eine lange Zeit vergehen, bevor sie von einem so süßen Rechte haben abstehen wollen. ——

Wir wollen das bisher Gesagte kürzlich wiederholen. Der Mensch hat im Naturzustande ein Recht auf das Leben; er kann zwar nicht auf dieses Recht Verzicht thun, aber wohl kann er sich dessen durch sein Verbrechen verlustig machen.

Alle Menschen haben in diesem Zustande das Recht, die Verletzung der Naturgesetze zu bestrafen, und wenn diese Verletzung den Uebertreter des Todes schuldig gemacht hat, so kömmt einem Jeden das Recht zu, ihm sein Leben zu nehmen. Nun ist aber dieses Recht, das im Stande der natürlichen Freyheit Einer über Alle und Alle über Einen hatten, das nehmliche, was durch den gesellschaftlichen Vertrag dem Staat übertragen und dann in die Hände des Regenten übergeben worden ist. Folglich fließt dieß Recht des Regenten, die Todesstrafe zu erkennen, so wie auch jedes andere, nicht aus der Uebertragung derjenigen Rechte, die ein jeder über sich allein hatte, sondern aus der Abtretung derjenigen, die jedem über die Andern zustanden. Indem ich aber das Recht, das Ich über das Leben der Andern hatte, in die Hände des Regenten niedergelegt habe, ist ihm auch zu gleicher Zeit von den Andern dasjenige übertragen worden, was ihnen über mein Leben zukam, und so müssen nun, ohne daß ich dasjenige Recht aufgegeben hätte, das mir selbst über mein Leben zustehen kann, sowohl sie, als ich, uns auf gleiche Weise den Verlust unsers Lebens gefallen lassen, wenn wir uns solche Vergehungen zu Schulden kommen lassen, worauf die gesetzgebende Gewalt die Todesstrafe gesetzt hat *).

Sieben-

---

e) Dieß äußerst seichte Raisonnement, das eines Filangieri so ganz unwürdig ist, will ich, so wie die übrigen vom Verfasser hier aufgestellten Meynungen, nebst dem Urtheile, das Pastoret über alle diese Behauptungen berühmter Denker gefällt hat, im Commentar näher und weitläufiger prüfen, als in blosen Noten möglich gewesen seyn würde. Dann werden wir noch mehrere Meinungen und Gründe zusammenstellen, und der genausten Prüfung unterwerfen, und ich glaube, daß das Resultat dieser Untersuchung einleuchtend

Siebenter Abschnitt.

Prüfung dieser verschiedenen Meynungen.

Nicht ohne Furcht wage ich es, auch meine Gedanken über die Todesstrafe vorzutragen. Wenn eine Meynung von Montesquieu angenommen, von Mably und Rousseau vertheidigt, und noch von einem ihrer vorzüglichsten Schüler in Schuß genommen worden, ist es dann nicht Verwegenheit, wenn ein junger Schriftsteller gegen seine Lehrer streitet? Ich bin weder keck noch stark genug, mich bis zu jenen großen Männern zu erheben, und ich würde ein tiefes Stillschweigen hierüber beobachtet haben, wenn mir ihr System nicht so gefährlich geschienen hätte, wenn es nicht die Grundsäße der allgemeinen Gerechtigkeit, und die unveränderlichen Wahrheiten angriffe, auf welchen das Wohl aller politischen Verbindungen beruht.

Aber wenn ich die Meynung Montesquieu's, Rousseau's und Mably's, der sie am stärksten und geschicktesten vertheidigt hat, bestreite, und ihr die des Beccaria vorziehe, so unterschreibe ich darum das Räsonnement dieses Philosophen nicht ganz. Ich sage nicht mit ihm: „Man kann nicht geben, was man selbst nicht besißt. „Dem Menschen steht das Recht nicht zu, über sein Leben zu schalten, folglich kann er es auch auf Andre nicht „übertragen." Von der andern Seite hat Filangieri diesen Grundsaß schlecht bestritten, wenn er sagt: „Kann „Niemand über sein Leben disponiren, so kann er es „eben

---

tend und befriedigend beweisen müsse, daß die Foderungen der Menschlichkeit mit dem was die Sicherheit des Staats und seiner Mitglieder nothwendig macht, vollkommen übereinstimmen. Anm. d. Her.

„eben so wenig über seine Ehre und seine Freyheit.‟ Denn indem einer über sein Leben gebietet, beraubt er die Gesellschaft eines Bürgers, der ihr hätte nützlich seyn können; aber in Ketten kann er ihr noch nützen. Der Gefangne dient ihr noch durch Arbeiten, der Getödtete ist für sie verloren.

Laßt uns nicht minder jene falschen Ideen von Wiedervergeltung (Talion), von jenem vorgeblichen Rechte des Rhadamantus, verwerfen, welches gleichwohl der berüchtigte Grundsatz der Pythagoräer, „daß die Gerech-„tigkeit dem Schuldigen eben das Leiden auflege, das er „über andre brachte,‟ geheiligt hat. Durch diese und ähnliche Sätze würde sich nicht blos die Todesstrafe rechtfertigen lassen: es würde sogar daraus folgen, daß man sie in manchen Fällen aufs grausamste schärfen müsse. Wenn ich einen Mord auf eine grausame Art begangen habe, sollen mich die Henker wiederum so quälen?

Die Betrachtung, die von so vielen Rechtslehrern als unwidersprechlich aufgeführt wird, „daß die Strafe „bekannt war, und jeder sich ihr unterwarf, als er Mit-„glied des Staats ward,‟ können mich nicht überzeugen. Will man nicht etwa auch sagen, daß der Schuldige bey Schließung dieses Vertrags selbst gegenwärtig gewesen sey? Ich weiß wohl, daß sie blos damit sagen wollen: wer in einer Gesellschaft lebt, deren Gesetze er kennt, kann sich nicht beschweren, von ihr gerichtet zu werden. Aber mit solchen Gründen kann man auch die martervollsten Hinrichtungen rechtfertigen, und die willkührlichen Launen des Despoten in Schutz nehmen; denn auch der Sklav, der sich ihm unterwarf, kannte sie ꜰ).

Doch

ꜰ) Es ist ja überdem nicht blos die Frage von der Pflicht
des

Doch wir wollen diese große Frage näher beleuchten.

Vor allen Dingen kommt es mir vor, als habe man durchgängig Rechte und Pflichten mit einander verwechselt.

Pflicht ist eine Verbindlichkeit; Recht eine Macht.

Im Stande der Natur hat kein Mensch Macht über den andern, folglich giebt es auch kein Recht zu strafen. Strafe ist eine Handlung des Höhern gegen den Niedrigen, nicht eines Menschen gegen den ihm gleichen Menschen. Welch ein Unglück, wenn jeder, der nach seiner Unwissenheit oder seinen Leidenschaften urtheilte, öffentlicher Rächer werden könnte! Bestrafung setzt voraus, daß Gesetze vorhanden und ein Staat errichtet sey. Das Recht dazu kann also nichts anders, als das Resultat eines Vertrags seyn. Selbst im Stande der Gesellschaft ist Bestrafung kein Recht, sondern eine Pflicht des Souverains. Die Gesellschaft sagt: „Erhalte uns, und wir wollen dir gehorchen." Wäre der Despotismus nicht vermöge des Zwecks der bürgerlichen und politischen Ordnung ein Ungeheuer; wären nicht Recht und Tyranney zwey entgegengesetzte, sich widersprechende Worte: so könnte ein Despot, der Alles durch sich selbst hätte, Rechte haben; aber in allen Regierungsverfassungen, welche Vernunft und Gerechtigkeit heiligen, und welche sich auf einen freyen Vertrag der Völker gründen, hat der Regent, der Alles von den Staatsbürgern erhalten hat, nichts als Pflich-

L 2   ten,

des Bürgers, sondern auch von der Pflicht des Staats, seiner Gewalt diejenigen Gränzen zu setzen, welche die Vernunft, die jede unnütze Gewalt verdammt, ihr vorschreibt.

Anm. des Herausg.

ten [8]).   Es ist ein Irrthum, wenn man sagt, die Gesellschaft übertrage dem, den sie an ihre Spitze setzt, das Recht zu strafen; nicht das Recht überträgt sie ihm, sondern sie legt ihm die Verbindlichkeit dazu auf, oder vielmehr diese Verbindlichkeit liegt ihm vermöge der Natur der Sache ob; weil eine Gesellschaft unmöglich bestehen kann, ohne die Uebertreter ihrer Gesetze zu strafen.

Aber wenn es im Stande der Natur kein Recht zu strafen giebt, so hat dafür eine Verbindlichkeit Statt, den Angriff abzuwehren und sich zu vertheidigen. Diese beyden Bedingungen der menschlichen Sicherheit werden ihm zu Pflichten, davon eine aus der andern fließt, oder vielmehr unzertrennlich mit der andern verbunden ist. Den Menschen, welcher einen andern tödtet, um nicht getödtet zu werden, beseelt ein tief eingeprägter Instinkt. Dieser ist über alle Rechte erhaben: Rechte sind nur eine Frucht des Nachdenkens, jener fließt aus dem mächtigsten Triebe der Natur.   Der Mensch bedient sich seiner Stärke, (die man zum Hohne der Menschheit auch ein Recht genannt hat,) und siegt [h])!

Sind diese Grundsätze wahr, was wird dann aus Mably's und Filangieri's Behauptungen? „Im Stan-„de der Natur, sagt der eine, hab' ich das Recht, den „zu tödten, der mein Leben anfällt, und diesem Rechte
entsag-

---

[8]) Es versteht sich aber doch, daß der Regent eben deshalb auch alle Rechte haben muß, ohne welche die Ausübung seiner Pflicht unmöglich werden würde.
Anm. des Herausg.

[h]) Herr Pastoret hat hier vollkommen Recht; allein er hat die Begriffe nicht bestimmt und deutlich genug auseinander gesetzt; wir wollen im Anhange versuchen, diesen Sätzen eine bessere und noch überzeugendere Form zu geben.
Anm. des Herausg.

„entsagte ich beym Eintritt in die Gesellschaft, und
„überließ es der Obrigkeit. — Der Angegriffene, sagt
„der Andere, hat das Recht, sich zu vertheidigen, und sei-
„nem Feinde das Leben zu nehmen; hat er es aber, so
„kann er es auch, im Falle er unterliegt, der Gesellschaft
„übertragen, welche dazu da ist, um die beleidigte Natur
„zu rächen. “

Das Sophistische dieser Behauptung liegt in dem
Worte R e ch t. Man setze dafür P f l i ch t, beleuchte
die Schlußfolge von neuem, und man wird bald ihre
ganze Schwäche erkennen.

Filangieri fährt fort: „Wenn ich das Recht habe,
den, der mich anfällt, zu tödten, so hat er sein Recht zu
leben verloren; denn es wäre ein Widerspruch, wenn es
zwey einander entgegengesetzte Rechte zu gleicher Zeit
gäbe. “

Fürs erste hängt das angebliche R e ch t zu töd-
t e n viel mehr vom Menschen ab, als das vorgebliche
R e ch t z u l e b e n; es steht, um mich so auszudrücken,
mehr in seiner Macht, einem Andern das Leben zu nehmen, als das seinige zu verlängern. Ferner sind auch
jene vorgeblichen Rechte, das Leben zu nehmen, und es
zu erhalten, einander nicht so entgegengesetzt und widersprechend, als man behauptet. Sie wurden es nur bey
der Ausübung dieser Rechte: ihrem Wesen nach sind sie
es nicht. Wird das Recht nicht ausgeübt, so ist es nur
eine abstrakte metaphysische Idee.

Ueberall liegt Z w e y deutigkeit zum Grunde. Selbst
wenn wir das Wort R e ch t stehen lassen, so haben wir zwar
ein R e ch t uns zu vertheidigen, nicht aber, einem Menschen eine Strafe zuzufügen, weil, wie gesagt, die Macht
oder das Vermögen zu strafen, schon zu dem Rechte

der

der Selbsterhaltung eines jeden, und zu dem Rechte der
Erhaltung seines Weibes und seiner Kinder hinreicht.
Die Bestrafung des Angreifenden liegt schon in der
rechtmäßigen Vertheidigung des Angegriffenen. Und
hier darf man das große Princip des Naturgesetzes,
das zugleich das große Princip der Menschlichkeit
ist, nicht vergessen. Statt den Todtschlag zu gebieten,
verwerfen sie ihn vielmehr beyde, und gestatten ihn
nur zur Vertheidigung. Der Beleidigte würde
sich also an beyden versündigen, wenn er seinem Feinde
das Leben rauben wollte, so lange ihm noch andre Mittel
übrig sind, seinem Angriffe zu entgehen.

„Ich habe das Recht, einem Angegriffenen bey-
„zustehen und ihn zu vertheidigen.“ Wieder ein
Mißbrauch der Worte. Ein mächtiger Instinkt reißt
mich hin; ein natürliches Gefühl befiehlt es mir; vielleicht ist es ein geheimes Verlangen, das Bedürfniß meiner eignen Erhaltung, die mich eilig zum Beystande, zu
Erhaltung Andrer auffordern; Ausübung eines Rechts
aber kann man es nicht nennen.

Ich gehe noch weiter, und nehme jetzt an, daß wir
im Stande der Natur wirklich das Recht haben, dem,
der unser Leben anfällt, das seinige zu nehmen. Daraus würde immer noch nicht folgen, daß die Gesellschaft dasselbe Recht von uns erhalten hätte.

Ein Mensch fällt mich an; nur durch seinen Tod
kann ich mich retten, und ich tödte ihn. Soll die Gesellschaft ein gleiches thun dürfen, so muß sie sich auch
auf keine andre Weise vertheidigen können. Aber die
Gesellschaft folgt nicht, wie der Einzelne, der angegriffen wird, dem ersten, mächtigen Eindrucke und dem
Triebe der Selbsterhaltung; sie rächt sich nicht, sie

straft

Kraft nach ernstlicher, freyer Ueberlegung. Mein Feind fällt mich und mein ganzes Wesen an, wir streiten Mann gegen Mann, und ich habe nicht genug Kräfte, nicht genug Mittel zu meiner Vertheidigung; wenn aber die Gesellschaft in einem ihrer Mitglieder angegriffen worden ist, so traf dieser Angriff nicht die ganze Gesellschaft; ihr steht die Stärke Aller gegen Einen zu Gebote. Ich bitte inständig, diese Bemerkung zu erwägen, denn es ist einer der gemeinsten und gefährlichsten falschen Schlüsse in dieser Materie, von der ganzen Gesellschaft auf Einen Bürger, wie von dem Einzelnen auf den Einzelnen zu schließen.

„Aber, sagt Mably, die Bürger haben verlangt, daß der Gesetzgeber über ihre Sicherheit wache, die sie bedrohenden Gefahren mit dem Schwert in der Hand abwende, und sie gegen einen verderblichen Feind von innen schütze." Es ist wahr, die Bürger haben verlangt, daß der Gesetzgeber über ihre Sicherheit wache. Sie haben begehrt, er solle sie vor Gefahren bewahren; dieß ist eben so wahr. Sie haben gefordert, er solle sie gegen innere verderbliche Feinde vertheidigen; auch das ist wahr. Allein der Trugschluß liegt darinn, wenn man hiezu die Worte setzt: mit dem Schwert in der Hand. Man kann vertheidigen, ohne zu morden, und durch nichts läßt sich beweisen, daß die Bürger gerade die Lebensstrafe als die einzige Bedingung ihrer Sicherheit angesehen und verlangt hätten.

Alle Räsonnements darüber, in welcher Form sie seyn mögen, lassen sich auf den Grundsatz zurückbringen: die Gesellschaft muß Sicherheit, Schutz und Vertheidigung gewähren. Dieser Satz

L 4   ist

ist unwidersprechlich; die Frage ist nur, ob man richtig daraus gefolgert habe?

Um das Irrige jener Meynung in ein desto helleres Licht zu setzen, darf ich sie nur in syllogistischer Form vortragen: Den Bürgern Schutz zusichern, ist Pflicht der Gesellschaft: nun aber hat dieses nicht Statt, wenn man die Schuldigen nicht am Leben straft: folglich erfordert es die Pflicht der Gesellschaft, die Schuldigen am Leben zu strafen.

Ich begreife nicht, wie Rousseau die Sache so sehr übertreiben und behaupten könnte: „die Erhaltung des Staats könne mit der Erhaltung des Verbrechers nicht bestehen; einer von beyden müsse das Opfer seyn.“ Wie? wird sich der Staat nicht besser erhalten, wenn er den Verbrecher Arbeiten für sich verrichten, als wenn er ihn auf dem Blutgerüste sterben läßt? Er hätte sagen sollen: „die Ruhe des Staats läßt sich mit der Freyheit des Verbrechers nicht vereinigen, folglich muß dieser seine Freyheit verlieren.“ Aber eine hieraus gezogene richtige Schlußfolge würde die Todesstrafe nicht sonderlich begünstigt haben, deren Gebrauch man doch rechtfertigen wollte.

Wird man nicht etwa auch noch einwenden, man würde auf diese Art nur den Schuldigen der Gesellschaft wiedergeben, und dadurch veranlassen, daß er dem Staate noch einmal schaden könne? Es ist ja vielmehr nur darauf abgesehen, ihn auch in Ketten zum Nutzen des Staats zu erhalten.

Rousseau setzt hinzu: „Wenn man den Schuldigen zum Tode verurtheilt, so stirbt er nicht sowohl als Bürger, sondern vielmehr als Feind.“ Und bald hernach: „dann bringt es das Recht des Krieges mit sich, den

Ueber-

Ueberwundenen zu tödten." Das Recht des Kriegs!
Und so spricht ein großer Philosoph, ein Mann, der kurz
vorher schrieb: „das angebliche Recht, die Ueberwundenen zu tödten, entspringt schon darum keinesweges
aus dem Zustande des Kriegs, weil die Menschen in
ihrer ursprünglichen Unabhängigkeit nicht in solchen festen
Verhältnissen leben, um einen Stand des Friedens oder
des Kriegs festzusetzen; von Natur ist keiner ein Feind
des andern. Nicht um ihrer selbst, sondern ihres Eigenthums wegen fangen die Menschen Krieg an, und
eben darum kann der Privatkrieg, wo ein Einzelner gegen den Andern streitet ¹), weder im Stande der Natur,
wo kein bleibendes Eigenthum Statt hat, noch im Zustande der Gesellschaft, wo Alles dem Ansehen der Gesetze unterworfen ist, gedacht werden ¹⁰)."

Dieß sind die richtigen Grundsätze. Und eben so
richtig sind folgende: Man ermordet den Ueberwundnen nicht, so lange man ihn fesseln und verhindern kann,
wieder zu schaden. Rousseau sagt selbst in dem ange-
zogenen Kapitel: „Nur dann hat man das Recht, den
Feind zu tödten, wenn man ihn nicht zum Sklaven machen kann." Ich weis wohl, daß der Kriegsgefangene
kein Verbrecher ist, allein man läßt ihm das Leben, nicht
weil er Verbrecher ist oder nicht ist, sondern deshalb,
weil er nicht weiter schädlich seyn kann.

$\mathfrak{L}$ 5   Der

---

¹) Hier liegt der gewöhnliche Fehler zum Grunde, daß man
den Statum originarium von dem im Naturrechte die
Rede ist, mit den Verhältnissen eines nirgends existirenden
Naturstandes wilder Menschen verwechselt. Mehreres davon sehe man unten im Commentar zu gegenwärtigem Kapitel.   Anm. des Herausg.

¹⁰) Contrat social, L. I. ch. 4.

Der Verfasser des Contrat social macht den übrigen Schriftstellern den Vorwurf, die Frage übel gestellt zu haben. Gleichwohl sagt er selbst auf eine sehr zweydeutige Art: „Jeder hat das Recht, sein Leben zu wagen, um es zu erhalten. Wer sein Leben auf Kosten andrer erhalten will, muß es auch, nöthigen Falls, für andre opfern. — Um nicht das Opfer eines Mörders zu werden, williget man in seinen eignen Tod, auf den Fall, daß man einen Todtschlag verüben sollte. — Das Leben ist ein bedingtes Geschenk des Staats. — Wer den Zweck will, will auch die Mittel. "

Hier ließe sich bemerken, ein Recht, sein Leben zu wagen, sey etwas schwer zu begreifen; es ließe sich bemerken, daß man sein Leben nicht auf Kosten andrer erhalten, sondern nur andre verhindern will, auf unsre Kosten ein Verbrechen zu begehen; daß man weder in seinen Tod eingewilligt habe, noch überhaupt habe einwilligen können; daß es ein fürchterlicher, eines Tyrannen mehr als eines Weltweisen würdiger, Grundsatz sey, das Leben für ein bedingtes Geschenk des Staats auszugeben; daß man, um seines Lebens versichert zu seyn, nicht den kürzesten, sondern den sichersten Weg einschlagen müsse, und endlich, daß wenn auch der Satz gegründet ist: wer den Zweck will, will auch die Mittel, dennoch das nicht wahr sey, daß dieses Mittel nothwendig in der Todesstrafe bestehen müsse.

Vielleicht habe ich über eine blos metaphysische Frage schon zu viel gesagt. Gesetzt, es fehlte in dieser Rücksicht auch meinen Sätzen an Bestimmtheit und Wahrheit: so würde meine Meynung dennoch in einem andern Ge-

ſichts-

sichtspunkte angenommen werden müssen, der der Aufmerksamkeit des Gesetzgebers noch weit würdiger ist.

Ohne uns also länger bey der Untersuchung aufzuhalten, ob die Selbsterhaltung und Vertheidigung Rechte
oder Pflichten seyn; ob man sie habe übertragen können
oder nicht, und ob sie ganz übertragen worden; ob die
ganze Summe von Individuen, welcher mehrere Mittel
zu Gebot stehen, sich nothwendig auf das eine Mittel
einschränken muß, das einem Individuum frey stehen
würde, — ohne mich dabey aufzuhalten, müssen wir
den allgemeinen Nutzen, welcher der Zweck und Anfang
der gesellschaftlichen Ordnung und Grundsätze seyn muß,
näher vor Augen nehmen. Alles bezieht sich auf das
Problem: Kann man das Leben nehmen, so lange man
noch durch andre Mittel einen zwingen kann, nützlich zu
seyn, oder ihn verhindern zu schaden?

Den Vortheil des Verbrechers, durch seine
Besserung, den Vortheil des Beleidigten dadurch,
daß man ihm Genugthuung verschaft, und den Vortheil
der Gesellschaft dadurch zu befördern, daß man einen Bürger durch körperliche Schmerzen oder durch Verminderung seines Wohlstandes zu schaden hindert, und
die andern durch abschreckendes Beyspiel vom Vorsatz zu
schaden abhält, dieß sind die vorzüglichsten Zwecke der
Strafe.

Eure Methode, den Schuldigen zu bessern, und ihn
zu verhindern, daß er länger Schaden stifte, ist kurz: ihr
laßt ihn todtschlagen. Ich will nun hier nicht erwähnen, daß die große Menge von Selbstmördern beweiset,
daß für Viele das Leben ein größeres Uebel sey, als der
Tod. Ich will euch nicht an jene Römischen Despoten
erinnern, welche den Verlust des Lebens für eine Gnade
anzu-

anzusehen wagten, deren ihre Feinde unwürdig wären,
und sie zum Leben verurtheilten, wie so viele Gesetze
zum Tode verdammen ¹¹); nur das will ich euch zu bedenken geben, daß der Tod in der That nur darum
eine Strafe ist, weil er dem Leben ein Ende macht.
Das Uebel besteht mehr im Verluste eines großen Gutes,
als in der Erduldung eines großen Leidens. Der Tod
kann, bevor er erlitten wird, durch das vorausgehende
Schrecken, eine Strafe in der Einbildung seyn: aber
in dem Augenblick, wo er eintritt, verschwindet die Empfindung. Gröstentheils sind die Menschen zu unglücklich, um ihn zu scheuen; zum Theil zu schlecht, um die
Infamie zu fürchten; und fast alle zu träge und zu leidenschaftlich, um einer möglichen aber ungewissen Gefahr
nicht die Beschwerde ununterbrochener Arbeit oder das
Elend der Dürftigkeit vorzuziehn. Können sie, trotz
ihres Verbrechens, ihrem Tode entgehen, so haben sie die
Aussicht den Ueberfluß zu genießen, den ihnen die Natur
verweigert hatte. Ertappt und verurtheilt man sie nun,
so erwartet sie der Tod auf dem Blutgerüste, dem sie
doch auserdem der Mangel entgegen geführt haben würde.
Aber diesen Tod erblicken sie nur, wie alle weit hinaus-
gesetzte Dinge, in ungewisser Ferne. Schmerz hin-

gegen

---

¹¹) Sie dachten wie Lykus im rasenden Herkules des Seneka,
im 2. Akt, V. 511. fg.

    Qui morte cunctos luere supplicium iubet,
    Nescit Tyrannus esse. Diversa irroga:
    Miserum veta perire; felicem iube.

    Wer über Alle gleich das Todesurtheil spricht,
    Weiß nicht Tyrann zu seyn. Die Strafe treffe jeden,
    Die ihm am meisten quält. Es lebe,
    Der schon im Elend schmachtet, es sterbe
    Der Glückliche!

gegen und Armuth sind ihnen gegenwärtig. Jeder
Tag ist neues Elend, und ihr Leben eine ununterbrochene
Reihe unglückbringender Momente. Laßt uns niemals
Beccaria's Worte aus den Augen verlieren: „Nicht
die Intensität der Strafe macht den größten Eindruck auf
die menschliche Seele, sondern ihre Dauer k).“

Bey dem andern Endzwecke der Strafen werde ich
mich nicht lange verweilen; er verdient unter allen die
geringste Aufmerksamkeit des Gesetzgebers. Kann die
Privatrache mit dem öffentlichen Wortheil nicht bestehen, so muß sie weichen; kann sie es, so sind beyde
Eins. Ja in gewissen Fällen, zum Beyspiel wenn der
Beleidigte arm ist, oder arme Kinder hinterläßt, wenn
er an der erhaltenen Wunde nicht gestorben, aber un-
heilbar ist, wenn er in einem solchen Zustande sich befindet,
worin er durch seine Arbeit sich nicht ernähren kann, in
solchen Fällen wäre es heilsam, wenn der Verbrecher zu Arbeiten verurtheilt würde, deren
Ertrag, so gering er auch seyn möchte, immer

k) Hier liegt eigentlich der Hauptpunkt der Untersuchung.
Alles übrige scheint wider die Todesstrafe zu sprechen. Nur
eins bleibt übrig: die Furcht vor der Todesstrafe benimmt
dem Menschen alle die Hofnungen, mit denen er sich schmeichelt, wenn er eine andre Strafe vor sich sieht. Den
Schmerz, denkt er, wirst du überstehen, der Infamie
kannst du durch Veränderung des Wohnorts entgehen, aus
dem Gefängnisse kannst du vielleicht entkommen. — Alle
diese Hofnungen, welche heftige Leidenschaft und Begier ver-
stärkt, fallen bey der Todesstrafe weg. Es verdient also
dieser Grund eine nähere Prüfung, welche ich ihm im
Commentar widmen werde.
                                 Anm. des Herausg.

mer die Last der Bedürfnisse des Andern erleichtern würde [1]).

Befördert aber die Todesstrafe nicht wenigstens durch ihr abschreckendes Beyspiel einen heilsamen Nutzen fürs Ganze [12])?

Nein; denn statt Schauder zu erwecken, erregt sie vielmehr Mitleid für den Leidenden, und Abscheu gegen seine Henker; die Zuschauer, von unwillkührlichem Entsetzen hingerissen, interessiren sich wider Willen für den, der der Gegenstand des allgemeinen Abscheus seyn soll; und der Eindruck ist so schrecklich, daß der Bürger, welcher von einem Verbrechen Zeuge war, es nun nicht anzeigen wird, ob er gleich einsieht, daß es heilsam wäre, sich des Verbrechers zu versichern.

Soll ich noch hinzusetzen, daß ihr den Zuschauer einer Hinrichtung unbemerkt barbarische Gesinnungen einflößt? Sie sind entweder betrübt oder vergnügt. Sind sie vergnügt, so ist es ein Unglück für den Staat, daß einige seiner Mitglieder Menschen ohne Beben können sterben sehen! Sind sie betrübt, so habt ihr eine entgegengesetzte Würkung hervorgebracht. Das Schrecken, von dem man sich durchdrungen fühlt, ist ein Ruf der Natur, der uns lehrt, wie sehr sie durch ein blutendes Opfer empört werde. Der Schuldige kann nur für das Verbrechen gestraft werden, das er wirklich begangen hat. Barbarisch ist es, seine Strafe zu schätzen

fen

[1]) Ein vortrefflicher Gedanke, der Aufmerksamkeit verdient, man mag übrigens der Meynung des Verfassers seyn, oder nicht.   Anm. des Herausg.

[12]) Die Römer nannten den Verbrecher der hingerichtet ward, exemplum.

sen, um einem andern Uebel vorzubeugen, das er begehen könnte. Es giebt andre Vorkehrungen dagegen.

Man hat fälschlich behauptet, die Monarchische Verfassung sey die, worin die Verhältnisse des Vaters gegen
die Kinder Statt fänden. Man hat diese Behauptung
so oft gemißbraucht, um auch die Tyrannen zu überre-
den, sie wären Väter; vergißt man dieses väterliche
Verhältniß nur dann nicht, wenn es zu strafen giebt?

Die Diener der Gottheit waren weiser. Ihres erhabnen Amtes würdig, wiederholen sie immer den Satz:
die Kirche verabscheut Blutvergießen (ecclesiam non sitit sanguinem); ein rührender Grundsatz,
den die ganze Gesellschaft hätte annehmen sollen. Warum
hat man den Dienst der Menschheit so schlecht besetzt!

Eine absolute Nothwendigkeit allein kann die Todesstrafe rechtfertigen. Wenn sie das Heilmittel der
kranken Gesellschaft ist [13]), wie Montesquieu sagt, so
muß sie nicht allein wirksam, sie muß unumgänglich
erforderlich seyn. Indem man sie als ein sicheres
Mittel vorschlägt, so wird man ohne Zweifel auch zugeben, daß, wenn es noch eine andre eben so wirksame
Züchtigung giebt, die nicht mit dem Tode verknüpft ist,
diese den Vorzug verdiene. Filangieri giebt zu,
daß eine unnütze Bestrafung allezeit ungerecht ist, und
seiner Meynung nach, besteht der Zweck der Strafen
in

---

13) Die Kayserin von Rußland hat dieses, ihm zu Folge
wiederholt, im 72. §. der Instructionen. Vergl. jedoch §.
200. u. fg. Das heist den Arm abschneiden, statt ihn zu
heilen. Es giebt ja andre Mittel dagegen, als den Tod,
und dann, kann man wohl sagen, der ganze Staat sey
krank?

in der Abschreckung von Verbrechen. Kann dieser
Zweck ohne Todesstrafe erreicht werden, so ist diese
Strafe unnütz und eben deshalb ungerecht. Rousseau
selbst, der, wie wir gehört haben, die Todesstrafe mit
so vielem Eifer vertheidigt, sagt, daß man, selbst um
des Beyspiels willen, nur den zu tödten berechtigt sey,
den man ohne Gefahr nicht könne leben las=
sen. Sonderbar, und in Vergleichung mit dem nur an=
geführten widersprechend ist dagegen folgender Ausspruch:
„Kein Bösewicht ist so schlimm, der nicht zu irgend et=
was nützen könnte. “

Der Haß, den ein Angreifender sich zuzieht, man sage
auch was man wolle, ist kein Wink der Natur, ihn am
Leben zu strafen.

Der Angreifende setzt sein Leben aufs Spiel, aber er
entsagt ihm deshalb noch nicht. Etwas wagen heißt
nicht es aufgeben. Was für Sophismen man auch an=
wenden mag; es bleibt immer klar, daß die Gesellschaft,
(Umstände und Ursachen abgerechnet, die eine Hand=
lung gut oder böse, erlaubt oder unerlaubt machen kön=
nen,) wenn sie einem das Leben nimmt, dieselbe That
begeht, die sie straft. Beccaria thut einen Ausspruch,
der mir alle Schwierigkeiten zu heben scheint. Als sich
die Menschen zu einer Gesellschaft vereinigten, waren sie
gezwungen, einen Theil ihrer Freyheit aufzuopfern, aber
dieses konnte nur der möglich kleinste Theil seyn.
Und wie könnte man glauben, daß unter dem möglich
kleinsten Opfer das größte der Güter begriffen sey? An=
dern Strafen, ja selbst dem langwierigsten Gefängnisse
unterwarf man sich auf den Fall der Uebertretung des
Gesetzes. Allein dem Tode konnte man sich nicht un=
terwerfen. Zum möglichst geringen Theile der aufge=

opferten Freyheit kann unmöglich die Unterwerfung unter
die Todesstrafe gerechnet werden.

Gesetzt, die Freyheit wäre dem Bürger ungerechter
Weise geraubt worden, so kann man sie ihm wiedergeben,
und ihn entschädigen. Selbst die Ehre, die er durch eine
infamirende Strafe verloren hat, kann ihm wieder er-
stattet werden, und eine feyerliche Ehrenerklärung kann
ein Unglück vergüten, das zwar im Gedächtnisse der
Menschen zurück bleibt, doch nie, ohne zugleich das Andenken seiner Unschuld und Tugend desto mehr zu erhalten. Aber kann man das Leben wieder geben?
kann man für dessen Verlust entschädigen? Brauch'
ich wohl hier an die Fehlbarkeit des Menschen,
an die Ungewißheit der Beweise, an die Irrungen der Richter zu erinnern? Den entflohenen Bösewicht kann die Gerechtigkeit wieder finden, den unschuldig Hingerichteten kann sie nicht ins Leben zurückrufen.

Ich habe die Nothwendigkeit, als die einzig mögliche
Entschuldigung der Todesstrafe angegeben, und bin gezwungen mit Rousseau zu gestehen, daß die Gesellschaft
den Verbrecher aufopfern muß, wenn sie ihn ohne Gefahr nicht erhalten kann. Alles muß alsdenn der öffentlichen Ruhe, dem allgemeinen Besten weichen. Auch
giebt es Verbrechen von der Art, bey der das Leben des
Verbrechers nicht mehr geschont werden kann. Ich
meyne heimliche Verschwörungen und Empörungen,
welche dem Vaterlande drohen, wenn nicht sogleich die
Empörer oder die vornehmsten Verschwornen, und Alle,
welche im Verborgenen die Verrätherey ausspinnen, hingerichtet werden. Alsdann ist in der That das Vaterland in Gefahr, und kann ohne schnell angewandte Vor-
beugungsmittel erschüttert werden. In diesem Falle töd-

M   tet!

tet! Die Wohlfarth des Ganzen verlangt von der Natur ein Opfer.

Man erinnert sich an Beccarias Worte: „In jenen unruhigen Augenblicken, in welchen ein Volk seine Freyheit wieder zu erhalten sucht, oder sie zu verlieren fürchtet, in den Zeiten der Anarchie, wo die Gesetze schweigen, und Unordnung und Verwirrung deren Stelle vertreten; wenn ein Bürger, ob er schon der Freyheit beraubt ist, doch durch seine Verbindungen und seinen Einfluß, der Sicherheit seines Landes Eintrag thun kann; wenn seine Existenz in der Verfassung eine nachtheilige Revolution hervorbringen kann, dann ist es ohne Zweifel nothwendig, ihn derselben zu berauben." Mably setzt hinzu: „Es würde mir leid thun, wenn ich dadurch, daß ich den Verräther des Vaterlandes zum Tode verurtheile, die Meynung erregen sollte, als wolle ich den Bürger, der Muth genug besitzt, seiner Nation nicht zu schmeicheln, und ihr heilsame Veränderungen wünscht, als einen Verbrecher und Störer der öffentlichen Ruhe betrachten. Sonderbar genug ist es, daß ich erst bemerken muß, man solle einen Bürger nicht strafen, der Liebe und Ehrfurcht verdient. Aber meine Schuld ist es nicht, wenn es heut zu Tage so viele Länder giebt, in denen Cato sich nicht ohne Gefahr aufhalten würde. Wenn man die Wahrheit straft, so glaubt sicherlich, daß die Gesetze von denen gemacht worden, denen Irrthum, Mißbräuche und Laster Nutzen bringen, und daß sie sodann den Sturz des Staates vorbereiten und ankündigen m). "

Bey

---

m) Eine große Lehre für unsre Staatsmänner, besonders in dem jetzigen Zeitpuncte. Man verstopfte lieber dem Denker

．， Bey keinem andern Verbrechen hingegen, als bey
solchen Verrätereyen und Verschwörungen hat die Todesstrafe, wie ich bewiesen zu haben glaube, so viel
Nutzen, daß man sich mit Recht derselben bedienen
könnte; man hat kein Recht, sie auszuüben, ja sie ist
dem beabsichtigten Zwecke gerade zuwider ¹⁴).

． Doch aufer dem Vorurtheile, welches die Abweichung meiner Meynung von manchen großen Denkern
erwecken kann, giebt es noch eines und vielleicht stärke-
res, das fast durchgängig unter den Menschen Statt
hat. Die Natur empört sich gegen die Ermordung eines Bürgers von einem andern eben so sehr, als dagegen, daß mehrere Bürger einen tödten. Aber die Liebe zum
Leben und die Furcht vor dessen Verluste sprechen hier,
und zwar sehr nachdrücklich; weniger nachdrücklich, wenn
Nachdenken das Wort führte. Doch beym Worte T o d t -
s ch l a g bebte der Mensch vor Schrecken, sahe sich von Ge-

M 2

fahren

---

ker und dem redlichen Freunde des Guten, Augen, Ohren
und Mund, man wünschte dem Prüfungsgeiste in Staatssachen sklavische Fesseln anzulegen, weil gemißbrauchte Ver-
nunftsätze zum Vorwande und zum Anlasse des Frankreich
zerrüttenden Factionsgeistes dienten. Wie? hat die Religion nicht zum Vorwande und Anlasse gedient, um Ströme
von Blute fließen zu lassen? Sterben nicht täglich Menschen durch falsch angewandte Arzneymittel? Wollt ihr
also den Gebrauch der Vernunft in Staatssachen untersagen, wollt ihr die Rechte der Menschheit läugnen, und
anzuerkennen verbieten, weil deren Mißbrauch Unglück
stiftete: nun so verschließt auch die Tempel und Apotheken!
denn beyde haben unsinnigen und boshaften Menschen gerade in dem Heilsamsten und Vortrefflichsten was sie enthielten, schon Stoff zum Verderben und Unglück geliefert.

Anm. des Herausg.

14) Auf andre Einwürfe Mably's werde ich bey Gelegenheit
der öffentlichen Arbeiten antworten.

fahren und Dolchen umgeben, und so ward er Barbar. Jeder sagte heimlich zu sich selbst: Wenn ich ihn nicht tödten lasse, wird er mich vielleicht einmal tödten, und so entstand das Schaffot, das so viele Schlachtopfer empfangen sollte.   Jagd und Lebensbedürfniß gewöhnten uns daran, die Thiere des Waldes zu tödten, und so fieng man an auch den Verbrecher wie ein wildes Thier zu behandeln.

In der Folge suchte man diese angenommene Gewohnheit durch Gründe zu rechtfertigen.   Menschen, die von der Furcht beherrscht waren, versuchten dieses Gefühl unter dem Schleyer der Gerechtigkeit zu verbergen. Wenn ihr, sagten sie, den Verbrecher tödtet, so beugt ihr den Gefahren vor, die aus der Möglichkeit eines neuen Verbrechens für uns entspringen können, laßt ihr ihn aber leben, so macht ihr euch selbst alles Unheils schuldig, das er anrichten kann 15).   Wenn in der Folge einer von euern Mitbürgern unter seinen Streichen fällt, so ist es ja offenbar, daß eure unweise Gutherzigkeit den guten Mann dem Bösen, die Tugend dem Laster aufopfert.

Der Ritter Filangieri hat diese Meynung in Schutz genommen.   „Die Natur, sagt er, thut nichts ohne Zweck.

15) Diese Furcht kann nur in so fern Statt haben, als Gefahr vorhanden ist, daß er entkommen könnte. Laß uns die Sache berechnen. Fünf hundert Verbrecher sollen den Tod verdient haben; man läßt sie öffentliche Arbeiten verrichten; zwey davon entspringen: aber von diesen fünfhunderten ist vielleicht einer unschuldig, und seine Unschuld wird erkannt. Ist dieses nicht ein größerer Vortheil, als der Nachtheil ist, der aus der Flucht jener beyden Schuldigen erwächst? Und die Uebrigen! Nun diese dienen dem Vaterlande auf eine nützliche Weise.

Zweck. Diese Empfindungen, diese Leidenschaften, die
in uns entstehen, ohne daß wir etwas dazu beytragen,
sind nichts anders als eben so viele Glieder jener unsicht-
baren Kette, die uns nach den großen Absichten der Natur lenkt. Wer von uns erschrickt nicht, wenn er ein
Verbrechen ungestraft sieht! Wer von uns fühlt nicht
eine gewisse Freude, wenn die Gerechtigkeit einen Verbrecher verurtheilt. "

Menschenfreundlicher Philosoph, ich erkenne dich
nicht an dieser Sprache! Ueber Bestrafung eines Menschen Freude fühlen! O wer versagte je einem, der in
Ketten geworfen, oder zum Schaffot geschleppt wird, sein
Mitleid und seine Theilnahme! Das Gefühl beym
Tode eines Verbrechers reißt dich hin. Aber entspringt
wohl dieses Gefühl aus dem Verbrechen oder aus der Hinrichtung? Die Vernunft billigt die Strafe: wenn aber
der Galgen nun aufgerichtet, und der Scheiterhaufen in
Brand gesteckt ist, dann spricht der Instinkt zum Vortheil des Verbrechers. Und so wird denn selbst durch
die Empfindung, auf die ihr euch beruft, die Todesstrafe
verbannt. Eine gelindere Strafe würde den Zweck,
den ihr beabsichtigt, erreicht haben: eine harte Strafe
setzt eine weniger heilsame Empfindung an ihre Stelle.

Aber alle Jahrhunderte, alle Völker haben doch
Todesstrafen eingeführt, und eine so lange, so allgemeine
Erfahrung beweist die Gerechtigkeit und Nothwendigkeit
derselben. „Die Geschichte der Menschheit zeigt uns ein
gränzenloses Meer von Irrthümern, auf dem hin und
wieder nur etliche wenige halb bekannte Wahrheiten her-
vorragen. Weder Beyspiel noch Verjährung vermögen etwas gegen die Wahrheit. Wenn ich im Gegentheil auf manche Völker stoße, die sich, auch nur eine

kurze

kurze Zeit hindurch, der Todesstrafen enthielten, so
spricht diese Beobachtung für mich, denn es ist das Loos
aller großen Wahrheiten, daß sie im Vergleich mit der
langen und finstern Nacht, welche das menschliche Geschlecht umhüllt, in Ansehung ihrer Dauer nur dem au-
genblicklichen Scheine vorübergehender Blitze gleichen. "
So könnte ich mit Beccaria antworten. Aber so wahr
auch dieser Gedanke an sich selbst ist, so scheint er mir hier
doch zu allgemein und deklamatorisch; er würde sich eben
so wohl auf alle moralische und politische Untersuchungen
anwenden lassen. Ich habe schon oben gesagt: daß ich
zwar Beccarias Meynung annehme, daß ich aber die
Art, wie er sie vertheidigt, unmöglich durchaus billigen
kann.

Die Geschichte selbst, auf die man sich beruft, soll
unsre Richterin seyn. Zum Unglück stehen die zu verglei-
chenden Beyspiele in sehr ungleichem Verhältnisse. Und
doch wollen wir die kleine Anzahl von Exempeln, welche
die Geschichte liefert, daß die Todesstrafe entweder aufgehoben, oder nur auf wenige Verbrecher eingeschränkt
worden ist, anführen.

Das erste Beyspiel, das sich uns darstellt, ist das
Beyspiel von Toscana. Es ist aus diesem Jahrhunderte, in welchem der menschliche Geist mehr Fortschritte
gethan hat, und kömt daher mit dem gegenwärtigen Zustande der Regierungen und der Menschheit besser überein. Er verdient überdieß um so mehr unsre Aufmerksamkeit, je mehr die Toskaner, wie wir Franzosen, ein
sanftes und gefühlvolles Volk sind n). Was erfolgte
bey

---

n) Man sieht es, daß dieß Buch größtentheils vor der Revolution geschrieben, und kurz nach deren Ausbruche vollendet

bey ihnen auf die Abschaffung der Todesstrafe? Der
Schuldigen wurden weit weniger, dieß beweisen genaue
Register. Die bloße Milderung der Gesetze hatte schon
diese Wirkung hervorgebracht. Als man im Jahre 1779
das letzte Jahrzehend mit den vorhergehenden verglich,
fand man die Zahl der Verbrecher sehr vermindert.

Was Frankreich anlangt, so frage ich, ob es in den
ältern Zeiten, als die Strafen fast alle in Geldstrafen
bestanden, mehr Verbrecher gab, als nachher, da sie
grausamer wurden, und ob in neuern Zeiten, nach Aufhebung der Todesstrafe für die Deserteurs, Desertionen
häufiger geworden sind.

Die Völker des Alterthums betreffend, frage ich, ob
es der Verbrechen in Egypten [16]), wo der Tod nur auf
Meyneid und Todtschlag gesetzt war, mehr als in Judäa
gab, wo die Capitalstrafen gewöhnlich waren; ob sie
unter dem blutdürstigen Drako seltner vorfielen, als unter Solon, der des Bluts der Verbrecher immer sehr
schonte; ob sie in Rom, während die Todesstrafe abgeschaft war, häufiger vorkamen, als vor der Lege Porcia
und später unter den Kaysern? Die Römer zwangen,
vielleicht aus Stolz, das Gesetz, die Natur zu ehren.
Sie begnügten sich, den Gebrauch des Wassers und Feuers
zu untersagen, eine Strafe, welche in der Verweisung
aus dem Gebiete der Republik bestand. Hier ist die

M 4

Rede

det ist. Jetzt würde Herr Pastoret schwerlich so etwas
behaupten; seine Landsleute selbst haben leider diesen Lob-
spruch nur zu überzeugend widerlegt.
Anm. des Herausg.

16) Noch hätte ich des Sabacos gedenken können, der funf-
zig Jahre über Aegypten herrschte, wo er die Todesstrafe
abgeschaft hatte. Herodot. 2. c. 137.

Rede nur von freyen Menschen. Gegen die Sklaven waren ihre Gesetze grausam; sie stießen sie aus der Zahl der Menschen.

Zu andern Zeiten legte der Senat Trauer an, wenn ein Bürger zum Tode verurtheilt ward. Nach der Eroberung Karthago's verbot Rom den Carthaginensern einen Menschen zu tödten. Nie machte Rom von seinem Siege einen schönern Gebrauch.

So hört denn einmal auf, Freunde der Gesetze und der Gerechtigkeit, hört auf, zu glauben, daß Blut vergossen werden müsse, um Menschen abzuschrecken, oder um die Verbrechen zu mindern. Die Erfahrung beweiset nicht, daß diese Strenge heilsam sey; die allgemeine Wohlfahrt heiligt sie nicht, sie verwirft sie vielmehr, und Menschlichkeit und Natur setzen sich gegen dieselbe.

Achter Abschnitt.

Vom Viertheilen.

Gesetzt, daß auch Gründe der Gerechtigkeit und der Nützlichkeit die Todesstrafe rechtfertigen könnten, so würden sie doch in der That nicht anrathen, sie auf eine grausame Art auszuüben. Was soll man daher wohl von einer Todesstrafe denken, die im Viertheilen, im Reissen mit glühenden Zangen besteht? Ich weiß wohl, daß sie nur auf mehreren, gehäuften Verbrechen besteht; aber hättet ihr die Todesstrafen weniger gemißbraucht, so wäre diese schreckliche Marter nicht nothwendig gewesen. Das Urtheil, welches die Schandthaten Ravaillac's und Damien's strafte, lautete so: „daß derselbe an Brü-„sten, Armen, Dickbeinen und Hintern mit glühenden „Zangen gerissen werden, die rechte Hand das nämliche „Messer

„Meſſer haltend, mit dem er den Königsmord verübte, in
„brennenden Schwefel getaucht, in die von den Zangen
„geriſſenen Wunden eine Miſchung von geſchmolzenem
„Bley, ſiedendem Oel, brennendem Baumharz, Wachs
„und Schwefel geſchüttet, dann der Körper von vier
„Pferden zerriſſen, Haupt und Glieder ins Feuer gewor-
„fen, zu Staub verbrannt, und der Staub in die Luft
„geſtreut werden ſolle. “

Bemerkungen darüber würden überflüßig ſeyn.

Dieſe Art der Hinrichtung iſt unter uns ſehr alt[17]).
Gregerius Turonenſis führt mehrere Beyſpiele davon an.
Man ſparte ſie für den Hochverrath. Ganelon wurde
geviertheilt, weil er ſich gegen Karl den Großen verſchwo-
ren hatte. Doch nicht Frankreich allein hat ſich ſo
abſcheuliche Barbarey vorzuwerfen. „Als Richard der
britte, ſagt Voltaire[18]), der Mörder ſeiner beyden Nef-
ſen, als König von England anerkannt worden war,
ließen die Obergeſchwornen (Grand-Jury) den Ritter
William Colimbrun viertheilen, weil er an einen Freund
des Grafen von Richmond, der damals Truppen warb,
und nachher unter dem Namen Heinrich des Siebenten
regierte, geſchrieben hatte. Es waren zwey Zeilen im
Briefe von ſeiner Hand geſchrieben, die einen ſehr plum-
pen Scherz enthielten. Dieß war genug, um den Rit-

M 5 ter

---

17) Man kannte ſie ſchon in Rom. S. Liv. L. I. c. 28. Dionyſ. Halicarnaſſenſ. L. III. Florus L. I. c. 3. Seneca ep.
   14. Virgil. Aen. VIII. v. 642. f.

18) Commentaire ſur le livre des délits et des peines, im
   Abſchnitte: de la différence des loix politiques et des
   loix naturelles. (Oeuvres T. XXIX. p. 240 ed. Goth.)
   überſetzt in der neuen Ausg. des Beccaria, (Breslau 1788)
   B. I. S. 242.

ter auf eine so schmählicje Weise zu verurtheilen. Die
Geschichte ist voll von solchen Beyspielen der Gerechtigkeit. "

Wenn in China eine Frau ihren Mann getödtet
hat, so wird sie nackend auf ein Bret gelegt, der Henker
reißt ihr mit einem glühenden Haken eine bestimmte Anzahl von Stücken Fleisch aus, die er mit seinem Messer
zersetzt.   Der erste Schlag darf ihr das Leben nicht rauben.   Dies wäre ein Verbrechen, das den blutdürstigen
Diener der Rache der Gesetze selbst das Leben kosten würde.
Aber wenn die Erecution vorbey ist, dann läßt man dem
Henker das Recht,   den Martern des unglücklichen
Schlachtopfers ein Ende zu machen [19]).   Eben so bestrafen die Chineser das Verbrechen der beleidigten Majestät.   Man wird sich darüber nicht wundern, wenn
man bedenkt, welche Ehrfurcht in China ein Vater oder
ein Gatte einflößen.   Sie üben über ihre Familie eine
völlige Souveränität aus; und Dank sey es einer Regierung, welche die Sitten schützt, der Stand des Vaters und Gatten gibt so gut als der Thron die Rechte der
Majestät.

Laßt uns ohne Anstand solche Hinrichtungen verbannen.   Sie waren nur der gekrönten Ungeheuer würdig,
welche die Römer beherrschten.   Einem Caligula ist es
ähnlich, daß er einen Senator dem Pöbel übergab, um
ihn zu durchbohren und in Stücken zu zerreissen, und
daß er nicht eher zufrieden war, bis er die Glieder und
Eingeweide seines Schlachtopfers durch die Strafen geschleppt und vor seine Füße gelegt sah; dem sah es ähnlich,

19) Parallele de Zoroastre, Confucius et Mahomet, P. II.
    Art. 2.

lich, daß er, als ihm das Fleiſch für die zu den Spielen
beſtimmten Thiere zu theuer war, ſie mit dem Fleiſche
der lebendig vorgeworfenen Verbrecher füttern ließ, und
daß er ſelbſt diejenigen auszeichnete, die zu Schlachtopfern beſtimmt waren [20]). Welche Abſcheulichkeit käme
von einem Fürſten unerwartet, der ſeinen Henkern,
langſam zu morden, und ſo den Tod recht qualvoll zu
machen gebot; der ſich rühmte, nicht blos Inſeln zum
Verweiſen, ſondern auch Schwerter zum Morden zu be-
ſitzen; der kraftloſe Greiſe reiſſenden Thieren vorwerfen
ließ; der einen Kranken zu tödten befahl, mit den Worten: „er bedürfe zu ſeiner Geneſung eines Aderlaſſes;“
der aller zehen Tage eine Liſte von den zum Blutgerüſte
beſtimmten Schlachtopfern publicirte, und dieſes „ſeine
„Rechnung ins Reine bringen“ (rationem purgare)
nannte; der endlich, voll des bitterſten Schmerzes,
alle ſeine Unterthanen nicht auf einmal morden zu können, in die Worte ausbrach: „O daß das Römiſche
„Volk doch nur Einen Hals haben möchte! [21])“

Neunter Abſchnitt.
Von der Strafe des Feuers.

Dieſe Strafe war bey mehrern Völkern üblich.
Man findet Beyſpiele davon in den erſten Jahrhunder-
ten unſrer Monarchie. In Rom ſtand ſie nach den zwölf
Tafeln auf Feueranlegen.   Aber kein Volk änderte ſie
ſo mannigfaltig ab, als die Babylonier und Hebräer. In
Babylon warf man die Menſchen bald in glühende Oefen,

zum

20) Sueton. Caligula, c. 27. 28.
21) Sueton. l. c. c. 29. 30.

zum Beyspiel die jungen Israeliten, welche das Bild
Nebucadnezars nicht anbeten wollten, bald warf man
sie in Pfannen mit siedendem Wasser, wie den Achab,
Colias Sohn.   In Judäa bediente man sich bald glü-
hender Kessel, bald zu Scheiterhaufen aufgerichteter
Baumäste, oder man brach den Verbrecher den Mund
auf, goß ihm geschmolzenes Bley in den Hals, und
schnürte ihn zugleich denselben mit einer leinenen Binde zu.

In Frankreich wird dem Verbrecher ein Hemde von
Schwefel angezogen, und er mit einer eisernen Kette an
einen Pfahl gebunden.   Die Strafe des Feuers ist die
schwerste unter den ordentlichen Strafen, und doch ahn-
det man nicht den Elternmord, aber statt dessen, Magie,
Kirchenraub, Blasphemie und Ketzerey mit dieser Strafe.

Ich brauche nicht erst zu bemerken, daß diese Strafe
abgeschaft werden sollte, wenn auch die Todesstrafe beybehalten würde.   Eben so ist es mit der Strafe des
Rads.

Zehnter Abschnitt.

Von der Strafe des Rads.

Es kann uns wenig verschlagen, ob das erste Beyspiel dieser Strafe im zweyten Jahrhunderte nach Christi
Geburt und unter der Regierung des Commodus,
oder lange hernach von Ludwig dem Dicken gegen die Mörder des Grafen von Flandern, oder vom
Kayser Albrecht, während seines Krieges mit den
Schweizern zu Anfange des vierzehnten Jahrhunderts,
und an Rudolph von der Warth, der ihm nach dem
Leben getrachtet hatte, ausgeübt worden ist.   Gewiß
aber

aber wiſſen wir, daß ſie in der franzöſiſchen Geſetzgebung erſt unter Franz dem erſten angenommen wurde,
und man möchte gern dem Kanzler Poyet eine Erfindung
zueignen, die ſeiner ſo würdig wäre.   Gleichwohl iſt
das Edikt vom 4. Februar 1534, und lautet ſo:

„Nachdem durch verſchiedene ältere Edikte denen-
jenigen, welche aus böſer und ſchädlicher Abſicht mit
heimlichen Nachſtellungen und verabredeten Anfällen,
oftmals des Nachts die in Städten, Dörfern und Flecken
unſers Königreichs Gehenden und Kommenden, zu berauben und zu plündern ſich unterfangen haben, wie nicht
weniger, denen, welche in und auſer den genannten Orten gleiches Verbrechen verüben, den durch die Straſen
Gehenden auflauern, ja oft gar in die Häuſer dringen, dieſelben mit Dietrichen eröfnen oder gewaltſam aufſpren-
gen, die koſtbarſten Geräthe, die ſie darin finden, ganz
oder zum Theil rauben u. ſ. w. verſchiedene Arten der
Todesſtrafe, beſonders die Strafe des Henkens und Er-
droſſelns angedroht; dadurch aber zu unſerm größten Leid-
weſen die Verbrecher nicht gebeſſert worden, vielmehr
dergleichen ſtrafbare Handlungen immer fortdauern: ſo
haben wir uns zur Sicherheit unſrer Unterthanen, erwähnte Miſſethäter durch härtere Strafen zu züchtigen,
genöthigt geſehen, und befehlen daher, daß alle, die ſich
genannter Verbrechen ſchuldig machen, auf folgende
Weiſe beſtraft werden ſollen.   Es ſollen ihnen die Arme
an zween Orten, oben und unten, ferner die Lenden, Beine
und Schenkel zerſtoßen, und ſie mit dem Geſichte gegen
den Himmel, auf ein hoch aufgepflanztes Rad gelegt
werden, worauf ſie lebendig liegen ſollen, um ſo viel
und ſo lange ihre Miſſethat zu bereuen, als es unſerm
Herrn gefallen wird, ſie dort liegen zu laſſen.“

Auſer-

Auserdem, daß diese Verordnung barbarisch ist, ist sie auch inconsequent. Auf Todtschlag stand der Galgen, man ließ ihn für dieses Verbrechen bestehn. Das Rad war anfangs nicht gleich eine Strafe des Mords, sondern des Strasenraubes, des Diebstahls mit Einbruch. Das Geld schien also wichtiger, als das Leben.

Diese sonderbare Ungleichheit wurde endlich unter der Regierung Heinrichs des Zweyten abgeschafft [22]).

Sie zu reformiren, gab es zwey Wege. Entweder mußte man sich für die Straßenräuber mit dem Galgen begnügen, (und diese Strafe hätte zu dem Verbrechen kein Verhältniß gehabt,) oder die Strafe des Mörders schärfen und ihn zum Rade verdammen. Das erste war weniger unmenschlich, man zog daher das zweyte vor. Um also die Absurdität zu vermindern, vermehrte man die Barbarey. Die Räuber schienen nun nicht mehr größere Verbrecher, als die Mörder, zu seyn, allein sie wurden mit gleicher Strenge gestraft. Auch sehen wir eine ganze Schaar von Criminalisten, Strasenraub und Aelternmord, in Rücksicht auf Strafe und Schwere, in eine Klasse setzen.

Noch ist zu bemerken, daß das Gesetz, welches gegen den Diebstahl bey einem Privatmanne so hart ist, sich begnügt, die Administratoren, welche die öffentlichen Gelder angreifen und den ganzen Staat plündern, an Gelde zu strafen. Im vierzehnten und funfzehnten Jahrhunderte wurde der Pekulat mit dem Tode bestraft. Enguerrant von Marigny, Oberaufseher der Finanzen bey Ludwig dem Schönen, wurde unter Ludwig dem Zänkischen

22) Edict vom Julius, 1547.

kischen (Hutin) dazu verurtheilt. Jakob Coeur würde es unter Karl dem siebenten nicht besser ergangen seyn, wenn nicht dieser Fürst die Strafe in eine Geldbuße von 300000 livres und in Confiscation aller seiner Güter verwandelt hätte 23). Mehrere andre Gesetze bestätigten die Todesstrafen. Im Jahr 1726 verwandelte sie Ludwig der Funfzehnte in Geldstrafen 24). Hier kann man in der That mit Cato ausrufen: Wer einen Privatmann bestohlen hat, den wirft man in Ketten, (wir sollten sagen, den tödtet man,) und die Räuber des Staats leben ungestraft in Glanz und Ueberfluß 25).

Man empfindet das Barbarische der Strafe des Rades so sehr, daß die Menschlichkeit der Richter durch ein heimliches retentum fast immer befiehlt, den Verbrecher zu erdrosseln, bevor er gerädert wird.

Eilfter Abschnitt.
Von der Strafe des Schwerts.

Es war unter den berühmtesten Völkern ein gemeiner Irrthum, die Würde des Schuldigen selbst in der Strafe zu ehren; statt diesen Irrthum zu zerstören, haben wir ihn noch mehr bestärkt. Die Römer unterschieden den Bürger vom Sklaven, und daraus begreift man den Unterschied unter den Strafen; aber darf man in dem freyen Frankreich noch durch diese Ungleichheit in

Anse-

---

23) Das Arret des Parlements ist vom 19. May, 1453.
24) Deklaration vom 18. Sept.
25) Fures privatorum furtorum in nervo atque compedibus aetatem agunt; fures publici in auro atque purpura. Gellius Noct. Att. L. II. c. 18.

Ansehung des Gesetzes einen großen Theil der Nation beschimpfen [26])? Hieße das nicht die Grundsätze der Knechtschaft und des Lehnwesens wieder zurückbringen und heiligen?

Zwar hat man zur Rechtfertigung der Verschieden-heit in den Strafen gesagt: der Anschein betrüge auf Kosten der Wahrheit; die Uebereinstimmung liege mehr in der Schande, als im Schmerz. Ein Mann von hö-hern Range werde durch dieselbe Strafe härter ge-züchtigt. Aber sobald man diesen Grund näher erwägt, so ist es nichts als Lästerung der Vernunft und der Menschlichkeit; und zwar um so mehr, da man diese Schande, welche zur Bestrafung des Verbrechens eben so nothwendig ist, als die körperliche Züchtigung, von der Enthauptung trennen will *). Eine Todesstrafe, die

---

26) In manchen Provinzen, z. E. in Elsaß, werden die adlichen und die bürgerlichen Verbrecher ohne Unterschied enthauptet.

o) Es ist eins von den vielen kindischen Vorurtheilen, daß die Standesvorzüge selbst noch bis aufs Schaffot begleiten sollen. Wer behaupten kann, daß einem Menschen, dem eines Verbrechens wegen das Leben genommen werden muß, die bürgerliche Ehre bleiben könne; der weis wohl nicht recht zu beurtheilen, worin in einem wohl eingerich-tetem Staate wahre Ehre bestehen müsse, und daß sie in dem Maaße verlohren gehe, in welchem der Staatsbürger die Gesetze übertritt. Was für Ehre kann nun dem blei-ben, der bis zum höchsten Grade des Verbrechens, bis zum Verbrechen zum Tode herabgesunken ist? Je größer die Vor-züge waren, die der Staat einem solchen Menschen gewährte, je ehrloser und schändlicher war es, daß er die Sicherheit des Staats und seiner Mitbürger zu beeinträchtigen suchte! Die Vorzüge des Adels müssen Belohnung des Verdienstes, Ermunterungen zu gemeinnützigen Tugenden seyn; sie kön-nen also dem Verbrecher und Bösewichte unmöglich zu statten

die nicht entehrt, iſt eine Mißgeburt unter den Strafen. Ein Schriftſteller [27]) gedenkt eines Mannes, der blos deshalb fuͤr adelich erkannt wurde, weil ſein Großvater enthauptet worden war. Ein ſonderbarer Erwerbstitel!

Wie? Privilegien unter den Strafen! Eine privilegirte Strafe? — In China thut man gerade das Gegentheil; dort erdroſſelt man die Großen, der gemeine Buͤrger wird enthauptet [28]).

Faſt eben ſo dachten die Juden. Bey ihnen war Enthauptung die entehrendſte Art der Todesſtrafe [29]). Auch wurden die Kinder Iſrael nie damit beſtraft, ſondern nur die Fremdlinge, die ihren Wohnſitz im Juͤdiſchen Lande hatten.

Die Griechen kannten die Enthauptung nicht [30]); aber ſie ſtraften dieſelben Verbrechen allezeit mit denſelben Strafen, und war ja ein Unterſchied, ſo war er zum Nachtheil der Maͤchtigen und Reichen, indem man nach Verhaͤltniß der Mittel ſtrafte, wodurch ſich der Schuldige vor dem Verbrechen haͤtte bewahren koͤnnen.

Bey

ten kommen, der ſein Leben unter den Haͤnden des Nachrichters endigt, weil ihn die Geſellſchaft als ein gefaͤhrliches Glied von ſich ſtoßen mußte.

Anm. des Herausg.

27) La legislation philoſophique, politique et morale, Liv. 2 ch. 1.

28) Le Comte, lettre 9.

29) Moïſe conſidéré comme legislateur et comme moraliſte, chap. 5. Art. 2.

30) Ich ſage, die Griechen kannten ſie nicht, ob man ihnen ſchon deren Entſtehung zuſchreibt; aber wenn ſie auch bey ihnen exiſtirt haͤtte, ſo iſt doch, da ſie auch in Judaͤa Statt hatte, und die heiligen Buͤcher ihrer gedenken, wahrſcheinlich daß ſie von den Hebraͤern zu uns gekommen ſey.

N

Bey einem Verbrechen, welches den Tod verdient, ſagt Loyſel, ſoll der niedrige Verbrecher gehangen, der abliche enthauptet werden [31]. Dieß letztere, ſagen unſre Juriſten [32]), iſt nur von dem Verbrechen zu verſtehen, das an und vor ſich nicht entehrt, ob es ſchon ſonſt nicht entſchuldigt werden kann; denn wenn es ſeiner Natur nach, ſeiner Schwärze und Niedrigkeit wegen entehrend iſt, ſo ſollte der Abliche vom gemeinen Manne nicht unterſchieden werden," nach der zweyten Regel nämlich: daß „wenn der Abliche einer entehrenden Handlung überführt worden iſt, er auch als ein Ehrloſer beſtraft werden ſoll." Wo iſt dann aber, ich wiederhole es noch einmal, ein Verbrechen, welches die Todesſtrafe und nicht zugleich die Infamie zuziehen ſollte?

Zwölfter Abſchnitt.

Vom Galgen.

Dieſe Strafe wurde in den erſten Jahrhunderten unſrer Monarchie bekannt. Sie ward zuweilen den Räubern angethan [33]). Unter dem dritten Stamme der Könige kannte man lange Zeit keine andre Strafe.

Auch noch heut zu Tage iſt ſie in Italien die einzige [34]). Die alten Sachſen zwangen die Ehebrecherin

ſich

31) Tit. von den Strafen, N. 28.
32) S. unter andern Vouglans Inſtitutes au droit criminel, Part. 8. ch. 2.
33) Gregor. Turonenſ. L. VI. Baluzii Capitular. Reg. Franc. Tom. I. §. 19. im Edikt von Gildebert dem zweyten, vom Jahr 596. Criminoſus latro, u. ſ. w im 8. Art.
34) In gewiſſen Fällen werden die Verbrecher auch durch einen Schlag vor die Schläfe getödtet.

sich selbst zu henken P), dann warf man sie auf einen Scheiterhaufen, über welchem ihr Mitschuldiger aufgehenkt ward 35). In Rom durften die Jungfrauen nicht erdrosselt werden. Der gewissenhafte Tiber befahl dem Henker, sie vorher zu schänden, um doch dem Gesetz nicht ungehorsam zu seyn 36). Charondas hatte diese Strafe in das Gesetzbuch der Thurier aufgenommen. Diodor von Sicilien erzählt, daß dieser Gesetzgeber, um willführliche Abänderungen zu vermeiden, verboten habe, es solle Niemand auf den Markt kommen und die Reform eines Gesetzes verlangen, ohne einen Strick um den Hals zu haben. Diesen mußte er so lange umbehalten, bis das Volk durch eine feyerliche Entscheidung den gemachten Antrag genehmigt hatte. Erfolgte dieß nicht: so wurde der Strick sogleich zusammengezogen, und der Neuerer erdrosselt. Daß nur wenige Neuerungen vorgeschlagen wurden, brauche ich nicht erst zu bemerken.

N 2 Der

---

p) *Silberrad* not. ad Heinecc. Hiſtor. Iur. ad L. II. c. 2. §. XXXV. Dieſer führt aus dem 19. Briefe des Erzbiſchof Bonifazius an Aethelbald König von Mercia folgende Stelle an: In antiqua Saxonia ſi virgo paternam domum cum adulterio maculauerit, vel ſi mulier maritata perdito foedere matrimonii adulterium perpetrauerit, aliquando cogunt eam propria manu per laqueum ſuſpenſam vitam finire et ſuper buſtum illius incenſae et concrematae corruptorem eius ſuſpendunt. Aliquando congregato exercitu foemineo flagellatam eam mulieres per pagos circumquaque ducunt, virgis caedentes.

Anm. des Herausg.

35) Zuweilen wurden sie auch den andern Weibern überliefert, welche sie herumzerrten und zerfleischten.

36) Sueton. Tiber C. 61. Nero schändete zuweilen seine Schlachtopfer selbst vor ihrer Hinrichtung. So machte er es zum Beyspiel mit dem Aulus Plautius, seinem Verwandten, und sagte hernach: Nun kann meine Mutter meinen Nachfolger umarmen. Sueton. vita Neron. c. 35.

Der Geschichtschreiber gedenkt mir dreyer Beyspiele. Ein
einziges davon bezieht sich auf die peinliche Gesetzgebung.
Vermöge des alten Grundsatzes der Wiedervergeltung,
(Talion) der so viel Unglück auf Erden angerichtet hat,
befahl das Gesetz, dem, der dem Andern ein Auge aus-
gestochen hätte, ein Gleiches zu thun.   Ein Mann, der
schon auf dem einen Auge blind war, verlor durch einen
Schlag auch das zweyte; mit Thränen stellte er seinen
Mitbürgern vor, die Strafe des Verbrechers würde seinem
erlittenen Leiden nicht gleich seyn, da er das Gesicht ganz
verloren hätte, sein Beleidiger hingegen es behalten würde.
Seiner Meynung zu Folge forderte die Gerechtigkeit beyde
Augen des Schuldigen zum Opfer. Dieser aber bat, das
Gesetz zu ändern, und ihm lieber das Leben zu nehmen;
seine Bitte wurde erhört, und das Gesetz ward abge-
ändert [37]).

Kayser Joseph der Zweyte verstattete keine
andre Todesstrafe, als den Strang [38]).   Der Verbrecher soll nach der Execution noch zwölf Stunden hängen,
und dann ohne Ceremonie und Begleitung an einen abgesonderten Ort begraben werden.   In einigen Fällen
hat auch eine Art des Henkens Statt, welche völlig
infamirend ist [39]).

Nimmt man einmal die Nothwendigkeit der Todesstrafen an, so ist der Strang allen andern vorzuziehen.
Die Enthauptung selbst ist noch zu blutdürstig.   Mit
Schaudern sieht man den blutigen Kopf fallen, da hingegen der Strang nie ein öffentliches Schauspiel von Barbarey darbietet.   Der Mensch stirbt, ohne grausamer

weise

37) Diodor Sicul. L. XII.
38) In seinem Criminalgesetzbuche Kap. 20.
39) Ebendas. S. 17.

weise zu sterben q). Ueberdieß hat diese Strafe noch den traurigen Vorzug, daß dadurch die Schande, ein nothwendiges Bestandtheil der Strafe, erhalten wird.

q) Dieß ist eine sehr paradoxe Aeusserung; denn einmal trägt das Blut nichts dazu bey, die Strafe schrecklicher zu machen. Beym Rädern fließt bey weitem nicht so viel Blut, als beym Köpfen, und doch ist die Strafe grausamer. Dann ist auch der Strang eine quaalvollere Strafe, sobald das geringste versehen wird. Die schrecklichen Convulsionen des Gehenkten geben ein so scheußliches und barbarisches Schauspiel, so daß ich nicht begreifen kann, wie Herr Pastoret diese Strafe der Enthauptung vorziehen konnte, blos weil bey dieser Blut fließt! Das Beil ist die sicherste, die am wenigsten grausame und sollte auch die einzige Art der Todesstrafe seyn. **Anm. d. Herausg.**

Zweytes Kapitel

Von den Leibes = und afflictiven Strafen.

Alle Leibesstrafen sind zugleich afflictiv, allein nicht alle afflictive Strafen sind Leibesstrafen *). Die erstern beziehen sich vorzüglich auf körperliche Leiden, die letztern auf die Freyheit. Ich nehme hier beyde zusammen, weil sie oft in einander laufen. Die Brandmarkung, der Staupbesen, die Verstümmelung, das Aufhängen unter den Achseln, gehören gleichwohl mehr zu den körperlichen; die Galeeren, das Gefängniß, das Zuchthaus und die Verweisung zu den afflictiven Strafen.

Erster Abschnitt.

Vom Brandmarken.

Das Brandmarken auf Stirn oder Backen ist bey verschiedenen Völkern die gewöhnlichste Strafe. Die Chinesen lassen den Verbrecher ein schwarzes unauslöschliches Zeichen auf das Gesicht einbrennen. In Persien werden die Diebe auf der Stirn gebrandmarkt. Bey den Gentoos wird den Ehebrechern die Figur des Werkzeugs ihres Verbrechens auf die Stirn eingeschnitten. In Rom war vor den Zeiten Constantins das Brandmarken auf das Gesicht üblich; allein er befahl, nur, das Bein oder die Hand damit zu zeichnen.

Ein

---

*) Nämlich nach der oben bereits bestimmten Terminologie des Verfassers.　　　Anm. d. Herausg.

Ein auf die Hand leicht eingebranntes Zeichen ist in England bey einigen aus Unachtsamkeit oder in der ersten Hitze begangnen Verbrechen gebräuchlich, als; bey unwillführlichen Todtschlägen b), die entweder durch ein schwer vorherzusehendes Ungefähr, oder durch gereizten heftigen Jähzorn veranlaßt werden 1).

Plato nimmt im neunten Buche seines Werks von den Gesetzen eine doppelte Züchtigung an. „Jeder, der über dem Diebstahl einer geheiligten Sache betroffen wird, sagt er, er sey ein Fremder, oder ein Sklav, soll auf Stirne und Händen mit dem Zeichen seines Ver-brechens gebrandmarkt, und dann nackend aus dem Ge-biet der Republik gejagt werden.“

„In Frankreich, sagt Imbert 2), giebt es eine Art von Strafe, welche dem bürgerlichen Rechte entgegen ist: denn man drückt dem Verbrecher eine Lilie mit ei-nem glühenden Eisen auf die Stirne.“ Dabey führt der Herausgeber ein Urthel des Parlaments von Toulouse an, wodurch ein Präsident dieses Gerichtshofs zu dieser Strafe verurtheilt ward, weil er bey einer Untersuchung ein Falsum begangen hatte.

Ehedem schnitt man auch in gewissen Fällen den Verbrechern die Ohren ab; doch fand man die Schäd-lichkeit einer solchen Strafe bald. In Italien sah man sie noch früher ein, als wir: dort wurde nur der Rücken gebrandmarkt. Durch Annahme dieser Gewohnheit

N 4 bleibt

___

b) Hier sollte eigentlich eine bloße Polizeystrafe Statt finden; denn Unvorsichtigkeit ist kein Verbrechen und gereizter Zorn ist dem Wahnsinn gleich zu rechnen.

Anm. des Herausg.

1) S. Blackstone, Kap. 14.
2) lib. III. ch. 21. §. 7.

bleibt bey uns, wie in Italien, der Erweis der Strafe versteckt.

Viele bedauern, daß man diese Veränderung eingeführt hat. Aber haben sie auch Ursache dazu? Was
ist das für eine körperliche Strafe, sagen sie, wenn ihre
Wirkungen verborgen und ungewiß sind? Trüge der Verbrecher das Zeichen auf dem Gesichte, so würde dieß
dazu dienen, vor dem Verbrecher zu warnen; allein was hilft es, wenn es unter dem Kleide versteckt
ist? — Diese Gründe haben im Josephinischen Criminalgesetzbuche den Befehl veranlaßt, dem Verbrecher
das Zeichen des Galgens dergestalt auf die Backen einzu-
brennen, daß solches auf keine Weise verlöscht werden
kann ³).

Aber, indem ihr ihm dieses unauslöschliche Zeichen
eindrücken laßt, gestattet ihr ihm keine andre Wahl, als
die zwischen Verbrechen gegen sein Leben durch Selbstmord, und zwischen Verbrechen gegen Andere. Angenommen, daß er die Schande überlebt, so wird er sich wenigstens von den Menschen entfernen, und vor ihren Augen
nicht mehr zu erscheinen wagen. Einsamkeit, Verborgenheit, oder vielmehr, da er doch leben muß, sein Haß gegen
die, welche ihn zur Einsamkeit, und zur Infamie ver-
dammten, ist das Einzige, was ihm übrig bleibt. Was
er in euern Augen an Achtung verlor, das soll ihm euer
Geld ersetzen. Ihr zwingt ihn, ein Bösewicht zu seyn.
Wer wollte auch solchen Menschen Beschäftigung oder
Unterstützung geben, auf welche der tugendhafte Dürftige
Anspruch macht? Ich wiederhole es, da er ohne Zuflucts-
ort, ohne Arbeit, ohne Ehre und ohne Mittel, sie je wieder
zu erlangen, leben muß, so kann er auch nicht ohne Verbrechen

3) Art. 24. Kap. 2.

chen leben. Zahlreiche Beyspiele beweisen das selbst jetzt,
da man die Strafe versteckt, und so die Reue möglich gemacht hat.   Unter den Unglücklichen, die zum Hochgericht geschleppt werden, sind gewöhnlich schon die meisten
mit dem Stempel der Schande gebrandmarkt. Sagt also
nicht mehr, daß man sich leichter vor ihnen vorsehen könne,
wenn sie nicht mitten unter uns lebten.   Diese Abge-
schiebenheit selbst muß nothwendig ihre Verbrechen und
eure Gefahr erhöhen.   Aus diesem Grunde wurde der
alte Gebrauch, dem Verbrecher die Ohren abzuschneiden,
aufgehoben.   „Die Erfahrung, sagt Imbert 4), hat
gelehrt, daß, wenn einem ein Ohr oder beyde abgeschnitten waren, er nirgends zu einem Dienste gelangen konnte; er war daher genöthigt, sich in die Wälder
zu ziehen, und auf das Stehlen zu legen. "

Dem zu Folge ist die grausame Strafe der Brandmarkung ohne Nutzen; ja sie ist sogar für die Gesellschaft
sehr gefährlich.   Man verbindet sie auserdem noch mit
dem Auspeitschen, der Verweisung, und den Galeeren.
Wie? darf man so die Strafen ohne Noth auf einander
häufen? — Vielleicht um die Schmach tief einzuprä-
gen?   Aber wenn schon die Stäupung zuerkannt
worden, welche weit mehr eine infamirende als eine
physische Strafe ist, so ist diese Absicht erreicht, ohne
daß man noch den Angeschuldigten mit einem glühenden
Eisen zu zeichnen braucht. Verbindet man das Brandmarken mit den Galeeren: so antworte ich ebenfalls, daß
man durch Infamie eine Strafe nicht zu vergrößern
brauche, welche die natürliche Freyheit raubt, zu harten
Arbeiten, zu einem mühseligen Leben verdammt, und

N 5   den

_____

4) Pratique civile et criminelle, L. III. ch. 24. f. 8.

den Staat durch Bändigung derer, die ihm schaden
wollten, sicher stellt. Bey der Verweisung endlich ist das
Brandmarken, wie in jenen beyden Fällen, dem Vor-
wurfe einer unnöthigen Häufung der Strafen unterworfen; denn jene allein führt schon Infamie mit sich. Wahr-
lich nach dem Verhältnisse mancher Verbrechen ist es schon
Strafe genug, seinem Hause, seiner Familie, seinem Vaterlande entrissen zu werden, und das Bewußtseyn der Schande und des Verbrechens in ein fremdes Land hinüber zu
schleppen. Hierzu kömmt, daß die Verweisung, wie ich bald
zeigen werde, zwar nicht so hart, aber eben so wenig
zweckmäßig ist, als das Brandmarken.

So lange man noch das Gesicht damit bezeichnete,
war die Strafe grausam und schädlich: als man sie aber
milderte, that man das, was die Menschen nur zu oft thun,
statt die Wurzeln des Uebels auszurotten, hieb man nur
einige Aeste ab. Aus blinder Ehrfurcht für alte Gebräuche behielt man die Strafe bey, blos weil sie einmal da war, zugleich aber wollte man doch die Menschlichkeit nicht mehr beleidigen, die unaufhörlich ihre
Stimme erhob. Die Grausamkeit ward also vermindert; aber sie blieb doch, und auf die allgemeine Wohlfarth, womit gemeiniglich harte Strafen entschuldigt
werden, konnte man sich nicht einmal mehr berufen, da
die Spur der Strafe nicht weiter bemerkt wurde.

Eine fürchterliche Inconsequenz! Aber man höre
folgendes Verbrechen gegen die Menschheit: „Wer schon
gebrandmarkt ist, und sein Verbrechen zum zweytenmal
begeht, wird mit dem Tode bestraft 5).“

Welche

5) In der Declaration vom 4. März 1724 im 5. Art. heißt
es: „Die zur Galeere Verurtheilten sollen gebrandmarkt
werden,

Welche entsetzliche Logik! Zwey geringere Verbrechen sollen Ein schweres ausmachen! Zwey gleiche Fehler sollen den Tod verdienen, da jedes für sich nur eine
kurze Beraubung des Vaterlandes oder der Freyheit verdiente!

Ein neuer Schriftsteller, dessen Werk [6]. einige
nützliche, auf Erfahrung gegründete Bemerkungen enthält, schlägt vor, die Verbrecher nicht mehr durch den
Henker, sondern durch die Chirurgen der Gefängnisse, oder
durch den jüngsten derselben in jeder Stadt, brandmarken
zu lassen. Das hieße ein ehrwürdiges Gewerbe infamiren.
Alle Dienste, die sie der Gesellschaft erweisen könnten, würden die Schande, die nicht mit dem Namen und dem Stande des Henkers, sondern mit den Handlungen und der
Grausamkeit, dieses Handwerks verursacht, verbunden
ist, nicht auslöschen. Dieser Schriftsteller gehört ferner auch unter die, welche das Brandmarken des Ge-
sichts wieder herzustellen wünschen; eine Meynung, die
sich noch hören ließe, wenn in Frankreich der Verbrecher
zu öffentlichen Arbeiten verurtheilt würde. Dann
könnte das Brandzeichen seiner Flucht noch ein Hinder-
niß mehr in den Weg legen, weil man ihn um so leichter wieder erkennen würde. Kayser Joseph hat daher
diese Strafe auch nur auf solche Verbrechen gesetzt, die
eine lange Bestrafung im zweyten Grade (das ist, eine
solche, die wenigstens dreyßig Jahre dauert,) nach sich
ziehen [7].

Das

---

werden, damit sie, wenn sie wieder ein Verbrechen begehen,
das eine afflictive Strafe verdient hätte, am Leben gestraft
werden können.

[6] Legislation philosophique, politique et morale, L. III.
ch. 2.

[7] Allgemeines Gesetz über Verbrechen vom Jahr 1787. Art. 24.

Das Brandmarken auf Stirne oder Backen führt noch eine Ungerechtigkeit mit sich, die einer nähern Darstellung bedarf. Es ist diese Strafe meistens mit der Galeerenstrafe verbunden. Diese aber dauert oft nur eine gewisse Zeit, als: drey, fünf, neun Jahre. Gleichwohl ist das Brandmal nicht zu verlöschen, und der Unglückliche, der nur einige Jahre lang gezüchtigt werden sollte, wird durch das Schandzeichen auf seine ganze Lebenszeit gestraft ⁶). Im Kirchenstaate besteht das Brandmal in der Figur zweyer kreuzweis über einander gelegter Schlüssel, dem Wappen des Pabstes; in Frankreich zuweilen in einer Lilie, dem Wappen des Hauses Bourbon. Warum drückt man denn die Wappen der Fürsten auf den Körper des Verbrechers? Eher würde ich, wenn man die Strafe beybehalten wollte, das Zeichen eines Galgens, wie Kayser Joseph befahl, oder auch die Anfangsbuchstaben des Verbrechens oder der Strafe, wie gröstentheils bey uns geschieht, vorziehen. Die alten Römer brandmarkten den verläumberischen Ankläger an die Stirn mit einem K, als dem ersten Buchstaben des Wortes Kalumnia, oder Kalumniator ⁸).

In einer Verordnung von 1724 ist verordnet ⁹), daß die Bettler auf den Arm gebrandmarkt werden, doch mit

---

c) Dieß ist ein seichter Grund. Das Gesetz dictirt doppelte Strafe, eine auf Lebenszeit, dieß ist das Brandmal, die andre auf einige Jahre, dieß ist die Galeerenstrafe. Also würde hierinn gerade keine Ungerechtigkeit liegen, wenn sonst die Strafe nicht aus andern Gründen unmenschlich wäre.   Anm. des Herausg.

8) S. Plinius in Panegyr. c. 35. Daher ein unbescholtner, tugendhafter Mann bey ihnen oft integrae frontis homo heißt.

9) S. Verordnung vom 18. Jul. 1724. Art. 3.

mit dem Zusatze: „daß sie dadurch nicht infam werden
sollen." Diese letzten Worte scheint die Menschlichkeit
eingegeben zu haben; aber diese Idee verschwindet bald,
wenn man in eben demselben Artikel liest, daß der, welcher zum drittenmal sich über dem Betteln betreten läßt,
zu fünfjähriger Galeerenstrafe verurtheilt werden soll.

Kayser Leopold hat schon lange das Brandmarken
in Toskana abgeschafft [10]). Laßt uns diesem Beyspiele
folgen [d]).

Zweyter Abschnitt.

Vom Auspeitschen.

Wer über die peinlichen Gesetze schreibt, dem fallen
alle Augenblicke Beyspiele von barbarischen Fürsten aus
der Geschichte ein, die sich ein Vergnügen daraus machten, den Thron der Welt mit Blute zu besudeln. Zuweilen erfanden sie neue Martern, und wenn sie ja bereits bekannte Strafen einführten, so gaben sie ihnen
wenigstens noch einen barbarischen Zusatz. Caligula [e])
ließ Schauspieler geiseln, um das Vergnügen zu haben,
sie

---

10) Neues Criminalgesetzbuch für Toskana, §. 54.

d) In Churfachsen exiftirte diese Strafe nie, auffer bey der
erften Claffe der Baugefangenen, welchen unten auf der einen Hand nach Unterschied der zuerkannten aber erlaffenen
Todesstrafe die Form eines Schwerds, Rads oder Galgens
eingebrannt werden soll. S. Befehl vom 30. Jan. 1739.
Cod. Aug. Fortf. 1. B. S. 4.
Anm. des Herausg.

e) Beyspiele dieser Art sollte man bey der Theorie oder Geschichte der Criminaljustiz gar nicht anführen. Sie gehören gar nicht in die Geschichte der Strafen, sondern in
die Geschichte der Tyranney und willführlichen Grausamkeit.
Anm. des Herausg.

sie recht ausdrucksvoll jammern und seufzen zu hören.
Andre Male ließ er, statt der Ruthen, mit Ketten geiseln,
und wenn ihm endlich der Geruch der Wunden des Verurtheilten, dessen Marter täglich wiederholt wurde, Eckel
erregte, so ließ er ihn erwürgen ¹¹).

Es ist bekannt, was für ein Verhältniß zwischen
Verbrechen und Strafen bey uns Statt findet.   Die
Strafe des Auspeitschens giebt davon einen neuen Be-
weis. Sie steht eben so wohl auf Fällung eines Baums,
oder Erlegung einer Taube, als auf Verläumdung und
Ehebruch.

Mehrere Völker hielten diese Strafe nur bey Kindern für zweckmäßig.   In Sparta wurden die Kinder
aus den angesehensten Familien in Gegenwart ihrer Aeltern alljährlich einen ganzen Tag an den Altären Dia-
nens gepeitscht ¹²), doch diese sonderbare Feyerlichkeit gehörte zu ihren politischen Grundsätzen, nicht zu den peinlichen Vorschriften. Die zwölf Tafeln ¹³) verurtheilen
den noch unmündigen Dieb zu den Ruthen nach dem
Ermessen des Prätors.   Eine ähnliche Veränderung
findet sich in der französischen Gesetzgebung, und als
Ludwig der neunte die Strafen der Gotteslästerer fest-
setzte, so verordnete er, vermöge eines sehr alten Gebrauchs, daß Verbrecher, welche zwischen dem zehnten
und vierzehnten Jahre stünden, mit Ruthen gestrichen
werden sollten ᶠ) ¹⁴).

Wir

---

11) Sueton in vita Caligul. c. 33.
12) Plutarch im Leben des Aristides und des Lykurg.
13) Tab. II. P. 2. l. 1.
14) Verordnung von 1272.
f) Auch in Chursachsen werden blos Kinder mit dieser Strafe
    belegt. S. Resc. vom 17. Oct. 1742. Cod. Aug. Fortf.
    1. B. S. 334.   Anm. des Herausg.

Wir haben zu dem Römischen Gesetze noch einen mildernden Zusatz gemacht, der beybehalten zu werden verdient. Nicht öffentlich, sondern im Gefängnisse wird der Fehler oder das Vergehen des Knaben gestraft, nicht vom Büttel, dessen Hand allezeit schändet, sondern vom Kerkermeister. Und so ist es mehr bessernde Züchtigung als Strafe.

Es ist ein unglücklicher Umstand bey der französischen Gesetzgebung, daß das Vergnügen, sie wegen einer menschenfreundlichen Einrichtung zu loben, stets durch die Vorwürfe getheilt wird, die man ihr mit Recht zu machen hat. Hier stoßen wir auf einen starken Beweis ihrer Partheylichkeit wider den Dürstigen. Streichen mit Ruthen im Gefängnisse ist nicht allein für Unerwachsene bestimmt. Man hat hierbey Leute von hohem Range den Kindern gleich gesetzt, und die Criminalisten bemerken, daß eine Entehrung, die für Leute von schlechtem und niedrigem Stande paßt, Menschen von ausgezeichnetem Range nie treffen müsse. Je weniger also das Verbrechen verzeihlich ist, je weniger streng ist die Strafe; für die Schlachtopfer des Unglücks und des Mangels ist sie entehrend, nicht aber für die, welche von Reichthümern und Freuden umgeben sind.

Wenn man den Ursprung der Gesetze, die dem Stolze ihren Ursprung zu verdanken haben, kennen lernen will, so wird man ihn fast stets in den Römischen Verordnungen finden. Doch muß man dießfalls die Annalen des Römischen Freystaats durchgehen: dagegen hat man die Geschichte der Kayser zu studiren, wenn man die Entstehung der Absurditäten des Criminalprocesses, und der grausamen Strafen kennen lernen will. Das Ru-
then-

thenstreichen, welches lange Zeit hindurch in Rom bey allen Claßen von Bürgern Statt fand, wurde durch das Porcische Geseß, das man als eine Schußmauer der Würde des Römischen Bürgers betrachtete, auf die Sklaven und die Feinde des Vaterlands eingeschränkt [15]. Das nach ähnlichen Grundsätzen geschriebene Salische Gesetz setzte diese Züchtigung auch blos für Menschen vom Sklavenstande vest, und verschiedene von unsern Kapitularien beweisen, daß sie in der That anfangs nur eine Strafe für Sklaven war [16]. Daher kömmt es vermuthlich, daß das kanonische Recht die Priester davon ausnahm [17].

Zuweilen ließen die Römer die Verbrecher vor der Hinrichtung geißeln. Eine barbarische Gewohnheit, die auch der Gesetzgeber der Christen erdulden mußte [18]. Dieß war nicht das erste Beyspiel, dieser Europäischen Strafe in Asien. Der letzte Asmonäische König in Judäa, Antigonus, wurde vom Antonius, der ihn in Antiochia zum Gefangenen gemacht hatte, zur Geiselung und dann zur Brandmarkung verurtheilt.

Nach den Grundsätzen der französischen Gesetzgebung ist das Auspeitschen eine infamirende Strafe. Die
Griechen

---

15) Cicero pro Rabirio, c. 3. Livius, L. X. Es wurde einmal vernachläßigt, aber bald vom C. Sempronius Gracchus in seiner ganzen Strenge wieder hergestellt. Gellii N. A. Lib. X. c. 3.

16) Ein Gesetz Childeberts vom Jahr 554. diktirt sie ihnen wegen gotteslästerlicher Handlungen, und die spätern Gesetze verurtheilen sie nach Verhältniß der Umstände bald zu funfzehn, bald zu drey hundert Schlägen. Baluzii Capit. T. I. p 8. 16. 1265.

17) Non est dignum, vt Presbyteri honorabilia sua membra verberibus subiiciant.

18) Matth. 26, 37. Marc. 15, 15.

Griechen waren hierin der entgegengesetzten Meynung. Sie bestraften damit die Bürger, wie die Fremden, und der Gezüchtigte kehrte nach ausgestandener Strafe in die Gesellschaft zurück, und verrichtete seine Geschäfte, wie zuvor. Ein Spartaner ward, weil er von der gewöhnlichen Methode, zu fechten, abgewichen war, gegeiselt, und gleichwohl hernach als Gesandter nach Argos gesendet [19]. Wie die Griechen, dachten auch die Hebräer. Man behauptet sogar, sie hätten diese Züchtigung auch auf die Priester und Könige erstreckt. Diese stiegen vom Altar und vom Throne herab, um sich ihr, gleich jedem andern Bürger, zu unterwerfen, und bestiegen ihn wieder, wenn sie dem Gesetze Genüge geleistet hatten, ohne deshalb bey ihren Untergebenen und Unterthanen an ihrer Würde und an ihrem Ansehen zu verlieren. Diese Gebräuche sind Völkern von einfachen und rauhen Sitten zu verzeihen. Allein, bey neuern und verdorbnen Nationen würden sie eine ganz entgegengesetzte Wirkung hervorbringen. Ja, es würde meines Erachtens, schädlich und inconsequent seyn, wenn man der Strafe des Auspeitschens das Infamirende nehmen wollte. Schande ist ein weit zuverläßigeres Abschreckungsmittel, als Schmerz. Die Knute, wo jeder Schlag den Körper des Verbrechers zerfleischt, wollen wir den Russen überlassen.

In China ist eine andre Art dieser Strafe üblich, die zwar weniger grausam, doch aber den Grundsätzen einer guten Gesetzgebung zuwider ist. Man erlaubt da

den

---

19) S Thucydides im 5. Buche. Man schränkte sie nicht blos auf die ein, welche wider die militärische Disciplin und Taktik verstießen. Athenaeus (Deipnosoph l. 4.) gedenkt eines Kochs, der öffentlich ausgepeitscht wurde, weil er aus Irrthum ein Ragout für ein anderes zubereitet hatte.

O

den Verwandten des Schuldigen, sich statt seiner den
mit Peitschen bewaffneten Gerichtsdienern, welche das
Tribunal des Mandarinen oder des Richters umgeben,
zur Stäupung zu stellen [20]).

Dritter Abschnitt.

Von der Verstümmelung.

Wenn wir auch die Strafe des Auspeitschens beybehalten müssen: so ist dieß nicht der Fall mit der Verstümmelung.   Gleichwohl ist sie seit dem Anfange der
Monarchie bekannt.   Meistentheils wurde sie an Ohren, Augen, Füßen, Händen, Nasen verübt [21]). Dem
Meyneidigen hieb man die Hand ab, und der Dieb
verlor beym ersten Diebstahl ein Auge, beym zweyten
die Nase, beym dritten das Leben [22]).

Ludwig der neunte, aus dem dritten Geschlechte
unserer Könige, jener gute König, von dem Joinville
sagt, „daß er Gott und die heilige Mutter
„über Alles liebte," wollte die Gotteslästerer mit
dem Tode bestraft wissen.   Der Pabst mißbilligte eine
solche Strenge und ermahnte den König, auch die Verstümmelung zu verbieten.   Ludwig eilte, seinen Willen
zu erfüllen [23]).   Ungeachtet sich nun Thron und Altar
gegen diese harte Strafe vereinigten, so wurden die körperlichen Strafen doch wieder eingeführt, und Ludwig der
vier-

---

20) Mémoires concernant les Chinois T. 4. p. 158.
21) Gregor. Turonens. L. V. seq.   Man vergleiche damit
die Kapitularien.
22) Capitular. L. V. §. 196. 206. 247. 252. l. 3. §. 4. 10.
l. 6. §. 277. additam. IV. §. 139. 142.
23) S. Verordnung von 1272.

vierzehnte milderte erst die in den vorherigen Jahrhunderten ergangnen Verordnungen [24]), doch macht er zu dem Befehle, daß die Gotteslästerer bey den fünf ersten Fällen zu Geldbußen verurtheilt werden sollten, noch folgenden Zusatz: „Beym sechsten Male sollen sie an den Pranger gestellt, und ihnen dort die Oberlippe mit einem glühenden Eisen abgeschnitten werden; beym siebenten Male sollen sie ebenfalls am Pranger auf gleiche Weise die Unterlippe verlieren; und wenn ihre Verstockung und diese böse Gewohnheit so tief eingewurzelt ist, daß sie, nachdem sie jene Strafen alle ausgestanden haben, genannte Flüche und Gotteslästerungen auszustoßen fortfahren, so befehlen wir, daß ihnen die Zunge ganz ausgeschnitten werde, um sie an weiterer Begehung des Verbrechens zu hindern.“

In despotischen Staaten, wo man das, was leicht auszuführen ist, allezeit dem, was gerecht ist, vorzieht, muß die Verstümmelung häufig vorkommen. Um des kleinsten Vergehens willen wird in Siam dem der Hintere abgehauen, jenem der Arm geröstet, dem dritten die Zähne ausgerissen. Selbst in China, wo die Sitten den Despotismus der Regierung mildern, wird davon Gebrauch gemacht. Unter den fünf im Schuking angeordneten Strafen sind drey verstümmelnde [25]); Zoroaster befahl, dem Diebe die Ohren, und Mahomet, ihm die Hände abzuschneiden. Dieser ließ auch denen Hände und Füße abhauen, die ihm die göttliche Verehrung verweigerten [26]).

D 2

In

24) Declaration vom 30. Jul. 1566.
25) Parallele de Zoroastre, Confucius et Mahomet, P. II. Art. 2.
26) Ebend. P. I. Art. 5. P. III. Art. 4.

In Rom verlor der Dieb unter den Kaysern die Hände, wenn man ihm nicht das Leben nahm [27]. Octavian ließ einem seiner Sekretäre die Beine entzwey schlagen, weil er sich durch Bestechung verleiten ließ, jemand einen Brief mitzutheilen [28]. Eben so behandelte Tiber zwey junge Leute, in die er sich während eines Opfers verliebt und die er gemißbraucht hatte, weil sie sich ihre Schande vorwarfen [29]. Sein Nachfolger befahl, den Dieben die Hände abzuhauen, ihnen einen Zeddel, auf dem die Ursach ihres Verbrechens stand, an den Hals zu hängen, und sie so durch die Straßen von Rom zu führen [30]. Nero begieng ausschweifende Grausamkeiten. Er ließ den jungen Sporus entmannen, und wollte ihn dadurch zum Weibe umschaffen, um ihn mit großer Feyerlichkeit heyrathen zu können [31].

Wäre die Talion nicht eine Erfindung der Unwissenheit und Barbarey, könnte man bey den Strafen die öffentliche Sicherheit vergessen, und nur auf die Privatrache des Beleidigten oder die körperliche Züchtigung des Schuldigen sehen, so würde man es nicht ganz ungerecht finden, die Verräther, welche den Feinden die Staatsgeheimnisse entdecken, mit Ausreissung der Zunge, die Verfälscher von Schriften, Gewichten und Münzen mit Abhauung der Hände, und die Räuber mit einer andern Ver-

---

27) Welches durch die Novellen aufgehoben wurde. Nov. 134. c. 13.
28) Sueton. Octauian. C. 67.
29) Sueton. Tiber. c. 44.
30) Sueton. Caligula c. 32.
31) Daher man mit Recht sagte: das Menschengeschlecht würde glücklich gewesen seyn, wenn Domitius eine solche Frau gehabt hätte, Sueton. vita Neron. c. 28. vita Domitian. c. 10.

Verstümmelung zu strafen, wie ehemals in Aegypten geschah [32]). Dieses Verfahren gleicht dem unsrigen einigermaßen. Bey uns wird den Gotteslästerern die Zunge, den Kirchenräubern und Falsarien werden die Hände abgehauen. In den Kolonien werden manchmal den flüchtigen Negern die Sehnen der Kniekehlen durchschnitten, eine Strafe, die sie hernach zu ihren wichtigsten Arbeiten untüchtig macht.

In diesen Beyspielen erkennt man nun wohl Strafen, die den Haß und die Wuth des Beleidigten befriedigen. Allein Haß und Wuth sind keine Gründe, die den Gesetzgeber bestimmen müssen. Und doch scheinen die Gesetze der Aegyptier dieselben zum Grunde zu haben, weil vermöge derselben die Ehebrecherin die Nase, und der Ehebrecher seine Mannheit verlor [33]). Wenn es auf der einen Seite hart ist, eine vorübergehende Entehrung der Schönheit mit steter Häßlichkeit zu bestrafen, wie kann im letztern Falle die Strafe des Mannes mit der Sorge für die Bevölkerung und die guten Sitten bestehen? Zaleukus nahm den Grundsatz der Aegyptischen Gesetze in Rücksicht auf die Weiber an, und befahl, der Ehebrecherin die Augen auszustechen [34]). Auf ähnliche Weise bestraften die spätern, mehr oder minder barbarischen, Nationen dieses Verbrechen, zum Beyspiel, Westgothen [35]), welche noch überdieß auf Bestialität Entmannung setzten, eine Strafe die bey einer solchen Herabwürdigung der Natur vielleicht minder unzweck-

O 3 mäßig,

---

32) Diodor. Sicul. Lib. 1. Herodot. lib. 2.
33) Diodor. Sicul. lib. 1. In der Folge gab man dem Ehebrecher nur tausend Ruthenstreiche.
34) Aelian. Var. Hist. L. XIII. c. 24.
35) L. Visigoth. l. III. tit. 4. l. 1. et 2.

mäßig, als beym Ehebruche ist [g]). In Pohlen mußte der Ehebrecher eine fürchterliche Strafe erdulden. Man befestigte seine Geschlechtstheile mit einem Haken an einen Pfahl, und legte ein Scheermesser neben ihm, womit er sich in diesem Zustande selbst verstümmeln sollte. That er dieß nicht, so tödtete man ihn. Eben so wurde in Spanien, Sicilien und England dieses Verbrechen durch Verstümmelung bestraft, und was England insbesondere anlangt, so zeugen neuere Beyspiele — der ältern Befehle des Canut nicht zu gedenken, welcher der Ehebrecherin Nase und Ohren abschneiden ließ, — daß auch Männer nicht damit verschont wurden, wie z. B. Spencer, Eduards des zweyten Günstling und Mortimer, der Geliebte Isabellens von Frankreich. Noch ist eines Urtheils der Sternkammer (chambre etoilée) dieses Königreichs zu gedenken, wodurch ein Advokat, Namens Prinn, zum Pranger, zu einer Geldstrafe, und zum Verlust seiner Ohren verurtheilt wurde, weil er gegen das Schauspiel geschrieben hatte, welches König Karl der erste und seine Gemahlin Henriette liebten. Sollte man nicht die Geschichte der Tyrannen von Rom oder Byzanz zu lesen glauben?

Ich wiederhole es, die Verstümmelung ist eine durchaus untaugliche Strafe. Sie zerstört den Nutzen, den die Gesellschaft von dem Schuldigen, und er selbst durch seine

---

g) Unser Autor vermischt innere Schändlichkeit der Handlung irrig mit dem Grade des Verbrechens. Die Bestialität kränkt niemands Rechte. Der Ehebruch kränkt die Rechte des unschuldigen Ehegatten. Der Grad des Verbrechens aber ist nach dem Verhältnisse zu bestimmen, in welchem die Sicherheit und Recht eines andern beeinträchtigt und gestört wird. **Anm. d. Verf.**

seine Arbeit für sich noch hätte ziehen können.   Eine
Strafe ist zweckwidrig, wenn sie dem Nutzen des Staats
gerade zuwider läuft, statt ihn zu befördern. In Frankreich ist sie noch aus einer andern Ursache unnütz, und
dabey barbarisch. Man haut dem Verbrecher die Hände
erst im Augenblicke des Todes ab.   Wozu dann nun
zwey körperliche Strafen häufen?   Anders verhält es
sich zwar, wenn dem Verbrecher die Zunge ausgerissen
oder durchstochen wird; aber auserdem, daß jede Verstümmelung tadelhaft ist, so steht diese Strafe mit der
Blasphemie, die gewöhnlich damit geahndet wird, nicht
einmal im Verhältniß. [36]).   Man bemerke übrigens,
daß die Verstümmelung allein auf Schmähungen der
Jungfrau und der Heiligen steht; bey Lästerungen der
Religionsgeheimnisse, des Namens oder der Eigenschaften Gottes wird die Verstümmelung noch mit ewiger
Galeerenstrafe, oder dem Strange, oder dem Scheiterhaufen verschärft. Dem unglücklichen Labarre wurde die
Zunge aus dem Halse geschnitten, und die Hände abgehauen, ehe er in die Flamme gestoßen ward [h]).

D 4   Vierter

---

36) S. Verordnung Philipps von Valois, vom Jahr 1343.
   Karls des siebenten, von 1460. Ludwigs des zwölften, von
   1510. Franz des ersten, von 1546. Heinrich des vierten, von
   1608, und die Declarationen Ludwigs des vierzehnten
   von 1651 und 1666.

h) Auch dieses Kapitels bedürfte es zur Reform unsrer Chursächsischen Criminaljustiz nicht, weil auf verstümmelnde Strafen nicht mehr gesprochen wird. Ein neuer Criminalcodex
   wird diese Strafen auch aus unsern Gesetzen verbannen, in
   denen sie noch stehen, ungeachtet der Gebrauch sie abgeschaft hat. -   Anm. des Herausg.

Vierter Abschnitt.

Vom Aufhängen unter den Achseln.

Diese Strafe ist ungerecht, unnütz und barbarisch. Ungerecht, weil man sie Kindern wegen vermeinter Theilnahme an Verbrechen anthat, da doch die Gesetze bey einem Unmündigen gar keinen gewissen Vorsatz eines Verbrechens annehmen; unnütz, weil sie durch die Ruthe ersetzt werden kann, die, wie gesagt, mehr bessernde Züchtigung, als Strafe ist; barbarisch, weil sie den Tod nach sich ziehen kann, und wirklich nach sich gezogen hat. Der Bruder eines berüchtigten Diebes starb während derselben.

Eine andre Ungerechtigkeit, die aber glücklicher weise nicht mehr Statt haben wird, war diese, daß die Güter des zu dieser Strafe Verurtheilten confiscirt wurden, als ob er das Leben verloren hätte.

Fünfter Abschnitt.

Von der Galeerenstrafe.

„Es sind nicht vierzehn Tage, sagt der Abt Ma-
„bly [37]), daß ich einem Haufen Unglücklicher begegnete,
„die auf die Galeeren transportirt wurden; und ich kann
„versichern, daß niemals ein Schauspiel weniger zur
„Lehre und zur Abschreckung geschickt war. Sie san-
„gen aus vollem Halse; und hätten sie mich nicht an-
„gebettelt, hätte ich ihre Ketten nicht bemerkt, fürwahr!
„ich glaube, ihr Schicksal wäre mir beneidenswerth
„vorgekommen.“

Welche

[37) **Principes des Loix, L. III. ch. 9.**

Welche unanständige Spötterey! Welche bittere Uebertreibung!

So weit kann der Systemgeist einen großen Mann verführen!

Auch ich habe sie gesehen, die zusammengereihten Elenden, die man zur Sklaverey schleppte. Von den Ufern des Rheins und dem Gestade des Ocean hatten sie bis in das mittägliche Frankreich ihre Ketten und ihre Schande getragen. Wenn auch ja einer und der andere mit vestem Auge und kühner Stirn der Verachtung Trotz zu bieten schien, so sahen wir doch die andern alle, mit gesenktem Haupte, niedergeschlagenen Augen und bleichem Angesichte einhergehen, gleich als ob sie in unsern Blicken von neuem ihr Verdammungsurtheil lesen sollten.

Mably konnte andre Bemerkungen gegen diese Strafe machen, die würdigern Stoff zum Nachdenken gegeben hätten. Man könnte mit einigem Scheine der Wahrheit sagen: verderbt ihr die Verbrecher nicht ganz und gar, indem ihr sie so zusammen pfropft? Die Kleinern werden von den Größern lernen! Welch' eine Schule! Ein Bösewicht lehrt den andern alle ersinnliche Bubenstücke. Ist die Strafe nur momentan und ein Mensch tritt aus dieser Mördergrube von Laster und Schande, was bleibt ihm dann für eine andre Wahl, als die zwischen Dürftigkeit und Verbrechen?

Diese Gründe hangen mit der Sittlichkeit und der politischen Wohlfart der Völker zusammen. Aber sollten sie vielleicht nur scheinbar seyn, und sollte es keine sichern Mittel geben, die so eben geschilderten nachtheiligen Folgen zu verhüten? Ich verspare die Untersuchung hierüber auf den vierten Theil dieses Werks, wo ich die Frage,

ob

ob öffentliche Arbeiten Nußen oder Schaden bringen, beantworten werde.

Verschiedene Criminalisten haben die Frage aufgeworfen, ob der geistliche Richter zu den Galeeren verurtheilen dürfe. Allein, das Herkommen verbietet ihm diese Strafe, und ich hoffe, daß man dieses traurige Privilegium nicht reclamiren werde.

Die Verordnung vom Jahre 1564 verbietet, die Galeerenstrafe auf kürzere Zeit, als auf zehen Jahre zuzuerkennen. Glücklicherweise ist dies Verbot nicht gehalten worden. Was muß das für ein Land seyn, in welchem die Gesetzgebung unaufhörlich durch das Herkommen reformirt werden muß, und das Vergessen der Gesetze eine Wohlthat der Menschlichkeit ist!

In der Verordnung von Blois [38] heist es: „denen, welche durch Urthel unsrer höchsten Gerichtshöfe „(cours souveraines) zur Verweisung oder zu den Galeeren verurtheilt worden, soll keine Wiederrufung des „Urtheils von uns gestattet werden; und wenn durch „Zudringlichkeit, oder sonst, dergleichen Wiederruf von „Uns verfügt, und die Sache an einen andern Richter gewiesen seyn sollte, so befehlen Wir letzterm, darauf keine Rücksicht zu nehmen, und sich keiner Untersuchung der Sache anzumaßen, unter welchem Vorwande ihm auch die Jurisdiction zugeschrieben seyn „mag.“

Diese Verordnung scheint strenge zu seyn; aber sie ist gerecht.

Was

---

38) Art. 200. Man sagt, das erste Bepspiel von der Galeerenstrafe in Frankreich falle in die Regierung Karls des sechsten.

Was ich oben bey Gelegenheit des Begnadigungsrechts gesagt habe, kann nicht oft genug wiederholt werden: Man mache möglichst gelinde Geseße
aber man begnadige nie.

Sechster Abschnitt.

Vom Gefängnisse [i]).

Unter unsern Königen von den ersten Linien konnte
sich der Angeschuldigte dem Gefängnisse durch Caution
entziehen. Es brauchte kein andrer Bürger für ihn
gut zu sagen, sondern man hielt sich an sein Vermögen,
wenn es zur Caution hinreichend war [39]).

Keine Einrichtung kann menschlicher und gerechter
seyn, als diese; denn die Gerechtigkeit ist nothwendig
mit der Menschlichkeit verbunden. Bald aber wurde
das Gesetz, ich weis nicht warum, strenger. „Wie könnte
man es unterlaßen, sich der Person der Verbrecher zu
versichern, wenn sie dem Staate einen großen Nachtheil
verursacht haben? Die Folge hat bewiesen, wie schädlich es gewesen sen, daß man bey Zulaßung der Cau-
tionsbestellung so sehr nachgiebig war. Der Verbrecher mußte auf diese Art der Strafe zu entgehen, indem
sie

i) Es wird im Commentar diesem Gegenstande eine besondre
    Abhandlung gewidmet seyn.
                                        Anm. des Herausg.
39) Si accusatus, heißt es in den Kapitularien, res propriae
    habuerit, in mallo se adrhamiat; et si res non habet,
    fideiussores donet. Folglich wurde die Caution nur von
    dem Wohlhabenden verlangt. Bemerkenswerth ist, daß
    hier vom Diebstahl die Rede ist; de furto accusatus, sagen
    die Kapitularien T. IV. §. 29. Gregor. Turonens.
    Lib. X. c. 5.

sie durch den Vorstand in eine Geldbuße ausartete." Aus
diesen Gründen wollte man die Sache abgestellt wissen.
So veranlaßt oft die Abstellung eines Mißbrauchs einen
neuen Fehler oder gar eine Ungerechtigkeit. So handelte der Mensch ^k) von jeher: so wird er in Ewigkeit handeln. Eines Uebels müde, das ihn drückt, bleibt
er mit seiner Einbildungskraft bey einer Idee stehen, die
er sehr gerne für einen glücklichen Einfall hält. Allein,
die Vortheile, die er sich versprach, hören auf, reell zu
seyn, wenn man sie durch unvorhergesehene Uebel er-
kaufen muß. Der Verbrecher ist zwar seit dieser Zeit
nicht mehr so leicht dem Gefängniß entgangen; aber
dafür hat der Unschuldige darin geschmachtet. Das
Vermögen hat für den Menschen nicht mehr gehaftet;
aber dafür hat der Mensch den Gebrauch seines
Vermögens und seiner Freyheit verloren. Die
Strafe hat die Gesellschaft gerächt, und die Einwohner geschreckt, aber auch jeder Angeschuldigte hat eine
Strafe erlitten, nämlich die Verhaftung; und so ist aus
einem Vorsichtigkeitsmittel eine Strafe geworden. Das
Gesetz schränkte sich, wie gesagt, anfänglich nur auf
schwere Verbrechen ein; nach und nach dehnte man es
auch auf leichtere Vergehungen aus. Philipp August führte, wenn ich nicht irre, diese Abänderung
zuerst ein; der heilige Ludwig ahmte sie nach. Er
erforderte zur Verhaftnehmung entweder das Geständniß
des Angeschuldigten, oder einen gesetzlichen Beweis, oder
sehr starken Verdacht. Man sieht aus diesen letzten
Worten, wie das Gesetz nun schon von dem Richter
vereitelt

---

k) Und man setze hinzu, vorzüglich der Landsmann des Hrn.
   Verfassers.   Anm. des Herausg.

vereitelt werden konnte, weil er die Stärke des Verdachts nach seiner Willkühr schätzen durfte. Philipp August führte durch diesen Befehl ein Gesetz aus den Pandekten in Frankreich ein [40]. Ludwig der neunte dehnte es in der Mitte des folgenden Jahrhunderts [41] noch weiter aus, und bereitete dadurch das nachmals angenommene System des willkührlichen Arrestes vor. Im Jahr 1328 befahl Philipp von Valois, nur diejenigen in Verhaft zu nehmen, die über dem Verbrechen betroffen worden, gegen welche eine Präliminaruntersuchung (information préliminaire) Statt finde; ferner die, welche das allgemeine Gerücht anklage, gegen die sehr starker Verdacht eintrete, oder die, welche der Flucht verdächtig seyen. Dieß Gesetz scheint ein Verbot zu seyn, und ist in der That ein Gebot; denn fast alle Angeschuldigte befinden sich in einem von diesen Fällen. Wenn auserdem die Caution nicht Statt haben konnte, so war der Ankläger genöthigt, dem Angeklagten ins Gefängniß zu folgen, wo beyde ganz gleich behandelt wurden, bis die Richter das Verbrechen offenbart und die darauf gesetzte Strafe zuerkannt hatten. Die Etablissements des heil. Ludwig bestimmen dieß ausdrücklich in Ansehung derjenigen, die des Mordes oder der Verrätherey beschuldigt waren [42].

Gleichwohl ist noch eine, wiewohl sehr schwache Spur von unsrer ehemaligen Verfassung übrig geblieben, indem man den Angeschuldigten einstweilen entläßt, (Elargissement provisoire) der hinlängliche Caution bestellt.

Doch

---

40) l. 3. ff. de custod. et exhib. reorum.
41) Im Jahr 1254.
42) 1. B. 102. Kap.

Doch hat dieß Gesetz durch große Einschränkungen seine Wirksamkeit verloren. Um davon Gebrauch machen zu können, müßte der Proceß nicht mehr den Charakter der Strenge haben, der zur Infamie oder zum Tode führt; die von dem Richter schon gesammelten Beweise müssen in diesem Falle entweder von der Geringfügigkeit des Verbrechens oder von der Unschuld des Angeklagten starke Vermuthungen gegeben haben. So sehr sich auch letztere ihrer völligen Aufklärung nähert, so läßt doch das Gesetz sein Opfer nicht eher los, bis auch nicht die mindeste Spur von Verdacht mehr da ist, und so schließt sich der Abgrund der Gerechtigkeit in dem Augenblick wieder, da ihn endlich die Menschlichkeit öffnen wollte. Karl der siebente hat zuerst auf eine sehr bestimmte Art diese in allen spätern Gesetzen befolgte Methode eingeführt, und in einer zu Montil-les-Tours gegebenen Verordnung [43] befohlen, daß wenn der Status causae formirt, die Partheyen zum Verfahren verwiesen sind, und der Proceß gehörig instruirt ist, der Gefangene gegen hinlängliche Caution, sich auf Erfodern persönlich zu stellen, losgelassen werden sollte. Diesen Artikel bestätigten Ludwig der zwölfte [44] und Franz der erste [45]. Diese Wohlthat, wenn man anders Wohlthat nennen kann, was nur Gerechtigkeit ist, geht noch dazu verloren, wenn durch die Untersuchung, die anfänglich

---

[43] Verordnung vom 28. Octobr. 1444. Art. 119.

[44] Verordnung von Blois, v. M. Novembr. 1507. Art. 198.

[45] Verordnung gegeben zu Ys-sur-Thille, im M. Octobr. 1535. Kap. 13. Art. 28. und 47. und insbesondere für Bretagne, durch die Verordnung von Valence, vom 0. August 1536. Kap. 2. Art. 2. S. auch die V. von Villars-Cotterets, v. M. August 1539. Art. 12.

lich ein vortheilhaftes Ansehen hatte, gegründete Be-
sorgnisse sowohl in Ansehung des Verbrechers, als des
Angeschuldigten, entstehen. Auch hier stimmt unsre Gesetzgebung mit der Römischen überein, die zwar nicht
selten große, menschenfreundliche Anordnungen enthält,
noch öfter aber, und nur zu oft, den Charakter einer Gesetzgebung hat, welche Tyrannen für Sclaven ent-
warfen.

Vermöge unsrer alten Verfassung mußte, wenn der
Angeschuldigte austrat, sein Bürge eine Geldstrafe bezahlen [46]). Diese Strafe war gerecht; wäre sie aber
körperlich oder wider Freyheit, oder Ehre gewesen, so würde sie grausam gewesen seyn und mit dem Versehen, jemand
unverdienter Weise für tugendhaft zu halten, und ihm
beyzustehen, nicht im Verhältnisse gestanden haben.
Hätte hingegen auch nicht einmal Geldstrafe darauf gestanden, denn würde der Schuldige wie der Unschuldige,
Bürgen gefunden haben, und also diese väterliche Anordnung dem Verbrecher günstig geworden seyn.

Diese Einrichtung war der jetzigen weit vorzuziehen.
Jetzt soll sich Niemand rechtfertigen können, ohne in
Verhaft zu seyn; und wenn der Angeschuldigte aus Klugheit, die ungerechte Gesetze nothwendig machen, die
Flucht ergreift, so finden wir in dieser Flucht Grund zu
einer Vermuthung, daß er das Verbrechen wirklich begangen habe. Allein, würde nicht selbst der Unschul-
digste gerechte Ursache haben, für sich zu fürchten, wenn
man zu ihm sagte: Wenn deine Unschuld offenbar werden soll, so komm und begieb dich in den Aufenthalt der
Verbre-

---

46) S. die Etablissements des heil. Ludwigs, 1. B.
102. Kap.

Verbrecher, setze dich da, ohne daß deine Sache öffentlich behandelt wird, ohne rechtlichen Benstand der Gefahr eines Irrthums aus, der dir das Leben kosten kann!
Ferner beraubt der Zustand der Verhaftung den Angeschuldigten oftmals der Mittel, seine Unschuld darzu-
thun. Und ist dann endlich die Bedenklichkeit, die sich
der Richter aus Menschlichkeit macht, einen Menschen,
der sich freywillig den Händen der Gerechtigkeit überliefert, zum Schaffot zu schicken, ist diese Bedenklichkeit
nicht ein stillschweigender, der Strenge des Gesetzes ge-
machter Vorwurf?

Will man denn aber gleichwohl nach dem Benspiele
der Athenienser, der Römer, der Britten, der Dänen
und mehrerer andrer alten und neuen Völker 47),
fortfahren, den eines gewöhnlichen Verbrechens Angeschuldigten festzusetzen, statt diese Fürsorge des Gesetzes
nur für einige außerordentliche Verbrechen zu sparen: so
muß man daben doch wenigstens folgenden drey Forde-
rungen Genüge thun.

Die erste ist diese: Man mache aus einer
Arretirung kein Schauspiel für's Volk.
Wozu die Reiter, die Soldaten, die Waffen, die Ketten, das Ziehen durch so viele Menschen, die den Gefangenen schon durch ihre beleidigenden Reden und Vermuthungen beschimpfen? In England heist der Gerichtsdiener mit dem Stocke, dem Zeichen der ihm vom
Gesetz anvertrauten Gewalt, den Angeschuldigten, ihm
folgen,

---

47) S. oben im 1. Th. im 9. Kap. was die Britten und Römer betrifft. In Athen befahl das Gesetz, den freyzulas-
sen, der drey Cautionen darböte. Nur die Münzverfälscher
und Staatsverräther waren davon ausgenommen. Wegen
der Dänen s. das Dänische Gesetzbuch Kap. 19. Art. 1.

folgen, und nimt ihn ohne jenen traurigen Pomp mit
sich.   Der Angeschuldigte thut keinen Widerstand; denn
er weis, daß er den Schutz der Gesetze genieße; er weis,
daß jeder Widerstand unnütz seyn, und jeder Bürger
dem Polizeydiener Beystand leisten würde.   Die Verordnung von 1670 verdient auch deshalb noch mehr Tadel, weil sie die Clausel aufhebt, welche die Menschlichkeit gewöhnlich dem Richter eingab, nämlich diese:
den Angeschuldigten ohne öffentliche Beschimpfung ins Gefängniß abzuführen. 48).

Die zweyte Forderung ist diese: Man werfe
nicht mehr den Verbrecher und den Schuld-
ner in ein und dasselbe Gefängniß. In
Paris sind sie zwar getrennt worden 49), und der Schuld-
ner erwacht dort nicht mehr vom Gerassel der Ketten.
An andern Orten aber wird der Unglückliche noch immer
mit dem Verbrecher eingekerkert. Ist denn für den
Mann, welchen ein widriges Schicksal verfolgt, das
Andenken an ein besseres Glück, und das Leiden seiner
Gefangenschaft noch nicht Strafe genug? Ja, vielleicht sollte man auch die Verbrecher mehr von einander
absondern. Es ist gefährlich, sie beysammen zu lassen;
sie unterrichten sich wechselsweise in der schrecklichen
Kunst, Verbrechen zu verüben.

Die dritte Forderung ist diese: Man verbessere
das Schicksal der Gefangenen. Es ist davon
schon oben 50) gesprochen worden. Ich setze daher nur
noch

48) Tit. 10. Art. 17. „Wir verbieten, heißt es da, allen
„Richtern, daß sie nicht befehlen sollen, daß Niemand ohne
„öffentliche Beschimpfung eingebracht werde.“
49) Durch die Deklaration vom 30. August 1780.
50) Kap. 9. S. 10.

P

noch dieses hinzu, daß uns die Chinesen hierin zu
Mustern dienen könnten [51]), deren Geseße die größte
Sorgfalt für die Gefangenen einschärfen. Der Gesetzgeber hat auf jedes Verhältniß, auf Geschlecht, auf Alter und auf den Stand des Gefangnen diejenige Rücksicht genommen, welche ihm Gelindigkeit und Menschlichkeit vorschrieb. Ist er krank: so gewährt man ihm
allen Beystand; man schützt ihn gegen die Hiße des
Sommers, wie gegen die Kälte des Winters. Die
Thüre des Kerkers bleibt nicht unbarmherziger weise
verschlossen, sondern steht der Freundschaft und allen Ge-
fühlen der Natur offen. Die Hülfe der Mildthätigkeit
und die Tröstungen der Tugend können dorthin gelangen.

Auf Gefängniß als auf infamirende Strafe wird im
Tribunale der Marschälle von Frankreich und in der
Armee; zuweilen auch bey Polizeyvergehungen und bey
noch schwerern Verbrechen gesprochen. Ich werde in
der Folge davon handeln [1]).

Siebenter Abschnitt.
Von den Zuchthäusern.

Gleich beym Anfange dieses Abschnitts bietet sich
mir eine Bemerkung dar. Das Gefängniß ist nur ein
Vorsichtigkeitsmittel, um sich des Angeschuldigten zu versichern;

---

51) Memoires concernant les Chinois T. IV. S. 157.
Man sehe auch die Verordnung der Kayserin von Rußland
über die Gefängniße in der oft angeführten Instruktion S.
156. u. fg.

1) Ich setze noch eine Foderung hinzu: Man setze den Angeschuldigten nicht in dasselbe Gefängniß, in welchem über-
wiesene Verbrecher ihre Strafe erwarten oder zur Strafe
sitzen. **Anm. des Herausg.**

sichern. Das Zuchthaus ist eine Strafe für den Ver=
brecher 52). Gleichwohl gestatten die Gesetze jenem kein
andres Lager, als Stroh, keine andre Kost, als Brod;
diesem hingegen vergönnen sie Brod und Suppe, ein
Bett, einen Strohsack, eine Bettdecke und Betttücher 53).
Wäre es wohl zu viel, wenn man dem Angeschuldigten
diese Vortheile auch gönnte?

Die Zuchthausstrafe ist für Männer und Weiber.
Man sollte die Verbrecher hier zu steten Arbeiten anhal=
ten, und sie dadurch dem Vaterlande nützlich machen.
Auch würden sie so den Martern einer müsigen Einbil=
dungskraft nicht mehr überlassen seyn.

„Um den Verbrechen, heißt es in der Constitution
„von Pensylvanien, durch den Anblick fortgesetzter und
„daurender Züchtigungen, desto wirksamer zu begegnen,
„und blutige Strafen minder nothwendig zu machen,
„sollen Zuchthäuser angelegt werden, worin diejenigen
„Uebelthäter, die keines Kapitalverbrechens überführt
„sind, mit harten Arbeiten bestraft werden sollen; ent=
„weder zum Besten des Staats, oder um den, Privat=
„leuten angethanen Schaden zu ersetzen. Jedermann
„wird zu gewissen Stunden die Erlaubniß haben, hin=
„einzugehen und die Gefangnen arbeiten zu sehen 54).“

Nichts kann weiser seyn, als diese Einrichtung. In
Frankreich hat man seit einigen Jahren versucht, ein
nahe bey Paris gelegenes Hospital, in welches vorzüglich
ausschweifende Personen gesperrt werden, nützlich zu
machen. Man hat dort Werkstätten, wo Spiegelglas

P 2 geschlif=

---

52) Verordnung von 1670. Tit. 13. Art. 15.
53) Reglement vom 20. und 22. April 1684.
54) Constitution von Pensylvanien, Kap. 2. §. 39.

geschliffen wird, Mühlen, die mit dem Fuße in Bewegung gesetzt werden, und für die älteren und schwächern Personen eine Schnürsenkelfabrik angelegt, wo die Gefangenen Arbeit erhalten, die ihnen um so willkommner ist, da man ihnen eine kleine Bezahlung dafür giebt. Eine so menschenfreundliche Verbesserung sollte nicht blos auf Ein solches Arbeitshaus eingeschränkt seyn m).

Die weiblichen Züchtlinge werden in der Regel zur Arbeit angehalten. Die beyden Reglements von 1684 enthalten in dieser Hinsicht Verordnungen, welche fast alle beybehalten zu werden verdienten.

Die Zuchthausstrafe ist im Ganzen für die Weiber eben das, was die Galeeren für die Männer sind. Doch war in Rücksicht auf die bürgerlichen Folgen ein großer Unterschied zwischen beyden; denn Zuchthausstrafe führt die Confiscation der Güter nicht mit sich.

Eine Declaration von Ludwig dem vierzehnten 55) erlaubt, die Weiber des Verhörs wegen einzusperren. Also beraubt man sie ohne einen gesetzmäßigen Beweis, unter dem Vorwande einer nochmaligen Abhörung oder der Confrontation u. s. w. ihrer Freyheit.

Was

---

m) Und das hat man erst vor einigen Jahren in Frankreich eingeführt? So hätten ja die cultivirten Westfranken in dieser Hinsicht längst zu uns in die Schule kommen, und in unsern Zucht- und Arbeitshäusern, besonders den Chursächsischen, sehen können, wie man Verbrecher zu beschäftigen weis. Nur eins wünschte ich noch, daß nämlich bey uns der zur Arbeit fähige Züchtling blos nach dem Maaße und Verhältnisse seiner Arbeit, (deren Ertrag ihm freylich gering anzuschlagen wäre, damit es immer noch Arbeit zur Strafe bliebe) Unterhalt und Kost bekäme, damit diese Leute von der Sorge für ihr Auskommen im Zuchthause nicht entwöhnt würden.   Anm. d. Herausg.

55) Vom 26. Jul. 1713.

Was die Zuchthäuser anlangt, so verwechseln Gewohnheit und Gesetz zu oft schändliche Aufführung und Mangel.

Wäre es nicht zu wünschen, daß nicht ein und dasselbe Hauß der Aufenthalt des Armen und zugleich des Verbrechers seyn möchte [n])? Ich weis zwar wohl, daß man sie dort von einander absondert; aber die Einbildungskraft, auf welche eine Züchtigung und eine niedrige oder entehrende Handlung einen stärkern Eindruck macht, bleibt bey dieser Idee, als bey der Hauptsache, stehen, und das Gefühl des edeln Mitleids, welche die Dürftigkeit erregen sollte, wird durch die stärkere und wichtigere Erinnerung an Schande und Verbrechen erstickt.

Achter Abschnitt.

Von der Verweisung.

Die Verweisung besteht darinn, daß ein Staat dem andern und eine Provinz der andern wechselseitig den Abschaum der Gesellschaft zuschickt. Keine Strafe ist dem großen Grundsatze mehr entgegen: Was du nicht willst, daß dir die Leute thun sollen, daß thue ihnen auch nicht. Gleichwohl hat sie an einem der größten Vertheidiger der Menschenrechte, an Beccaria einen Verfechter gefunden [56]). Er

P 3   bestimmt

---

[n]) Auch ich wünschte, daß Armenversorgungsanstalten von den Zuchthäusern ganz getrennt werden möchten. Die furchtbare Idee der Strafe wird dadurch vermindert und der Arme leicht vom Beyspiele der Bösewichter angesteckt.

Anm. des Herausg.

[56]) A. a. O. §. 17.

bestimmt sie vorzüglich denen, die eines groben Verbrechens angeschuldigt worden, aber nicht völlig überführt worden sind, ungeachtet großer Verdacht gegen sie vorhanden ist. Dann müßte, nach seiner Meynung, „ein Gesetz, das so wenig willführlich und so bestimmt, „als möglich, wäre, den zur Verweisung verurtheilen, „der die Gesellschaft in die traurige Alternative gesetzt „hätte, ihn entweder stets zu fürchten, oder ihn zu beleidigen; zugleich müsse ihm das geheiligte Recht „nicht genommen werden, seine Unschuld jederzeit zu „erweisen." Sollte denn aber eine genauere Aufsicht, besonders eine Aufsicht in der Nähe, nicht besser seyn, als eine gefährliche Verweisung? Findet sich darin nicht eine Art von Widerspruch, daß man jemand das Recht läßt, seine Unschuld auszuführen, und daß man ihn gleichwohl exilirt? Und dann, kann man wohl zur Hälfte Verbrecher seyn? Es muß nie gestraft werden, wenn nicht völlige Ueberführung vorhanden ist. Ohne sie können wir unmöglich entscheiden ob der Angeschuldigte wirklich Verbrecher sey! Wir dürfen keine Gesetze verstatten, die Strafen zuließen, ohne daß das Verbrechen gewiß wäre [57]).

Ich bestehe um so mehr auf dieser Bemerkung, als der Name Beccaria von großem Gewicht, und seine Meynung von andern Schriftstellern angenommen worden ist. So glaubt zum Beyspiel Pagano [58]), die Ruhe der Gesellschaft erfordere es, den Verbrecher, wider den nur Vermuthungen Statt haben, auf immer aus dem Lande zu verweisen. Die Ruhe der Gesellschaft
besteht.

[57]) S. oben S. 20. Anm. 2.
[58]) Confiderations fur la procedure criminelle, ch. 31.

b. steht in der] Beobachtung der Grundsätze der natürlichen Billigkeit; nie kann sie eine Ungerechtigkeit gebieten. Noch auffallender ist es, wenn eben dieser
Schriftsteller sagt: „Wenn der Verwiesene ohne Erlaubniß zurück käme, so könnte man ihn alsdann, wegen der, öffentlichen Sicherheit drohenden Unordnung,
mit Recht zu einer auserordentlichen Strafe verurtheilen,
welche auserdem ungerecht|gewesen seyn würde, wenn man
sie ihm für ein noch nicht vollkommen bewiesenes Verbrechen zuerkannt hätte.“   Dem zu Folge wäre ja
Ungehorsam gegen einen Befehl einem vollkommenen
Beweise gleich zu achten.

Nach unsrer gerichtlichen Verfassung ist die Entfernung des Angeschuldigten bald eine Präsumtion, bald
eine Strafe des Verbrechens. Hier entstünde die Frage,
ob man einen Verbrecher wirklich strafe, indem man ihn
von denen entfernt, deren Gegenwart ihm Vorwurf und
Schande bringen würde; ob es nicht nützlicher seyn würde, ihn dazubehalten, und ihn öffentliche Arbeiten verrichten zu lassen; ob es endlich, wenn der Verwiesene
ein geschickter Handwerker oder ein thätiger Handelsmann ist, nicht ein politischer Fehler sey, ihn unsre
Künste und Industrie in andre Länder nehmen zu lassen? Hat man doch auch die ewige Landesverweisung der
weiblichen Verbrecher unter dem Vorwande verboten,
daß dadurch der Bevölkerung in unserm Lande Abbruch
geschehe.

Es gab eine Zeit, wo man die Ketzer verbannte,
Die Ursache des Gesetzes lag in der Nothwendigkeit, Menschen zu entfernen, die gefährliche Lehren verbreiten könnten. Aber warum will man sie denn in fremden Ländern

P 4   in

in Umlauf bringen? dürfen sich die Völker Irrthümer wie Kunst- und Naturprodukte zurückschicken °)?

Arcadius, der diese Inkonsequenz fühlte, veränderte die Strafen gegen die Ketzerey, aber er setzte ein grausames Gesetz an die Stelle des ungereimten, und bestimmte Todesstrafe.

Daß die Verweisung eine so allgemein angenommene Strafe ist, beweist deutlich, wie egoistisch bey allen Nationen die Gesetze sind. Statt die Menschheit für eine einzige große Familie anzusehen, theilen wir das Uebel, das wir scheuen, fremden Nationen mit; ja wir schicken es aus einer Stadt in die andere. Ich lasse die Verweisung bey solchen Localverbrechen gelten, die, wenn der Verurtheilte in dem Lande bleiben würde in welchem er verbrach, wahrscheinlicherweise wiederholt werden würden. Wenn zum Beyspiele ein Mensch jede Gelegenheit ergriffe, einem Andern zu schaden, wenn er schon oft seinen Zorn, seine Rache gegen ihn ausgelassen hätte, oder wenn er eine heftige Leidenschaft für die Tochter, oder die Frau eines seiner Mitbürger empfände und man deutliche Spuren eines Plans, dieselbe zu entführen oder zu verführen bemerkte, in diesen Fällen würde man zur Verweisung schreiten können. Wenn aber das Verbrechen nicht sowohl mit dem Aufenthalte des Verbrechers als mit seinen Neigungen oder seiner Armuth, zusammenhängt: dann bewirkt seine Entfernung weder Besserung noch Hülfe. So befiehlt

Ludwig

°) Es ist ausserordentlich zu verwundern, wie Herrn Pastoret Ketzerey als Verstandesirrthum noch unter die Verbrechen rechnen, wenigstens kein Wort sagen konnte, um diesem Irrthume zu begegnen! **Anm. des Herausg.**

Ludwig der neunte in seinen Etablissements [59], „daß
„derjenige der nichts habe, nichts verdiene und sich auf
„den Schenkhäusern herumtreibe, wenn er deshalb ver-
„nommen werde und sich dabey Lügen zu Schulden kom-
„men lasse, auch sich sonst ergebe, daß er eine schlechte
„Lebensart führe, fortgeschaft werden solle. "

Ueberdem ist die Verweisung eine natürliche Strafe
wider Ausländer. Die Beobachtung der Landesgesetze
ist die erste Bedingung, unter welcher man Fremde aufnimmt, und die Zurücksendung ins Vaterland die ge-
lindeste Strafe gegen den Uebertreter. Ich spreche hier
von kleinen Vergehungen. Größere Verbrechen muß
der Staat ahnden, in dem sie begangen worden sind.

Wenn man die Fremden verbannen wollte, so sollte
der Vorsitzende des Gerichts, das sie verurtheilte, der
Obrigkeit seines Geburtsorts [60] davon Nachricht
geben; so wie man ihn auch dahin bringen lassen sollte,
damit er der heilsamen Absicht des Gesetzes nicht entgegen handeln könne.

Die Landesverweisung ist in Genf gewöhnlich. Vor
kurzem ward diese Strafe auf eine sehr seltsame Weise
vollzogen. Ein Einwohner war beschuldigt worden, er
habe sein Vaterland verlassen wollen; um ihn zu strafen, verbot man ihm den fernern Aufenthalt [61]. Heißt

P 5   das

---

59) B. I. Kap. 34. S. auch B. 2. K. 16. Die Verweisung
war in Frankreich eine sehr alte Strafe. Gregor von Tours
gedenkt vieler Beyspiele. S. auch Baluzii Capitular.
Reg. Francor. Lib. I. p. 197. §. 9. p. 198. §. 19. p. 253.
§. 16. p. 254. §. 25. 26. 27. p. 255. §. 28. p. 256. §. 31.
p. 509. §. 13. p. 763. §. 49. p. 764. §. 50 u. a. a. O.

60) Wohl in der Regel seines vorherigen Wohnorts.

61) Im Jahr 1783 in dem Rechtshandel des Hrn. Molly.

das nicht im Namen des Gesetzes das Verbrechen begünstigen, das es strafen wollte P)?

Offenbar ist die Verweisung eine größere Strafe
für freye Bürger, als für die Unterthanen eines Despoten; aber in kleinen Staaten verliert sie einen großen
Theil ihrer Stärke. Alsdenn ist die Verweisung aus
dem Staate nichts mehr, als Verweisung aus der Stadt
oder dem Gebiete.

In der Schweiz ist die Verweisung, mit Confisca-
tion der Güter verbunden, die Strafe des Ehebruchs.
Die Confiscation ist ungerecht, aber Verweisung ist viel-
leicht die billigste Strafe für den der einer Frau solche
Gesinnungen einflößt, die ihrer Pflicht und ihrem
Glücke zuwider laufen.

Zu Zeiten der Republik wurde in Rom kein Bürger
ausdrücklich verbannt, aber wenn ihm auch die Strafe
nicht ausdrücklich zuerkannt ward: so zwang ihn doch
das Gesetz dazu, als dem einzigen Mittel, dem Tode
zu entgehn, da ihm der Gebrauch des Wassers und
Feuers untersagt war. Cicero nennt dies einen Frey-
hafen gegen Todesstrafe, einen beschützenden Altar, zu
dem man seine Zuflucht nehme 62). Die Athenienser
erlaub-

p) Und das überhaupt kein Verbrechen war; denn Emigra-
tionsverbote sind doch nur blos deshalb hie und da gültig,
weil sie mit Gewalt behauptet werden; der Staatsbürger
ist nicht glebae adscriptus. — Uebrigens täuscht sich Hr.
Pastoret sehr. Wenn ich aus einem Lande ziehe; so be-
halte ich in der Regel die Freyheit wieder hinein zu kommen;
diese Freyheit ward in gegenwärtigem Falle dem Emigriren-
den entzogen und hierin lag das Empfindliche der Strafe,
die auch zugleich etwas Entehrendes enthält.
                                    Anm. des Herausg.

62) Portus supplicii. — Confugiunt quasi ad aram in exilium. Cicero pro Caecina.

erlaubten einem angeklagten Bürger, die Flucht zu ergreifen [63]). Sie glaubten, er lege sich selbst durch die
Entfernung von seinem Vaterlande, dessen Verfassung
ihm an der Souveränität Theil gab, die gröste Strafe
auf.

Der Ostracismus, den Plutarch den Trost des
Neides nennt [64]), war eine Art von Verweisung, und
um so ungerechter, da er vorzüglich das Genie und die
Tugend traf. Wie kann man nach dem Ruhme trach-
ten, seinem Vaterlande zu dienen, wenn Eifersucht und
Verrath im Augenblicke eures Triumphs lauren, euch
anzutasten und zu verweisen!

Kayser Leopold der zweyte behielt in Toskana
die Verweisung aus der Gerichtsbarkeit und aus dem
Lande bey [65]). letztere findet bey Verbrechern Statt,
die deshalb, weil sie ihre Mitschuldigen angegeben haben, der ordentlichen Strafe entgehen. Ferner bey falschen Anklägern, Quacksalbern, Landstreichern, fremden
Bettlern und allen Verbrechern, die nicht Unterthanen
sind. Ueber dieses Gesetz wäre, mehr als eine Bemerkung zu machen [q]).

Auch

---

63) S. Demosthenes gegen den Aristogiton.

64) Im Leben des Aristides. Er dauerte zehen Jahre; doch
war die Confiscation nicht, wie in Frankreich, mit der
Verweisung verbunden.

65) Criminalgesetzbuch, Art. 55.

q) Man sehe hierüber, das, was ich in meinen Betrachtungen über Leopolds des Weisen Gesetzgebung in Toscana
in der zweyten Abhandlung S.   bemerkt habe. Der große
Gesetzgeber billigte selbst meine dort vorgetragenen Bedenklichkeiten, und bezeigte mir gerade über diese Stelle
mündlich sein Wohlgefallen.

Anm. des Herausg.

Auch die Kapserin von Rußland [66]) hat sie beybehalten. Sie befiehlt alle gegen die Sitten, gegen die
öffentliche Ruhe und die Ausübung der Gesetze begangene Verbrechen damit zu bestrafen. Zur Verweisung
eines Inländers werden stärkere Gründe erfordert, als
zur Verbannung eines Fremden.

Wenn die Verweisung auf eine gewisse Zeit zuerkannt ist, und der Verbrecher deshalb im Gefängnisse
bleiben muß, weil er der Civilparthey ihren Schaden
nicht wieder zu erstatten vermag, so erforderte es die
Gerechtigkeit, ihn nicht wegen seiner Armuth zu|stra-
fen, und die Zeit seiner Gefangenschaft von der Zeit der
Relegation abzuziehen.

Die Rechtsgelehrten geben vor, daß man, im entgegengesetzten Fälle, sowohl der öffentlichen Strafge-
rechtigkeit, als der Privatsatisfaction der Civilparthey
das Ihrige zugestehe. „Sonst, setzt Lacombe hinzu [67]),
wenn die Zeit des Gefängnisses an der Dauer der Verweisung abgerechnet werden sollte: so würde der Verurtheilte, der die Zeit seiner Verweisung im Gefängnisse
hätte verlaufen lassen, am Ende seiner verdienten Strafe
ganz entgangen seyn. Und so könnte man leicht die
Wirkung des Urtheils aufheben.“ Allein heißt denn das
einer Strafe entgehen, wenn man eine härtere dafür
leidet? Lacombe sagt selbst, das Gefängniß sey härter,
als Verweisung. Doch giebt er sogleich einen neuen
Grund an, warum er so entscheide: „das Gefängniß
sey hier nicht für Strafe anzusehen.“ Welche sonderbare

---

66) Instruktion, §. 70. 71. und 205.
67) Matieres criminelles, P. 1. ch. 1. Verschiedene Arrets
haben glücklicherweise das Gegentheil anbefohlen.

berbare Verwirrung in den Worten und der Principien! Verweisung ist eine Strafe; Gefängniß eine härtere als Verweisung, und gleichwohl will man Gefängniß für keine Strafe gelten lassen. "

Noch eine andre Meynung, die ich nicht unterschreiben kann, ist diese, daß man denjenigen, der auf eine gewisse Zeit verwiesen worden, und dessen Strafe nun zu Ende ist, auf immer für ehrlos, und daher zu der kleinsten bürgerlichen Bedienung für unfähig erklärt [68]. Heißt das nicht die Strafe über das Ziel ausdehnen, das ihr gesetzt war? Infamie war mit der afflictiven Strafe verbunden; ist es gerecht, daß jene noch bestehe, wenn diese schon erduldet ist?

[68] Verschiedene Arrets erklären sie selbst zu Commissairs bey den Pachtungen für unfähig. Der Codex giebt ein entgegengesetztes, unendlich gerechteres Gesetz. Post impletum temporis spatium non prorogabitur infamia. l. 1. C. de his qui in exilium dati.

Drit-

Drittes Kapitel

Von den entehrenden Strafen.

Man kann Menschen auf unzählliche Art strafen, und Schande ist hierzu kein unwirksameres Mittel als Schmerz und Gefangenschaft. Da die Infamie auf der Meynung beruht, so hängt sie eigentlich nicht vom Gesetzgeber ab; doch kann er sich dieser Meynung bedienen, um sie zu einer nützlichen Strafe anzuwenden. Jedes Zeichen derselben ist brauchbar und erreicht seinen Zweck. Ein Strohhut, eine rothe oder grüne Müße, eine Kunkel reichen dazu hin. Die Gentoos thaten nichts weiter, als daß sie dem Verbrecher mit dem Urin eines vierfüßigen Thieres den Kopf beneßen ließen, und unsre Vorfahren hielten es für großen Schimpf, einen Stuhl oder ein Thier auf dem Rücken tragen zu müssen [1]. Charondas befahl, die Verläumber sollten mit Tamarindenzweigen bekränzt, umher gehen, und die Deserteurs, oder die, welche ihre Dienste dem Vaterlande entzögen, sollten drey Tage lang mitten auf dem Markte in Frauenskleidern ausgestellt werden [2]. In China, wo die entehrenden Strafen sehr alt sind, da Chun sich deren oft bediente, dachte man hierüber ungefähr eben so. Dieser Kayser zwang die Verbrecher, auser dem Bezirk ihres Hauses, auf dem Lande, wie in der Stadt, und auf den Märkten, besonders in den Messen oder im Pallast des Fürsten bey feyerlichen Gelegenheiten, diese oder
jene

---

[1] S. oben im 1. Th. K. 5, S.
[2] Diodor. Sicul. Lib. XII. Die Alten nannten die Tamarinde lignum infelix.

jene Art von Kleidung zu tragen, je nachdem er dieses oder jenes Verbrechen begangen hatte [3]).

Einfache Strafen, wie diese, können zur Reinigung der Sitten beytragen, welche allmählich der öffentlichen Meynung eine vortheilhafte Richtung geben. Wenn man sieht, welchen Werth die Menschen der öffentlichen Achtung und der Ehre beylegen, so kann man darnach beurtheilen, wie schwer sie die Schande drücken werde; so oft diese Strafe zureicht, muß man ihr vor andern den Vorzug geben. Sie enthält ein minder grausames bey erfolgtem Irrthume leicht wieder gutzumachendes Hülfsmittel.

Es giebt sogar Verbrechen, die nur auf diese Art bestraft werden können. Wozu körperliche Züchtigungen oder Strafen an Freyheit oder Vermögen, auf das Duell, das sich auf falsches point d'honneurs gründet? Eine entehrende Strafe [4]), der Pranger, wäre die natürlichste. Den Tod darauf zu setzen, wie im Edikte vom 1679 geschahe, ist Grausamkeit. Des Adels für verlustig achten, wie in eben diesem Edikte verordnet ist, wäre Ungerechtigkeit. Denn so fällt ja die Strafe auf die Nachkommen des Verbrechers!

Und da ich einmal von Hinrichtung und Infamie spreche, so will ich bemerken, daß eine weise Gesetzgebung gegen die allgemeine Meynung ja keine Kräfte versuchen darf, die sich in Ohnmacht auflösen würden. So ist es mit der Empfindung, welche der Henker erregt. Einige Gesetzgeber und Schriftsteller haben in einem solchen

---

3) Memoires concernant les Chinois, T. I. p. 181. 182.
4) Ich habe dasselbe angerathen in der Amalthea 1. B. 1. St. S. 94. 96. in den Anmerkungen.

solchen Menschen nichts gefunden, als Muth, dem Gesetze zu gehorchen; aber vergebens wird man ihm das
Bürgerrecht verstatten, vergebens ihn zum Zeugniß lassen *), vergebens ihn auf eine fromme Art durch Abra-
hams Beyspiel rechtfertigen wollen. Die Menschlichkeit, die nie die Vernunft betrügt, wird vor einem
blutigen Gewerbe stets mit Abscheu zurückschaudern, dessen
jede Handlung schmähliche Beleidigung der Natur ist.

Bey andern Gelegenheiten schlägt man den entgegengesetzten Weg ein; Handlungen, auf welchen Infamie
stehen muß, werden mit solchen vermengt, welche sie
nie verdienen. Ein Edelmann wird als zur Strafe
zum Bürgerstande verdammt, wenn ich mich so ausdrücken darf, und er muß, wie dieser, von nun an Abgaben zahlen. Spricht eine solche Strafe nicht der Gerechtigkeit, der Vernunft, und allem, was da Menschen heilig ist, Hohn? Ueberdieß verräth sich das Gesetz selbst. Den Verbrecher straft es sehr gelinde, am
Volke hingegen versündigt es sich sehr hart; es zeigt
dadurch, wie ungerecht es gemeiniglich gegen die nützliche

*) Warum nun dieß nicht? Wird er durch sein grausames
Handwerk auch der Betrügerey verdächtig? — Auch
die übrigen hier angeführten Gründe des Verfassers sind
seicht. Die Vollstreckung der Gesetze kann nie wahre
Schande bringen. Auch zeigt die Geschichte, daß das
Henkerhandwerk in den ältesten Zeiten in Deutschland und
Frankreich nicht anrüchig war. Der Scharfrichter, der
doch auch Vollstrecker der Todesstrafen ist, war es nie.
Soll die Idee zum Grunde liegen, die der Autor angiebt:
so würde der Soldat, der seinen zum Tode verurtheilten Cammeraden erschießt, oder mit Spißruthen zu
tobte haut, auch anrüchig seyn müssen. Mehr davon
unten.   Anm. d. Herausg.

liche Classe verfahre, auf welcher das Glück der menschlichen Gesellschaft beruht.

Wir unterscheiden zwey Arten der Infamie:
rechtliche Infamie, und Infamie der Handlungen (Infamiam iuris et facti). Letztere hat, ohne von den Gesetzen angeordnet zu seyn, alle die Kraft, welche
in dem Bedürfniß der Achtung und in dem Gefühle
liegt, daß diese geschwächt oder verloren sey 5). Die
erstere ist wirkliche, gesetzliche Infamie. In Rom hatte
sie einen weit größern Umfang als bey uns. Nicht
blos das Verbrechen wurde damit beschimpft, sondern
auch gewisse Gewerbe, Unglücksfälle und Laster, als,
z. B. feiles Hurenleben, Sclavenstand, Undank des
Freigelassenen gegen seinen ehemaligen Herrn, unehe-
liche Geburt aus Blutschande oder Ehebruch, der Schau-
spielerstand, ferner, wenn eine Wittwe sich in dem ersten Jahre ihres Wittwenstandes wieder verheyrathete
u. s. f. In Frankreich bringen, auser den körperlichen
und afflictiven Strafen, auch noch folgende die rechtliche
Infamie hervor: das Schleiffen, der Pranger, oder
das Halseisen 6), der bürgerliche Tod, der gerichtliche
Verweis (le blâme), die Vertilgung aus dem Gedächtnisse der Menschen, die Verurtheilung, mit
dem Strohhute auf einem Esel herumgeführt zu
werten, Verlust des Adels, Geldbuße in peinlichen

Fällen

---

5) Die Rechtsgelehrten bezeichnen sie durch: imminutio ex-
istimationis apud probos viros. Man findet im Coder
einige Beyspiele davon, l. 13 et 19. C. ex quibus causis
infamia irrogatur.

6) Gewöhnlich zählt man das Halseisen, das Schleifen und die
öffentliche Abbitte zu den körperlichen Strafen; sie scheinen
mir aber schicklicher unter den entehrenden zu stehen.

Q

Fällen, wenn ein Urtheil sie vestsetzt, das Interlocut, in peinlichen Fällen, daß bis auf weitere Erkundigung nichts vorzunehmen (le plus amplement informé indéfini,) die öffentliche Abbitte, Geldstrafe zum Besten der Armen in Civilsachen, die ewige Ausschließung von einem Amte. Infamie der That bringen hervor: Admonition, Geldstrafe für die Armen in einer Criminalsache, Suspension auf eine Zeit lang, Warnung, sich nicht wieder über dem Verbrechen betreten zu lassen, Beraubung der Privilegien, Enthaltung gewisser Orte, und Ehrenerklärung 7).

Ehedem wurde zugleich ausdrücklich auf Infamie erkannt. „Er soll infam seyn, hieß es in dem Urthel. Nachher fand man diesen Zusatz unnütz, und macht nur im entgegengesetzten Falle davon Gebrauch. Nämlich so: die Geldbuße, wenn ein Urtheil sie bestätigt hat, ist infamirend; gleichwohl kann der höhere Richter, wenn er sie zuerkannt hat, hinzusetzen: sie solle keine Infamie nach sich ziehen 8).

Erster Abschnitt.

Vom bürgerlichen Tode und der Beraubung einiger bürgerlichen Rechte.

Der bürgerliche Tod besteht in der Beraubung aller Rechte eines Bürgers. Ewige Galeerenstrafe und ewige Ver-

---

7) Ehedem bey uns in Sachsen der Widerruf und die knieende Abbitte. Jetzt kennen wir keine Infamie, die nicht durch Urtel und Recht ausdrücklich zuerkannt wird.
        Anm. des Verf.
8) Oder, wie man im Preußischen sagt, mit Vorbehalt der Ehre.

Verweisung aus dem Königreiche ziehen ihn nach sich.
Ist der Angeschuldigte ungehorsamlich aussengeblieben:
so hat er vermöge der Verordnung von 1670 9) fünf
Jahre Zeit, sich zu stellen und zu rechtfertigen; während dieser Zeit bleiben die Wirkungen des wider ihn ge-
sprochnen Urthels suspendirt. Stirbt er nun binnen der
Zeit, so wird er, als unschuldig verstorben, und als fähig angesehen, seine Einkünfte zu ziehen, Contracte zu
schließen, und überhaupt alle bürgerliche Rechte zu genießen.   Hierin ist diese Verordnung sehr gerecht; sehr
wenig gerecht hingegen ist das Edikt vom August 1679 10),
welches den Duellanten eine Begünstigung entzieht, die
es andern Verbrechern gestattet, und die Aussenbleiben-
den aller Erbfolge, die ihnen nach ihrer Verurtheilung
zufallen könnte, wenn es auch binnen den fünf
Jahren geschähe, für unfähig und unwürdig
erklärt.

Auch würde ich anrathen, einen Artikel der Criminalverordnung 11), nämlich den, welcher die Aussage des
wieder abgehörten Zeugen zuläßt, der während der Con-
tumaz des Angeschuldigten bürgerlich todt war, wegen
seiner zu großen Strenge abzuschaffen, und dagegen an-
zubefehlen, daß dieser bürgerliche Tod zu Annullirung
seines Zeugnisses hinreiche, ohne daß es nöthig wäre,
eine Einwendung dagegen vorzubringen, und diese arti-
kulirt zu rechtfertigen.

Der bürgerliche Tod hebt alle bürgerliche Rechte,
zu erben, zu testiren, zu schenken, ein öffentliches Amt
zu bekleiden, u. a. m. auf.   Nicht allezeit gehen diese

Q 2   Vor-

---

9) Tit. 17. Art. 29.
10) Duell-Edikt, Art. 27.
11) Tit. 17. Art. 22.

Vortheile insgesamt verloren, und das Gesetz begnügt sich zuweilen, den Bürger, den es dieser Vortheile unwürdig findet, nur einiger davon zu berauben. Man begreift und entschuldigt diese Strafe leicht, wenn sie einen mit gesetzlicher Autorität bekleideten Mann trift, aber was soll man davon halten, wenn von solchen Menschen die Rede ist, die ihrem Gewerbe nach auf die Verwaltung des Staats keinen Einfluß haben? So begreift man wohl, wie Ludwig der vierzehnte, hingerissen von unpolitischer Schwärmerey, die Calvinisten von obrigkeitlichen Stellen ausschließen konnte, (ob man es ihm schon nicht verzeiht [12]); aber das begreift man nicht, wie er sie von dem nützlichen Stande des Arztes, und von dem ruhigen Stande des Advokaten auszuschließen wagen könnte, von einem Stande, dessen Gewalt blos in der Vernunft und der Beredsamkeit liegt.

Durch den Fanatismus des Volks gegen die Katholiken hingerissen, hat England einen ähnlichen Fehler begangen. Doch müssen sie auch mehr Abgaben entrichten, und nicht zufrieden, Unterthanen, deren vorgebliches Verbrechen in der Abweichung ihrer Religionsdogmen von denen der Geistlichkeit, der Parlementer und des Königs besteht, damit zu belasten, gesteht man ihnen nicht einmal diejenigen Bürgerrechte zu, die man doch, ohne ungerecht zu seyn, niemanden verweigern kann, welcher der Gesellschaft den erhaltenen Schutz bezahlt, und der sich dessen nicht durch Verbrechen verlustig gemacht hat.

Die Enterbung ist eine von den Strafen, wodurch ein Bürger einen Theil seiner Rechte verliert, wenigstens bringt sie dieselbe Wirkung hervor, wie die Unfähigkeit

zu

---

11) Deklaration vom 16. Jul. und 16. Aug. 1685.

zur Succeſſion.   In einem wohleingerichteten Staate
kann allein das Geſetz oder die Obrigkeit in deſſen Namen ſtrafen.   Gleichwohl iſt in verſchiedenen Ländern
die Enterbung der Willkühr der Väter überlaſſen, und
die Subſtitution, die als eine Art Strafe angeſehen
werden kann, iſt noch allgemeiner.   Nur zu oft halten
ſich die Menſchen für Eigenthümer der Güter, von denen ſie doch nur Verwalter ſind.   Das durch Arbeit erwor-
bene Vermögen hat vielleicht nicht dieſelbe Unverletzlich-
keit, aber nach dem Tode des Eigenthümers kann man
ſeinen Kindern die Diſpoſition über daſſelbe nicht mehr verweigern.   Das Recht, zu ſtrafen, gehört, ich wiederhole es, nur dem Geſetzgeber, und Enterbung, auch Subſtitution iſt eine Strafe.   Ich ſage Strafe; denn wenn
ſie aus andern Gründen geſchähe, ſo wäre die Ungerechtigkeit noch größer, ſo wäre es Beraubung. In Frankreich
kann es nicht mehrere Millionen häußlicher Geſetzgeber
geben, die willkührlich über ein erbliches Gut diſponi-
ren b).   Die Engliſchen Geſetze verdienen eben dieſen Vorwurf.   Sie erlauben dem Vater, ſeinem Sohne ſtatt der
ganzen Erbſchaft einen Schilling zu hinterlaſſen, wenn
er mit ihm unzufrieden iſt.

Ll 3   Noch

b) Es iſt hier gar nicht von Strafen die Rede, ſondern nur
von den Fällen, in welchen einem Vater erlaubt ſeyn ſoll,
den Sohn zu enterben.   Träte hier Strafe ein, ſo würde
der Vater ihn nothwendig enterben müſſen.   Ueberdem
giebt das Geſetz dem Vater dieß Recht nur in gewiſſen beſtimmten Fällen; und da es ihm nicht freyſtellt, ob er die
Enterbung auch noch in andern Fällen ausüben wolle, als
in denen, in welchen es das Geſetz erlaubte: ſo iſt er doch
warlich nicht als Geſetzgeber anzuſehen.   Auch iſts falſch,
daß der Vater den Kindern ſein Vermögen zu hinterlaſſen
nach natürlichen Rechte verbunden ſey.
                                    Anm. des Herausg.

Noch giebt es andere bürgerliche Strafen; die aber mehr Geldbußen, als Züchtigungen sind.   Unter diese gehört der zuweilen übliche Verlust gewisser Vortheile, die die Weiber bey ihrer Verhenrathung erhalten, im Falle sie die Ehe brechen, oder sich wieder verhenrathen, ferner wenn sie sich im ersten Jahre ihres Wittwenstandes unehrbar aufführen.   Diese drey Fälle haben gar keine Aehnlichkeit mit einander.   Der Verlust jener Vortheile kann bey der untreuen Gattin und bey der Wittwe, die sich einer strafbaren Verbindung überläßt, gerecht seyn; nimmermehr aber, wenn diese Personen auf gesetzliche Art eine neue Verbindung eingehen. Laßt uns jenen traurigen Mißbrauch ehelicher Gewalt, die ihre Tyranney noch jenseit des Grabes ausdehnen wollte, den alten Römern überlassen!

Zwenter Abschnitt.

Vom gerichtlichen Verweise, der Admonition, der Verwarnung vor Wiederholung des Verbrechens, dem Befehle, sich gewisser Orte zu enthalten u. s. w.

Alle diese Strafen sollten meines Erachtens beybehalten, und eine gewisse Gradation unter ihnen festgesetzt werden.

Von den Geldbußen, und den Geldstrafen zum Besten der Armen werde ich im Kapitel von den Vermögensstrafen sprechen.

Dritter

Dritter Abschnitt.

Vom Erkenntnisse auf fernere Untersuchung für unbestimmte Zeit, (plus amplément informé indefini) und vom hors du cour.

Man kann nicht halb schuldig oder halb unschuldig seyn, und ein unvollständiger Beweis ist kein Beweis. An diese unläugbaren Grundsätze darf ich nur erinnern, um das Fehlerhafte des hors du cour begreiflich zu machen. Es ist dasselbe infamirend oder nicht, je nachdem die Anklage mehr oder weniger schwer ist. Ein neuer Fehler unsrer Criminalgesetzgebung. Je schwerer die Anschuldigung ist, je weniger Wahrscheinlichkeit hat sie, ohne gerade deshalb, weil sie schwer ist, auch wirksamer zu seyn. Die Stärke liegt blos im Beweise, und wenn dieser nicht zur Verurtheilung hinreicht, so ist es eben so ungerecht, deshalb die Ehre eines Bürgers zu beschimpfen, als wenn man ihn in solchem Falle die Freyheit rauben oder sie beschränken wollte.

Ueber das Urthel: daß bis auf weitere Erkundigung zur Zeit nichts vorzunehmen sey, (plus amplement informe indefini) welches die Ehrlosigkeit nach sich zieht, drückt sich ein berühmter Jurist [13]) so aus: „Diese Art der Urtheile wird immer ungerecht bleiben, man mag sie als Interlocute oder als Strafurtheile betrachten. Es giebt keine Klage, zu der man sich nicht in einer bestimmten Zeit die Beweise verschaffen, und diese beybringen könnte; und also ist das Erkenntniß, daß zwar zur Zeit keine Strafe Statt finde, aber die Unter-

Q 4　　　　　　　　suchung

13) Herr Servan in den Gedanken über einige Punkte der französischen Gesetze. (übers. Bern, 1782).

ſuchung auf unbeſtimmte Zeit fortzuſeßen ſey, ſehr ungerecht. Gegen einen Menſchen zu erkennen, daß er
lebenslang Inquiſit bleiben ſolle, heiſt, ihn jeßt gleich
verurtheilen. Noch ungerechter würde ein ſolches Erkenntniß, als Strafe betrachtet, ſeyn; denn die Idee der
Unterſuchung für gleichgeltend mit der Idee der Strafe
gelten laſſen, heiſt, durch den Ausdruck ſelbſt, zwey im
peinlichen Rechte am allermeiſten unvereinbare Ideen
zuſammen ſtellen: eine gewiſſe Strafe, deren Ende
noch dazu nicht beſtimmt wird, für ein unge-
wiſſes Vergehen."

Vierter Abſchnitt.

Vom Halseiſen, Pranger und der Vollſtre-
ckung der Strafe am Bildniſſe des Verbrechers.

Die erſtern beyden Strafen ſind meines Erachtens
beyzubehalten; nur müſſen ſie nicht im Verborgenen vollzogen werden, da die durch ſie zu veranlaſſende Schande
aus ihrer Publicität entſteht. Man legt zuweilen einem
das Halseiſen im Gefängniſſe an. Welchen Nußen hat
alsdann die Strafe? Der Schuldige befindet ſich da
unter den Augen ſolcher Menſchen, die größtentheils ſchon
mit der Schande vertraut ſind.

Man ſieht in Frankreich ein Halseiſen, einen Galgen für Zeichen eines Rechts oder einer Gewalt an. Dieſe Werkzeuge des Todes und der Infamie ſtellen die
ſouveraine Gewalt ſehr übel vor. Ein ſolcher grauſamer

mer Pomp sollte nur bey barbarischen Völkern Statt
finden c).

Q 5   Die

c) S. Hommels philosophische Gedanken über das Criminalrecht. (Breslau 1784.) §. 51. S. 163. Hier sagt der
große Mann mit mehrerer Kraft, als unser Autor: „Wie
können doch die Großen der Erde auf den Landstraßen,
welche sie selbst befahren, die Scheusale des Galgens, des
Rades und der zerfleischten Gerippe dulden? Warlich!
ein schöner Putz eines Landes! Eine prächtige Zierde der
Straßen, auf deren bessere Pracht und Verschönerung die
Römer, Aegypter und Griechen so ungeheure Summen
verwendeten, sie mit Bildsäulen von Erz und Marmor
zierten, mit Bäumen besetzten. Man sahe die Brust-
bilder der Helden, der Erretter des Vaterlandes, der Ver-
mehrer des Reichs. Tugenden waren abgebildet, nicht
Laster, damit der Wanderer sehen möge, daß er im Lande
der Tugendhaften sey. Wir aber putzen unsre Straßen
mit Galgen und Rade, gleichsam als wollten wir dem fremden Wandrer zeigen, in welchem Lande er sey. Man
findet auf den Straßen mehr Scheusale des Schreckens,
als Obstbäume. In unsern Städten steht die Hauptwache
auf dem Markte, und vor derselben ein Galgen. Denkt
wohl ein Reisender: hier ist gut seyn, lasset uns Hütten
bauen? — Schreckliche Denkmähler voriger Barbaren der
Wenden und der Gothen! Auch auf den Landstraßen würde
ich diese Hoheitszeichen der Amtleute und Bürgermeister alle
an einem Tage wegbrechen, und dafür wenigstens Linden
und Eichen setzen lassen. — Je mehr man Leute an den
Galgen hängen sieht, desto größer ist des Landes Elend;
denn es stiehlt niemand, wer nicht muß. Ey, denkt der
Reisende, was muß es hier nicht für Armuth, was muß
es nicht für eine schlechte Regierung geben! Hier, denkt
er, mögen wohl die Minister nicht Philosophen seyn. O
wenn ich doch schon aus diesem Lande ungehangen wieder
hinaus wäre! Wie? Vor jeder Hauptwache ein Galgen!
Wird das die Nachwelt wohl glauben? und hat er, der
Galgen, wider die Desertion wohl jemals das Geringste
geholfen? Gerippe auf dem Rade an Landstraßen, was
für ein Anblick! Müssen ja die Missethäter von Vögeln
gefressen werden (welches jedoch andere gesittete Völker,
welche

Die Execution im Bildniſſe iſt eine zu übereilte,
zu ungewiſſe Strafe. Sie iſt dem Grundſaße entgegen;
keinen

welche die Leichname der Hingerichteten nach einigen Stunden abnehmen, verabſcheuen, nun, ſo ſollte man doch wenigſtens dieſe Mahlzeiten etwas ins Dunkle ſtellen. Aber
die Blutrichter der vorigen Zeiten, haben ſie ans Helle
gebracht, um mit der ihnen verliehenen Macht, einen die
Menſchheit entehrenden Prunk zu treiben. Gleichwohl
aber ſpricht du, ſchrecken ſie doch ab, und ſind vortreffliche
Popanze. Dieſer Einfalt des kindiſchen Alters muß ich
lachen. Der arme Mann hat zu der Zeit, da er den Galgen vorbey wandelt, noch nicht eben den Willen zu ſtehlen;
und wenn er den Willen zu ſtehlen hat, ſo geht er nicht
gerade vor dem Galgen vorbey. Und wenn dem auch ſo wäre;
ſo merke man doch, was ich ſo vielmahls erlebt habe und
aus Acten erweiſlich machen kann, daß ſogar bey der Execution, wenn der Dieb gehenckt wird, ſelbſt unter dem
Galgen geſtoblen werde. Ich leſe eben jetzt in einer Be-
ſchreibung von England Folgendes: Nirgends giebt es
mehr Beutelſchneider, als unter dem Galgen zu Tyburn.
Was hilft dort der Mann am Stricke in der Luft hängend,
der menſchlichen Geſellſchaft? Wäre er in den Karren ge-
ſpannt, dann könnte er noch nützlich ſeyn. Mir iſt der
Philoſoph verdächtig, der ſein gemeines Weſen auf einen
Galgen baut. Ich kann ihn widerlegen. Wenn, ſage
ich, bey andern geſitteten Völkern, wenn im alten Rom
und Griechenlande die Straßen nicht mit Rad und Galgen
ausgeputzt ſtanden, und doch die Republik nicht untergieng,
ſo muß wohl der Staat dieſer prächtigen Stützen, dieſer
geprieſenen Anker, dieſer brilliantirten Scheuſale nicht bedürfen. Alles, was man jetzo für die Todesſtrafe ſpricht,
alles dieſes predigte man vor Kurzem für die Tortur. Es
waren die nämlichen Beweiſe. Wer die Peinlichkeit abzu-
ſchaffen rieth, hieß ein Freygeiſt, der die Säulen guter
Sitten und des Firmaments untergraben wolle, ſo wie
er noch jetzo bey der heiligen Inquiſition dafür gehalten
wird. Auch die Römer nahmen die Gekreuzigten, wie
aus der Paßionsgeſchichte bekannt iſt, wenn ſie verſchieden
waren, vom Kreuz, und übergaben ſie ihren Verwandten
zum ehrlichen Begräbniſſe u. ſ. w."

Anm. des Herausg.

einen Angeschuldigten zu verurtheilen, ohne ihn zu
hören. Schiebt euer Urtheil auf; der, den ihr heute
entehrt, wird euch vielleicht bald nöthigen, ihn zu rechtfertigen und loszusprechen [d]).

Fünfter Abschnitt.

Von der Schleifung.

Unsre Vorfahren begnügten sich, die beweglichen
Güter des Selbstmörders zu confisciren. „Wenn sich,
sagt der heil. Ludwig [14]), ein Mensch henkt, oder ersäuft,
oder auf eine andre Art umbringt, so sollen seine und
seiner Frau bewegliche Güter dem Gerichtsherrn zufallen. “

Wir haben mit dieser Confiscation noch eine barbarische Strafe, das Hinausschleifen, verbunden.
Gleichwohl besteht das Barbarische derselben nnr in
der Art, wie sie ausgeübt wird. Man hat es tausendmal wiedrrholt: „es ist grausam, einem Menschen
noch jenseit des Grabes den Proceß zu machen, und
seinem Leichname noch die Strafe anzuthun, der er sich
durch seinen Tod entzogen hat; und das Gesetz, das
diese Züchtigung befiehlt, ist noch mehr unnütz, als es
barbarisch ist. Der Zweck jedes Gesetzes, setzt man
hinzu, ist Besserung. “ Aber, ist es nicht auch Zweck
desselb

d) Die Execution im Bildnisse kann ja auch dann geschehen, wenn der Verbrecher des Verbrechens gehörig überführt und vor Vollziehung der Strafe ausgetreten ist.
                              Anm. des Herausg.
14) Etablissemens, Liv. 1. ch. 86.

deffelben, durch das Schreckliche der Strafe neuen Verbrechen zuvorzukommen? Ohne Zweifel ist die einem
Todten zugefügte Schmach unnütz; aber immer bleibt
noch zu untersuchen übrig, ob man, wenn man das
menschliche Herz untersucht, nicht finden werde, daß
in der Seele des Unglücklichen Furcht vor einer ähnlichen
Beschimpfung der stärkste Grund sey, sein Leben zu
erhalten. Wird nicht das Bild des Henkers, der seinen Leichnam mißhandelt, oft das Schwert, die Pistole
oder den Dolch in seiner Hand zurück halten¹⁵)? Die
Milesischen Weiber hatten unter einander verabredet,
sich zu entleiben; verschiedene hatten schon den Anfang
gemacht und sich gehangen. Darauf befahl die Obrigkeit durch ein Dekret, die Selbstmörderinnen nackend
an dem Stricke, durch den sie sich das Leben genommen hatten, vor die Stadt zu schleppen; und der Selbstmord hörte auf.

Plato hielt es für moralisch nützlich, die Selbstmörder mit Infamie zu strafen.¹⁶). Er giebt den Rath,
sie allein, an einen abgesonderten, wüsten, unbekann-
ten Orte an der Gränze von einer der zwölf Provinzen
des Gebiets der Republick zu begraben, ihnen kein Denk-
mahl

---

15) Beccaria a. a. O. §. XXXV. meint, eine solche Strafe
werde eben so einen Eindruck machen, als wenn man eine
Bildsäule schlagen sähe. Dieser Gedanke scheint mir falsch;
denn der Eindruck entsteht aus den Betrachtungen, die man
auf sich selbst zurück macht; eine Bildsäule aber bringt dergleichen nicht hervor.

16) de legibus lib. 10. In England sticht man dem Selbstmörder ein Holz durch den Leib, schleppt ihn fort und be-
gräbt ihn auf einem Kreuzwege. Andre Völker lassen ihn
an den Beinen aufhängen. In Marseille war ehedem
der Selbstmord mit Genehmigung des Richters erlaubt.

mahl zu setzen, nicht einmal ihre Namen auf einen Lei-
chenstein einzugraben.   Die Strafe des Aelternmörders
erstreckte sich auch auf seinen todten Körper.   Man
soll ihn, sagt der Philosoph, auserhalb der Stadt auf
einen Kreuzweg, wo drey große Straßen zusammen laufen, tragen; dahin sollen sich in Gegenwart und im
Namen des Volks-alle obrigkeitliche Personen begeben,
jeder soll dem Verbrecher einen Stein auf den Kopf werfen, und alle Bürger werden sogleich gereinigt seyn.
Dann soll der Leichnam über die Gränzen des Staats
gebracht werden, und dort unbegraben liegen bleiben.

Durch diese Bemerkungen und Beyspiele will ich
nun die Methode, wie bey uns diese Strafe vollzogen
wird, nicht rechtfertigen. Sie schmeckt zu sehr nach der
Grausamkeit der nordischen Nationen, denen wir diese
Erfindung zu danken haben.   Warum schleppt man
die unglücklichen Schlachtopfer des Elends und der Ver-
zweiflung mitten unter einer sanften und gefühlvollen
Nation, fort?   Warum zeigt man den versammelten
Bürgern das Schauspiel eines in Lumpen gehüllten
Leichnams, der auf den Straßen blutige Spuren zurück
läßt!   Ich schaudre bey diesem Bilde, aber es ist nur
zu treu, ich selbst bin naher Zeuge davon gewesen.
Man hat mir versichert, Paris habe vor achtzehn Jahren ein Beyspiel einer Execution gegeben, das man
Menschenfressern kaum würde verziehen haben, wenn
Menschenfresser zu einer Gesellschaft verbunden seyn
könnten. Es geschah den 20. März 1772.   Ein dienst-
loser Bedienter wurde im Kirchspiele St. Eustach todt
gefunden, worauf das Chatelet fast einstimmig erkannte,
daß in Mangel hinlänglichen Verdachts nichts vorzunehmen sey; gleichwohl erklärte ihn das Obergericht für
                                              einen

einen Selbstmörder, ließ ihn auf der Schleife hinaus schleppen, und dann an den Beinen aufhenken.

Auf diese letztere Anordnung wünschte ich die Strafe des Selbstmörders eingeschränkt. Ihn auf öffentlichem Platze an einen Pfahl an den Beinen, mit allen Zeichen der Infamie aufzuhängen, oder ihn da mit den nämlichen Zeichen, auf einer Schleife ausstellen zu lassen, wären ein hinreichendes Abschreckungsmittel. So würde das Gesetz befriedigt, und die Menschlichkeit geehrt °).

Sechster Abschnitt.

Von einigen andern Strafen am Leichname, dem Andenken und den Gütern des Verbrechers.

Viele Nationen haben versucht, den Verbrechen dadurch vorzubeugen, daß sie die Einbildungskraft der Men-

---

°) Dieß ist äußerst oberflächlich. Es sollten hier unterschieden seyn, a) der Verbrecher, der sich entleibt, um der entehrenden Strafe eines Verbrechens, dessen er überwiesen ist, zu entgehen; und für diesen ist das Hinausschleifen auf dem Schindkarren und das sogenannte Eselsbegräbniß zweckmäßig, b) der Mensch, der sich entleibt, um den Folgen seiner Laster und seines Leichtsinns zu entgehen, und bey diesem würde ehrloses Begräbniß hinreichend seyn; c) der Selbstmörder aus heftiger, sonst edler Leidenschaft, aus Liebe, gekränktem Stolze u. s. w. Bey diesem könnte es bey einem Begräbnisse in der Stille und bey der Entziehung kirchlicher und bürgerlicher Ehrenbezeugungen bewenden. d) Selbstmörder aus erwiesener Schwermuth und Verstandesverrückung und hier wäre Unglück nicht mit Schande zu häufen, und der Verbrecher ganz mit den gewöhnlichen Ceremonien zu begraben, wenn es die hinterlassenen Verwandten verlangten. In Chursachsen hat das Gesetz auf eine ähnliche Art unterschieden. S. mein Handbuch des Churf. peinl. Rechts 1. Th. §. 299, 300. Anm. des Herausg.

Menschen in Schrecken setzten; sie bedrohten sie mit
Infamie, die ihr Andenken beschimpfen sollte, oder mit
Beraubung des Begräbnisses und des feyerlichen Leichen-
begängnisses. Die Athenienser ließen die Verräther
und Kirchenräuber nicht in ihrem, sondern in einem
fremden Lande begraben, und die Juden suchten die leb-
hafte Einbildungskraft ihres Volks durch die Drohung,
den Verbrecher nicht bey seinen Vätern begraben zu
lassen, zu benutzen. In Frankreich wird der Leichnam
zuweilen auf den Schindanger geworfen, man befiehlt,
seine Asche in die Winde zu streuen u. s. w. Die Nationalversammlung hat stillschweigend alle diese Strafen
aufgehoben, indem sie befiehlt, den Anverwandten auf
Verlangen den Leichnam wieder zu geben, und das Begräbniß gestattet [17]). Die natürliche Billigkeit konnte
dieß fordern, aber weiter gieng sie auch nicht. Doch befiehlt das Dekret, den Namen des Verbrechers in das
gewöhnliche Todtenregister einzutragen, und verbietet,
die Todesart, die er erlitten hat, aufzuzeichnen. Ist
in dieser Verordnung nicht zu weit gegangen worden?
Man entferne sorgfältig von einer unglücklichen Familie die Schmach, womit ungerechtes Vorurtheil sie beschimpfen will. Vergönnet ihr, wenn sie es wünscht,
den traurigen Trost, das Begräbniß des Verbrechers
zu besorgen; aber tragt den Namen eines Mannes nicht
in das öffentliche Register ein, den die Gesellschaft aus
ihrer Mitte stieß; bringt die Namen Desrues und Brin-
villiers nicht mit den Montausier und Turgot in Gesellschaft. Es giebt moralische Schicklichkeiten, von welchen

17) Dekret vom 22. Jan. 1790. Art. 3.

chen sich der Gesetzgeber nicht ohne Gefahr entfernen kann f).

Hiezu kommt, daß eine zweckmäsige Gesetzgebung sich treu in ihren Grundsätzen bleiben muß. Jedes besondre Gesetz muß ein Glied der unendlichen Kette seyn. Auch frage ich, ob es nicht ein unverletzlicher und heilsamer Grundsatz sey, daß Infamie niemals von der Strafe getrennt seyn dürfe? lange hat die Vernunft gegen diese Trennung ihre Stimme erhoben; sie verlangte stets, daß Strafen, wie die Hinrichtung mit dem Schwerdte, die mit der Infamie des Verbrechens gar nicht übereinstimmte, ganz abgeschafft werden möchten. Wir haben zu verhüten, daß die Schmach des Verbrechens sich nicht auf die Anverwandten des Verbrechers erstrecke; allein er selbst darf ihr nicht entgehen 18).

Brauche ich nun wohl nach dem, was ich oben gesagt habe, noch zu bemerken, daß die Wiederherstellung des ehrlichen Andenkens des hingerichteten Verbrechers mir unmoralisch und gefährlich dünke? Ich weis nicht einmal, ob hier das Gesetz etwas auszurichten vermöge. Denn die öffentliche Meynung würde stets die Oberhand behalten. Diese kann die Erinnerung an zwey Handlungen, wovon die eine Abscheu, die andere Erkenntlichkeit erregt, nicht mit einander verbinden. Durch Denkmähler oder feyerliche Lobreden heiligt man gern

das

---

f) Diese Bemerkung ist sehr wahr, und das Zweckmäßige derselben läßt sich nicht verkennen.   Anm. d. Herausg.

18) Es würde noch überdem eine große Inkonsequenz daraus entstehen. Die Infamie würde nicht an den Lebensstrafen, die schwere Verbrechen, sondern an körperlichen oder afflictiven Strafen haften, die weit geringere Vergehungen voraussetzen.

das Andenken tugendhafter Menschen. Und findet nicht ein und derselbe Grund Statt; warum die Schmach des Verbrechens und der Ruhm der Tugend verewigt werden muß?

Aber hier müssen wir stehen bleiben. Es ist ungereimt, leblose Geschöpfe zu strafen, Gebäude niederzureissen und abzubrennen ⁸), Häuser zu schleifen, Schlösser zu zerstören, Wälder zu fällen. Gleichwohl ist dies in England selbst in Gebrauch ¹⁹), und die Römer klagten Bildsäulen, wie lebendige Geschöpfe, an. Nicht unsinniger handelte Xerxes, als er an den Berg Athos schrieb oder das Meer peitschen ließ.

Vierter Abschnitt.

Von den Geldstrafen.

Lange Zeit wurden bey uns die Verbrechen durch sogenannte Compositionen oder Geldbußen geahndet. Man bestimmte sogar den Preis des Menschenlebens. Der Kopf eines Sclaven galt weniger, als der eines Freyen, der Kopf eines gewöhnlichen Bürgers weniger, als der eines Priesters, und der Priester wiederum weniger,

---

8) Nach dem alten Sachsenrechte fand diese Absurdität bey der Strafe der Nothzucht Statt. Denn im 1. Kap. des 3. Buchs des Sachsenspiegels ist enthalten, daß das Haus in welchem eine Nothzucht verübt ward, niedergerissen und alle lebendige Geschöpfe, die dabey gewesen, enthauptet werden sollten. Anm. des Herausg.

19) S. den dritten Theil, im 2. Kap. 3. Abschn.

R

niger, als der Bischof. Die Franken hatten diese Sitte aus Germanien mitgebracht [h]). Vergebens suchte sie Childebert zu Ende des sechsten Jahrhunderts dadurch einzuschränken, daß er die loskaufung des Mordes verbot [20]), und verordnete, daß, wenn ja die Verwandten in eine Geldentschädigung willigten, der Verbrecher sie wenigstens allein bezahlen, oder sie von dem, der ihn unterstützen wollte, ganz empfangen sollte. Dagobert erneuerte jene alten Verordnungen [21]), und die Compositionen [i]), blieben unter den Söhnen Karls des Großen. Der Monarch, den einige Ludwig den Schwachen, andre den frommen, und die Geschichtschreiber gewöhnlich den sanftmüthigen nennen, hob sie in einigen Artikeln des Defrets von 822 auf Begehren der Geistlichkeit auf, und Karl der kahle folgte seinem Beyspiele [22]). Der Frehe, der sich nicht

h) Auch bey den alten Sachsen war sie üblich, Lex Saxon. Tit. 1.   Anm. des Herausg.

20) Er schätzte das Leben eines Freyen auf 200 Sols, eines Sklaven auf 36, eines Mannes, der dem Könige angehörte, auf 100, eines jungen Mädchens auf 200, einer Frau, von dem Augenblick an, da sie Mutter wurde, bis zum vierzigsten Jahre auf 600 u. s. w. S. Baluzii Capitular. P. 1. p. 30. Diese Schätzung hieß vitae aestimatio.

21) Im Jahr 395. Baluz: l. l. p. 18. Die Compositionen waren schon bey den ältesten Griechen gebräuchlich gewesen. Man sehe die Iliade im 18. Buche.

i) Compositionen heißen diese Bußen nach dem Latein des mittlern Zeitalters. CC solidis componat heißt in den alten Gesetzen so viel, als: er zahle eine Geldbuße von 200 Solidis. S. L. Saxon. L 1.   Anm. des Herausg.

22) Baluzii Capitular. P. 1. p. 627. 628. 766.

nicht loskaufen konnte, verpfändete sich dem Beleidigten zum Sklaven, bis er die Buße abverdient hatte ²³).

Man findet diese Buße nach verschiedenen localgewohnheiten noch unter den ersten Regierungen der Könige vom dritten Stamme. Endlich verschwanden sie unvermerkt. Man schaffte sie zwar anfangs nur in Ansehung wichtiger Verbrechen ab. Z. B. beym Hochverrath und dem Morde; allein in der Folge auch beym, Raube, Diebstahle u. s. w. Um in die Strafen mehr Verniß zu bringen, machte man sie grausamer ᵏ).

Die Geldstrafen betreffen entweder das ganze Vermögen des Angeschuldigten, wie z. B. Confiscation der Güter, oder nur einen Theil desselben, wie die Geldbuße, die Geldstrafe zum Besten der Armen, der Schaden- und Kostenersatz und die Civilgenugthuung (réparations civiles). Auf letztere wird entweder bey geringen Verbrechen, oder auch bey schweren, welche die Unwissenheit des Thäters entschuldigt, oder bey Unterrichtern, welche die im Gesetz vorgeschriebenen Formalitäten nicht beobachteten, bey irriger oder ungerechter öffentlicher oder Privatanklage gesprochen. Ganz gewiß ist unter diesen verschiednen Verbrechen kein Verhältniß, und die Strafe derselben kann nicht einerley seyn.

R 2   Kosten

---

²³) Baluzii Capitular. ibid. p. 549.

ᵏ) Die Ursache war wohl, weil die Geldbußen nichts mehr halfen, der Geist der Zeiten sich änderte, die ehemalige Armuth verschwand, und bey größrer Cultur öffentliche Sicherheit ein dringenderes Bedürfniß ward.
                          Anm. des Herausg.

Kosten- und Schadenersatz ist mit der Civilgenugthuung nicht einerley; auch ist der, welcher auf jenen klagt,
weniger begünstigt. Kosten- und Schadenersatz findet
bey Beschädigungen des Vermögens, Civilgenugthuung
bey Beleidigungen der Person oder der Ehre Statt.

Die Geldstrafe zum Besten der Armen ist in Civilsachen mit Infamie verbunden; nicht aber in peinlichen. Die Ursache dieser Verschiedenheit läßt sich nicht
leicht einsehen; wohl aber dieses, daß eine Strafe in
einer peinlichen Sache eher entehrend seyn sollte, als
eine Verurtheilung zu einer Geldstrafe in einer Civil-
sache. Wenn kein Verbrechen da ist, wozu eine entehrende Strafe? Findet aber eines Statt, warum macht
man da aus dem ordentlichen Processe keinen außerordentlichen? Die Criminalverordnung schreibt ihn in
diesem Falle vor [24], wenn die Richter sehen,
daß eine körperliche Strafe Statt haben
kann. Es wäre nöthig, noch hinzuzusetzen, oder
eine entehrende.

Die öffentliche Abbitte wird gewöhnlich bey den
Verbrechen gegen Gott, den König und das Vaterland dictirt. Die Geldbuße ist nur dann entehrend,
wenn sie durch ein Endurthel oder eines schweren Verbrechens wegen zuerkannt ist. Unter uns ist diese Strafe
alt. Als die Geldstrafen so häufig vorfielen, so bekam
der Beleidigte das von den Schuldigen entrichtete Geld
nicht ganz, einen Theil davon erhielt der König oder der
Lehns-

---

[24] Verordnung von 1670. Art. 1. Tit. 20.

Lehnsherr ¹) unter dessen Gerichtsbarkeit die Sache
entschieden ward.   Dieß machte sogar einen beträcht-
lichen Theil der Einkünfte der Fürsten und des Throns
aus, und man betrachtete es als eine große Wohlthat,
da Chilperich den Unterthanen alle ihre schuldig gebliebe-
nen Geldstrafen erließ ²⁵).   Auch in der englischen Verfassung haben Geldbußen Statt; doch ist die Größe derselben nicht bestimmt.   Dies ist den Geschwornen überlassen, denen die Magna charta befiehlt, sie nach dem
Vermögen des Schuldigen abzumessen, und sie nie so
weit zu erhöhen, daß der Pachter genöthigt sey, sein
Feld, der Handelsmann seinen Handel zu verlassen, oder
der Handwerker, sein Werkzeug zu verkaufen.   Ein
solches Gesetz verdient durchgängige Nachahmung. Man
könnte auch den dem öffentlichen Schatze nützlichen Strafen eine legale Existenz geben; z. B. die Verdoppelung
der Kopfsteuer oder des Imposts auf ein oder mehrere
Jahre.

Sehr oft hat man mit den Geldbußen Mißbrauch
getrieben.   In den Provinzen, wo die Confiscation

                     R 3   nicht

---

1) Die Geldstrafe, die der Beleidigte oder dessen Erben erhiel-
    ten, hieß Buße, die, welche der Richter bekam Wette.
    Daher ist auch die Gewohnheit, daß man durch die To-
    desstrafe von aller Geldstrafe befreyt werde, so ausgedrückt:
    Mit dem Tode wettet man dem Richter und büßet dem
    Kläger.   Anm. des Herausg.

25) Gregor. Tyronens. L. VI. c. 36. Lib. VII. c. ult·
    Fredum ist die dem Fiscus entrichtete Geldstrafe.   Man
    war sie nicht eher schuldig, als bis man die Buße an den
    Kläger bezahlt hatte. Baluzii P. 1. Capitular. Dagobert:
    §. 89. und die capit. excerpta ex lege Langobardorum,
    §. 29. 32.

nicht erlaubt ist, werden zuweilen so große Geldbußen
dictirt, daß sie das ganze Vermögen des Schuldigen
verschlingen. Ist das nicht eben so schlimm, als Confiscation, und heist dieß nicht, das Gesetz mittelbar verletzen?

Die Nationalversammlung hat in allen Fällen [26]
die Confiscation des Vermögens des Verurtheilten aufgehoben. Ich bin weit entfernt, über diese Strafe die
Meynung eines ausgezeichneten Denkers anzunehmen,
der die Gerechtigkeit derselben sehr mühsam zu erweisen,
gesucht hat [27]. Ich weis, daß das Gesetz, das
die Bürger beschützen soll, ihren Unterhalt ihnen nicht
rauben kann, ich weis, daß es eine Art von Pflicht der
Billigkeit ist, das Vermögen, das man von seinen
Vorfahren erhalten hat, auf seine Nachkommen zu bringen, und daß es allen Prinzipien zuwider ist, die Strafe
des Vaters auf den Sohn auszudehnen: aber über der
Achtung gegen die Kinder und das Eigenthum darf man
die Achtung nicht vergessen, die man eben so wohl dem beleidigten Bürger, und dem, auf dessen Haupte lange eine
ungerechte Anklage haftete, schuldig ist; und wenn die Confiscation nur allzeit einen Theil des Vermögens, niemals das Ganze raubte; wenn sie nur auf die erworbnen Güter, nur nicht die eigenthümlichen gienge [28];
wenn

---

26) Dekret vom 22. Jan. 1790. Art. 2.

27) Filangieri, a. a. D. 4. B. S. 85. fg.

28) Es würde nicht unvernünftig seyn, sagt die russische
Kaiserinn in ihrer bekannten Instruction §. 132. wenn
man blos die erworbenen Güter der Confiscation unter-
würfe.

wenn sie, statt dem Fiscus zur Beute zu dienen, zu Entschädigung unschuldiger Opfer des Irrthums der Gesetze
bestimmt wäre: dann würde sie, meines Erachtens,
den Charakter von öffentlicher Nützlichkeit erhalten, um
derenwillen man sie annehmen sollte. Besonders giebt es
eine Art von Verbrechen, bey welchem die Ausführung
meines Vorschlags unnachläßlich ist; die allgemeine Gerechtigkeit fordert sie, und die besondre Gerechtigkeit gegen die Kinder des Verbrechers steht ihr nicht entgegen.
Ich meyne solche Verbrechen, welche in Unterschlagung
öffentlicher Gelder in Concussionen, Peculat, und auf Kosten
des Vaterlands erworbnen Reichthümern bestehen. Ist es
denn nicht eben so unmoralisch, als unpolitisch, wenn
solche Veruntrauungen bekannt und bestraft sind, die
Kinder, die Früchte des Verbrechens ihres Vaters ge-
niessen zu lassen ᵐ)?

Verschiedene Schriftsteller haben ihre Stimme wider die Geldstrafen erhoben. Sie meynen, der Reiche
erhalte dadurch einen zu großen Vortheil über den Armen; sie halten die Geldstrafen bey solchen Völkern,
bey denen die Ungleichheit der Güter noch unmerklich
ist, für erlaubt; nicht aber alsbann, wenn diese Ungleichheit allgemein ist; und glauben, daß da der Reichthum
einer Nation nicht immer derselbe ist, diese Strafe im-

R 4   merwäh-

ᵐ) Es ist auch offenbar ungerecht. Die Regierung kann und
soll hier nicht großmüthig seyn, denn sie ist es auf Kosten
der übrigen Bürger, die doch auf alle Fälle größere Lasten
tragen, oder gemeinnützige Anstalten in verhältnißmäßigen
Grade entbehren müssen, wenn man das aus der Staats-
kasse geraubte Geld dem Diebe oder dessen Kindern schenkt.

Anm. des Herausg.

merwährenden Veränderungen ausgesetzt seyn müsse. Die Antwort auf diese scheinbaren Einwendungen liegt in der Bestimmung des Gebrauchs der Geldstrafen. Es ist ausgemacht, daß sie bey verschiedenen Nationen nicht auf gleiche Weise angewendet werden dürfen, es ist natürlich, daß man sie bey reichen und handelnden Nationen häufiger sieht. Eben so ausgemacht ist es, daß sie nicht ohne Unterschied bey allen Verbrechen Statt haben dürfen.

Der Contreband zum Beyspiel, der aus Habsucht entsteht, muß durch eine Geldstrafe verhütet werden; und Confiscation der Waaren, größere oder geringere Geldstrafe, nach Verhältniß des Verbrechens, ist in solchen Fällen gerecht. Endlich ist auch dies gewiß, daß die Strafen, von denen ich rede, wenn sie gerecht seyn sollen, den ihnen eigenthümlichen Charakter von Ersatz nicht überschreiten dürfen. Dem Beleidigten die Hülfe versagen, die ihm durch das Verbrechen, wodurch er gelitten hat, nothwendig ward, und durch übertriebene Entschädigungsgelder die Kinder des Verbrechers der Bedürfnisse berauben, die ihnen Natur und Gesetz zusicherten, ist beydes ungerecht. Endlich ist es, wie Filangieri sehr wohl bemerkt hat [29], nothwendig, nicht die Quantität der Summe, sondern den Theil zu bestimmen, den der Verbrecher von seinem Vermögen hergeben soll. Ein Verbrechen muß verhältnißmäßig mit dem Verlust des dritten, vierten,

ober

[29] Am angeführten Orte.

ober fünften Theils des Vermögens bestraft werden.
Wird alsdann, setzt er hinzu, die Strafe für den
mehr oder minder Reichen nicht immer dieselbe seyn?
Wird sie so nicht dem reichsten, wie dem ärmsten
Staate gleich angemessen seyn?

Viertes Kapitel

Von den canonischen Strafen.

Zu den gewöhnlichen Strafen gesellten die Diener der Religion noch andre, die keine geringere Wirkung hervorbrachten. Nicht durch Schmerz, Infamie oder Tod thaten sie den Menschen Einhalt; Drohungen, die auf eine fromme Einbildungskraft viel mächtiger wirken, kündigten ihnen, neben großem Verluste, einen ewigen Wohnplatz von Jammer und Elend an. Diese Drohungen waren nicht die einzigen Waffen der Religion. Sie strafte auch dadurch, daß sie das ehrwürdige Recht entzog, dem Gottesdienste beyzuwohnen, sich in den Kirchen mit den Gesängen und Gebeten der Gläubigen zu vereinigen, mit ihnen an der Gnade des höchsten Wesens Theil zu nehmen. In den ersten Jahrhunderten der Kirche legte sie auch öffentliche Bußen auf, und verbot dem, der damit gestraft ward, in Kriegsdiensten und im Ehestande zu leben. Dieses letzte Verbot fiel also auch auf den unschuldigen Ehegatten. Um dieser Ungerechtigkeit abzuhelfen, wurde befohlen, daß niemals einem Ehegatten ohne Einwilligung des Andern diese Strafe aufgelegt werden solle [1].

Ich weiß nicht, ob Karl der Große nicht der erste sey, der die canonischen Strafen in unsrer Gesetzgebung eingeführt hat. Sie beziehen sich vorzüglich auf solche Verbrechen, welche der geistliche Stand allein begehen kann

---

[1] S. die Geschichte der Kirchenversammlungen Th. II. S. 1019. und Th. S. 1013.

kann. Da diese Verbrechen in der Verletzung einer von
dem Canon oder der Autorität der Kirche vorgeschrieb-
nen Pflichten bestanden, so wurde auch der durch die
Verbrecher beleidigten Gewalt deren Bestrafung über-
laffen. Doch war die Kirche nur auf wenige Strafen
nothwendig eingeschränkt. Die Kirche hat weder Rad
noch Beil, noch glühendes Eisen, dafür aber Entziehung bald geistlicher bald zeitlicher Güter. Das Interdict oder die Censur, die Beraubung der Pfründen,
das Fasten bey Wasser und Brod, die Degradation aus
geistlichen Orden, die Deposition, die Suspension, die
Ausstoßung aus dem geistlichen Stande, die Entziehung
des kirchlichen Ranges auf eine Zeit lang, die Entziehung der Stimme im Kapitel, oder der geistlichen Einkünfte, die Sendung auf das Seminar. Letztere
und noch einige andere, die nur die Disciplin betreffen,
zum Beyspiel die Fasten, werden vom Bischofe dictirt.
Ferner giebt es noch canonische Strafen, die sich über
alle Bürger erstrecken, die Excommunication und das
Interdict, eine Art Censur, die ohne den Gebrauch
der Sacramente ganz zu verbieten, denselben auf eine
gewisse Weise, zu einer gewissen Zeit, an einem gewissen Orte verbietet. Man zählt auch die Geldstrafe
zum Besten der Armen und die Versagung des Begräbnisses unter diese Strafen; aber der weltliche Richter
erkennt gleichfalls auf diese Strafe, so wie auch auf Verlust der Pfründe.

Als man sich über die Verfertigung der Criminalverordnung berathschlagte [2]), so schlug Püssort zwey
Artikel vor, die dahin abzielten, die geistliche Juris-
diktion

---

[2]) S. die Consultationen über diese Verordnung, S. 44 sq.

diction abzuschaffen, und die Geistlichkeit in allen Sachen, die zur Cognition des Königs gehören und in einigen
andern, deren die Verordnung erwähnte, an den ordentlichen Richter zu verweisen. Nach langer Berathschlagung
wurden beyde Artikel unterdrückt. Püssort stützte sich, um
sie zu vertheidigen, darauf, daß die Gerechtigkeit einför-
mig ausgeübt werden müsse, daß ein Geistlicher, bevor er
sich in den Dienst der Kirche begebe, Unterthan des
Königs sey, und folglich sein Charakter ihn der königlichen Gerechtigkeit nicht entziehen könne; darauf, daß
kein Verbrecher unbestraft bleiben dürfe, welches bey
der Mannigfaltigkeit und Länge der Processe, wo die
Kosten die Partheyen aufzehren, durch die verschiedenen
Gerichtsbarkeit, die in ihren Grundsätzen, Strafen, und
Urtheilen so sehr von einander abwichen, oft geschehen
würde [n]).

Fünftes Kapitel
Von den willkührlichen Strafen.

In diesem Kapitel sollte ich von den willkührlichen Befehlen, von gesetzwidrigen Verweisungen und Ver-
haftungen und von andern Mißbräuchen des Strafrechts,
oder vielmehr der Strafgewalt sprechen.

Wohl uns, daß ich es übergehen kann!

[a] Kayser Leopold hat die geistliche Jurisdiction in weltlichen
Sachen in Toskana völlig abgeschafft. S. Geschichte der
Abschaffung der geistl. Gerichtsbarkeit in weltlichen Din-
gen, in meinen Betrachtungen über Leopolds des Wei-
sen Gesetzgebung in Toscana S. 242. u. f.
Anm. des Her.

Anhang

zum ersten Kapitel des zweyten Theils.

Der Verfasser hat in diesem Kapitel die Meynungen einiger vorzüglichen Schriftsteller über die Todesstrafen aufgestellt, ohne jedoch nur einen, selbst der berühmtesten deutschen Schriftsteller, die er vermuthlich nicht einmal dem Nahmen nach kannte, anzuführen. Ich finde aber dann doch, daß die Deutschen mit nicht minderm Scharfsinn und zum Theil mit größerer Gründlichkeit über diese wichtige Materie geurtheilt haben; und, da ich im Commentar die Gründe der vorzüglichsten Vertheidiger jeder Meynung vergleichen und gegen einander abwägen werde: so glaubte ich, es werde dem Leser nicht unangenehm seyn, hier die Meynungen und Gründe einiger vorzüglichen denkenden deutschen Rechtsgelehrten mit ihren eignen Worten zu lesen.

I.

Hommels Meynung [1]).

„Prinzen, wenn ihr das Leben eines gemeinen Mannes „und eines Windhundes nicht für eins achtet, so kommt „es

---

[1] Die hier angeführten Stellen stehen in seinen Schriften, besonders in den Anmerkungen zu der Leipziger Uebersetzung des Beccaria zerstreut, und sind nebst mehrern vom Herrn D. Rößig zusammen herausgegeben worden unter dem Titel: Hommels philosophische Gedanken über das Criminalrecht: Breßlau 1784. In den Anmerkungen hat Hr. D. Rößig unter andern S. 56-66 eine sehr interessante litterarische Geschichte der philosophischen Bemühungen um die Reform des peinl. Rechts geliefert. Anm. des Her.

„es euch zu, schändliche Gesetze, deren wir noch sehr viel
„haben, vom alten Sauerteige und Vorurtheilen zu rei=
„nigen, folglich auch diejenigen zu schützen, die zum Den=
„ken Anlas geben *). Glaubt mir, der Allerhöchste hat
„an Galgen und Rade keinen Wohlgefallen, wie einige
„Amtleute glauben. Er vergiebt dem bußfertigen Sünder,
„wenn er auch nicht geköpft wird, und thut der Verurtheilte
„keine Buße, so wird das vom Richter vergossene Blut
„die Sünde nicht abwaschen. So wahr, als der Herr
„lebet, hat er keinen Gefallen am Tode des
„Gottlosen! Darum eifert auch Beccaria wider die
„Grausamkeit, und verwirft absonderlich die allzuhäufigen
„Lebensstrafen, weil sie nichts helfen, vielmehr der Welt
„und dem gemeinen Wesen schaden. Dieses ist meine Mey=
„nung schon vorher gewesen, welche ich annoch auf folgende
„Art zu erweisen mir getraue. Höret mich an! Ich sage:
„Hunger und Blöße, die den Armen zum Diebstahle zwin=
„gen, und die Schande, welche eine Buhlerinn zum Kin=
„dermorde verleitet, sind gegenwärtige Uebel, die sie
„wirklich empfinden; aber der Strick, die Säckung, das
„Rad, und alle übrige Strafen sind erst ein künftiges
„und ungewisses Uebel, das sie jetzt nicht wirklich em=
„pfinden. Der Arme stiehlt also und die Geschändete er=
„mordet ihre Leibesfrucht nach einem gewissen auf die Er=
„fahrung und auf die fünf Sinne gegründeten Grundsatze,
„der also lautet: Ein Pfund gegenwärtigen Uebels,
„überwiegt einen Centner entfernten Uebels.
„Ich hänge dieser Regel noch Folgendes an: Zumal, wenn
„dieses Uebel annoch ungewiß und zweifelhaft
„ist. Weil man den Dieb nicht darum hängt, daß er
„gestohlen hat, sondern weil er sich hat ertappen lassen, so
„giebt die Eigenliebe und das Vorurtheil die Hofnung, man
„sey geschickter, als andere Leute, es werde demnach alles
„verschwiegen bleiben. Hofnung! Hofnung! was vermagst
„du nicht? Endlich spricht er zu sich selbst: gesetzt, es käme

„au

*) §. 66.

„an das Licht, es giebt ja Schlupfwinkel, es giebt Advo-
„caten.　Die Kindermörderinn erinnert sich vieler Beyspiele,
„daß die wenigsten den Tod erlitten, weil die Ungewißheit,
„ob das Kind gelebt, und viele andere gar wichtige Be-
„denklichkeiten auch des grausamsten Richters höchsten
„Blutdurst und die strengste Strafe vereiteln.　Endlich
„denkt die tödtende Mutter: Gesetzt, ich müßte den Tod erlei-
„den, was für eine Menge Jünglinge würden bey meinem
„Unglück weinen?　Das weiße Kleid, das angeputzte Blut-
„gericht, die schöne Vorbereitung der Geistlichen, die en-
„thusiastische Vorstellung, geraden Weges das Paradies
„zu betreten, der Glanz, womit ein mühseliges und ver-
„haßtes Leben sich so blendend schliesset. — Welche Vor-
„stellung!　Welcher Trost!　Also wagt es die schwangere
„Dirne, und tödtet.　Verzweiflung beflügelt ihre Hände.
„Ich sag es noch einmal: das gegenwärtige Uebel quälet,
„und ein Pfund davon überwiegt einen Centner des künfti-
„gen und noch ungewissen Uebels, welches noch nicht
„schmerzt. 3). “

　　„Weil ich aber doch nicht leugnen mag, daß unter Hun-
„derten, welche die Bosheit haben, Feuer anzulegen, auch
„nur einer sich von der Furcht etwa abschrecken lassen möchte,
„obgleich hundert gegen eines nicht viel sagen will, so mag
„ich doch, wo das Unglück groß ist, welches dadurch vermieden
„werden kann, und weil die Menschen sehr gottlos, sehr
„böse, und besonders gemeine Leute in ihrer Rache uner-
„sättlich sind, die Lebensstrafen, für zuläßig, bey folgen-
„den Verbrechen halten: nehmlich beym Feueranlegen, bey
„wahrem Hochverrathe, bey gewaltsamen Diebstählen, Ver-
„giftungen, Straßenraub und bey Vorsetzung wohl über-
„legten Todschlags, bey allen solchen Verbrechen, wo die
„Missethäter anderer Leute Leben für Nichts gehalten, da
„halte man das ihrige auch für Nichts.　Ich glaube
„auch denen Schulbüchern nicht, welche lehren, daß wer

„den

3) §. 50.

„den Willen zu verwunden habe, der habe auch den Wil-
„len zu tödten. Das letztere iſt für mich zu tranſcendental.
„Bey allen übrigen Verbrechen aber, ſie mögen heiſen wie
„ſie wollen, bin ich nie ein Liebhaber der Lebensſtrafen gewe-
„ſen. Nie habe ich einen Zuſchauer bey deren Vollſtreckung
„abgegeben. Andere mögen ihre Augen an ſolchen Schau-
„ſpielen weiden 4).

„Das Bedenklichſte im ganzen Werke des Beccaria
„iſt, daß er die Todesſtrafe gänzlich abgerathen hat.
„Eine ganze Heerde von Schriftſtellern hat ihn darüber an-
„geſchnattert. Hätte er aber nicht wenigſtens den vor-
„ſetzlichen Mord ausnehmen, und des Spruchs gedenken
„ſollen: Wer Menſchenblut vergeuſt, des Blut
„wird wieder vergoſſen werden? Selbſt ich habe
„noch immer einen Hang, wenigſtens den Todſchlag, (nehm-
„lich den meuchelmörderiſchen, den vorſetzlichen und überleg-
„ten, nicht den, welcher aus Jähheit des Zorns entſtanden)
„mit dem Schwerdte zu beſtrafen. Nicht des obangezoge-
„nen Spruches halber, den Moſes keinesweges uns erſt ge-
„prediget, ſondern der, ſo wie die ganze jüdiſche Blutrache,
„ein viel älteres arabiſches Recht iſt: auch nicht deswe-
„gen, als ob ich glaubte, es könnte ein Volk auſſer einem
„ſolchen Geſetze nicht in Sicherheit leben. O warum nicht!
„Bey den meiſten alten Völkern, als Griechen und Römern,
„war weiter nichts als Landesverweiſung, bey den Deut-
„ſchen aber, als ſie ſchon lange Chriſten waren, ſo wie
„noch jetzt bey den Pohlen, nur eine Geldſtrafe auf den
„Todſchlag geſetzt; ſondern ich habe einen Hang, vor-
„ſetzliche Mordthat durch eine gerichtliche Mordthat zu ver-
„gelten, vielmehr deswegen, weil derjenige, der ſich berech-
„tigt hält, ſeinem Feinde das Leben zu nehmen, auch von
„dieſem ein Gleiches erdulden muß, weil letzterer das nehm-
„liche Befugniß hat, zu ſagen: nun dann, ſo biſt du auch
„mein Feind! Er iſt aber tod, folglich muß die Obrigkeit
„es

4) §. 51.

„es ahnden, und zu ihm sagen: du bist unser aller Feind!
„denn Niemand ist vor dir sicher. Machst du dir nichts
„aus dem Leben deiner Mitbürger, so machen wir uns auch
„nichts aus dem deinigen. Der Ritter Michaelis in
„der Vorrede des 6ten Th. mosaischen Rechts, sagt Folgen-
„des: Auf Mord muß, wie es scheint, ordent-
„lich wieder der Tod stehen. Dies gar nicht um
„des Gesetzes 1 B. Mos. 9, 6. willen; denn das ge-
„het uns gar nicht an, sondern rc. Auch schon
„längstens vor demselben, hat der Hallische Gottesgelehrte
„Baumgarten, daß dieses ein bloßes jüdisches Gesetz sey,
„das die Christen im mindesten nicht verbinde, ganz augen-
„scheinlich erwiesen; daher die Meynung derjenigen Rechts-
„gelehrten, welche dem Landesherrn bey Todschlägen das
„Begnadigungsrecht versagen, keine Kenntniß, sondern Fin-
„sterniß verräth. Aber Mörder, sprichst du, und Diebe
„sind doch gefährliche Menschen? Man schlage
„sie also todt, daß sie nicht weiter schaden. Mein
„Gott! Wird wohl jemand ein beissiges Pferd tod-
„schlagen? Man macht ihm einen Beißkorb.“

„Das Gesetz, wer Menschenblut vergeußt,
„hat Gott selbst nicht als ein allgemeines angesehen. Aber
„sagt man, wer Menschenblut vergeußt, des Blut wird
„wieder vergossen werden. Das Gesetz ist nicht allgemein.
„Denn sonst wäre es dem Herrn auch wegen seiner
„Knechte gegeben. Knecht und Freyer sind, deucht mich,
„vor Gottes Augen eins, und, da niemand dem rothen Le-
„bensstrom, der in den Adern eines! Sklaven herumwallet,
„den Namen des Menschenblutes absprechen wird, so hätte
„das Gesetz, wenn es allgemein wäre, auch den Diensthe.rn
„treffen müssen, der seinen Knecht oder Magd erschlagen.
„Allein dieses blieb unbestraft, mit dem im 2 B. Mos. 2L
„20. 21. angehängten Entscheidungsgrunde: Denn sie
„sind sein Geld. Auch konnte kein Sklav einen Blut-
„rächer haben. Ferner wäre das Gesetz: wer Menschen-

„blut

„blut vergeußt, unwandelbar, ſo würde Gott nicht ſechs
„Freyſtätte verordnet haben, in denen zwar nicht der Meu-
„chelmörder, ſo wenig als der vorſetzliche Todtſchläger, je-
„doch der, der aus Jähheit des Zorns jemanden erſchlagen,
„vor dem Richter geſichert war. Es iſt merkwürdig, daß
„Menſchenblut nur bey gewiſſen Gelegenheiten ſchreyt. Als
„Konſtantin der Große faſt ſeine ganze Familie hinrichten
„ließ, als Ravaillac Heinrich IV. erſtach, als Huß nebſt
„vielen andern Ketzern, vor und nach ihm, als Servet von
„Calvins, von Calvins ſage ich, den ſelbſt der Pabſt, wenn
„er ihn gehabt hätte, verbrennet haben würde, evangeliſchem
„Eifer verzehret, als die Waldenſer greulich ermordet wur-
„den, als Karl der Große die Sachſen mit Säbeln zum Glau-
„ben zwang, als man nicht nur etwa im frommen Spa-
„nien und Portugall, ſondern in ganz Europa die Juden
„verbrannte und unſchuldig peinigte, als hätten ſie durch
„Vergiftung der Brunnen Peſt erregt, als bey der Pariſi-
„ſchen Hochzeit viele tauſend Seelen in einem Tage verblu-
„teten: da war es ſtumm, und ſchrie gar nicht. Auch der
„Hexen Blut, welches öffentlich von der Obrigkeit, ſo wie das
„Blut des Calas das im jetzigen Jahrhundert von dem Par-
„lement zu Toulouſe, vergoſſen wurde, hat man nie ſchreyen
„gehört. War dies kein Blut? War es kein unſchuldiges Blut?
„Aber, wenn auf dem Dorfe durch ein Verſehen im Balgen
„oder Schökern ein Schlag mislingt, und etwa aus Man-
„gel behöriger Hülfe der Tod erfolget, oder auch, wenn
„jemand in der Meynung, dem andern nur eine Ohrfeige zu
„geben, ſelbigen unglücklicher Weiſe an die Schläfe trift, ſo
„daß er daran ſtirbt, da ſchreyet es gewaltig.“

Sonnen-

II.

Sonnenfels ¹).

Dieser große Mann hatte die Idee von der Zweckwi-
drigkeit und Unrechtmäßigkeit der Todesstrafen eher, als Beccarias Buch erschien ²). Auch Hommel hat sie früher gehabt ³). Ueber den Inhalt selbst enthalte ich mich jetzt
jeder Bemerkung, da die Vergleichung und Gegeneinander-
haltung aller Gründe, die für jede Meynung vorgebracht
werden sind, von mir im Commentar geliefert werden wird.

„Den Halsverbrechen hat die Gerechtigkeit bis jetzt
nur größtentheils Todesstrafen entgegengesetzt. Man sah
die Furcht vor dem Tode als das größte Uebel der Menschheit an, mithin auch als das kräftigste Mittel, von Laster-
thaten abzuhalten. Schon die Fähigkeit, Laster von einer
gewissen Gattung zu begehen, die öftere Wiederholung
bey andern, schien die Vermuthung zu gründen, daß die
ungeheuere Gemüthsart, oder der Grad der Verhärtung bey
dem Uebelthäter alle Erwartung einer Besserung ausschließe.
Daher die Gesetzgebung sich verpflichtet hielt, die öffentliche
Ruhe gegen künftige Anfälle durch Vernichtung desselben
sicher zu stellen. Man hat endlich die Gesetze der jüdischen
Theokratie vor Augen, wo die Todesstrafe auf gewisse Verbrechen verhängt war, besonders in der merkwürdigen Stelle
der Schrift: Verunreiniget nicht das Land eures
Aufenthalts, welches durch Todtschläge verun-

S 2   reini-

---

1) In dessen Grundsätzen der Policey, Handlung und Finanz
1. Th. §. 375 = 388. S. 375 u. f.

2) S. unten S. 275.

3) S. dessen Gedanken über das Criminalrecht §. 85. Was die
Deutschen nebst mehrern Nationen in Ansehung der Reform des Criminalrechts thaten, davon findet man in Herrn
D. Rößigs Anmerkungen zu der nurangeführten Hommell-
schen Schrift zu §. 34. S. 57 u. f. eine sehr interessante litterarische Nachricht.

reiniget, und nicht anders wieder gereiniget
wird, als durch das Blut desjenigen, der Blut
vergoſſen hat 4). So vereinigten ſich Gründe und
Anſehen alle Zweifel gegen die Todesſtrafen auszuſchließen.

„Gleichwohl wagte ich es, von dem Lehrſtuhle einige
dagegen zu erheben. Im Jahre 1764 ließ ich den Lehr-
ſatz drucken, und öffentlich vertheidigen: Die Todesſtrafen ſind dem Endzwecke der Strafen entgegen: ſchwere, anhaltende öffentliche Arbeiten ſagen demſelben mehr zu, und machen die
Beſtrafung des Verbrechers für den Staat
nutzbar. Ich ſchaltete im Jahre 1765 dieſe Meynung der
erſten Auflage dieſes Werkes ein 5). Gegen das Ende
eben dieſes Jahres erſchien die vortreffliche Abhandlung
des Marcheſe Beccaria, von Verbrechen und Strafen, welche die verdiente Aufmerkſamkeit Europens auf
ſich zog. Es war eine nicht geringe Beruhigung für mich,
einen Satz, der als eine gefährliche Neuerung, und als ein
ſchädlicher Irrthum angefochten ward, und mir bereits Widerwärtigkeiten zugezogen hatte, durch das Anſehen dieſes Schriftſtellers unterſtützt zu ſehen. Wir leiteten
ungefähr einerley Folgen von etwas verſchiedenen Grundſätzen ab. Marcheſe Beccaria hat in einem Hauptſtücke,
voll der nachdrücklichen und beredten Stellen, welche die
empfindende Menſchenliebe in Mund legt, die der Beweis der vollkommenſten Ueberzeugung, und eines gerühr-
ten Herzens ſind, ſeine Stimme gegen die Todesſtrafe erhoben 6). Die Wärme der Theilnehmung führte ihn ſo
weit, daß er der öffentlichen Verwaltung ſelbſt das Recht,
jemanden das Leben zu nehmen, ſtreitig macht. Wer,
fragt

---

4) Numer. 35. Kap. 33 v.
5) Der Titel war damals: Sätze aus der Polizey, Handlung
und Finanzwiſſenſchaft zum Leitfaden der Akademiſchen
Vorleſungen. Wien bey Thom. E. v. Trattnern 1765. 297
Sätze.
6) XVI. Hauptſt.

fragt er, hat einem andern das Recht über sein
Leben eingeräumt? Ich gebe mir die Freyheit zu ant=
worten: Die Natur, welche dem Menschen seine
Selbsterhaltung zur Pflicht gemacht, und ihn
zur Erfüllung dieser Pflicht mit dem Rechte
der Selbstvertheidigung bewaffnet hat. Aber
es ist nöthig, einen so wichtigen Gegenstand mit Ordnung
zu behandeln.

„Die erste Frage, welche untersucht werden muß, ist
ohne Zweifel in Ansehung des Rechtes. Hat die Ge=
setzgebung ein Recht, mit dem Tode zu bestra=
fen? Wenn hierüber Zweifel sich erhoben haben, so kam
es daher, weil die Schriftsteller mit den Fürsten schranzten,
und die Quelle dieses Rechts, ich weis nicht, in welchem
Gedichte einer unmittelbar vom Himmel abgelei=
teten Majestät suchten, und denselben über Leben und
Tod ein unbestimmtes Recht einräumten. Die
Quelle dieses schrecklichen Rechts ist nirgend, als in
den einzelnen Menschen, deren Vereinbarung den Staat
bildet, zu suchen. Der Mensch, in dem Naturstande ge=
dacht, ist berechtiget, seine Sicherheit auf jede Art zu schü=
zen, und wenn die Gewalt des Angriffs nicht anders abge=
wendet werden kann, seine Vertheidigung, bis auf den
Tod des Angreifers auszudehnen. Dieses Vertheidigungs=
recht hat in der bürgerlichen Gesellschaft jedes einzelne
Glied dem Ganzen, das ist, der das Ganze vorstellenden
obersten Gewalt auszuüben, übertragen; nicht also ein
Recht über das eigne Leben, das niemand besitzt, son=
dern jeder wechselseitig über das Leben eines jeden andern 7),
der Angreifer werden konnte. Solchergestalt erhielt die
oberste Gewalt das Recht über Alle.“

S 3   Was

---

7) Die Gesellschaft sey 3! 1 überträgt sein Recht gegen 2, 5;
   2 gegen 1, 3: 3 gegen 1, 2. Die oberste Gewalt hat es nun
   über 1, 2, 3.

„Was bey einzelnen Menſchen Selbſtvertheidigung
hieß, heißt in der Hand der oberſten Gewalt Strafe.
Aber dieſe Wortveränderung kann keine in der Weſen-
heit nach ſich ziehen, könnte die urſprünglichen Grenzen nicht erweitern. Der einzelne Menſch könnte ſeinen
Angreifer tödten, wann immer die Vertheidigung ihm
dieſe Gewalt nothwendig machte. Die oberſte Gewalt kann alſo Todesſtrafen verhängen, wo
immer die Vertheidigung der gemeinſchaftlichen Sicherheit die Hinrichtung des Uebelthäters nothwendig macht. Der einzelne Menſch aber
konnte ſeine Vertheidigung nur damals ſo weit ausſtre-
cken, wann er ſich auf andre Art zu beſchützen, kein
Mittel hatte. Die oberſte Gewalt alſo kann von
der Todesſtrafe nur dann Gebrauch machen,
wann zur Handhabung der gemeinſchaftlichen
Sicherheit andere Vertheidigungsmittel nicht
zureichend ſind. Hierdurch nun wird, bey dem un-
zweifelhaften Rechte zu Todesſtrafen, in Anſehung der
Anwendung die Frage eigentlich darauf zurückgeführt:
Macht die gemeinſchaftliche Sicherheit dieſelben nothwendig? und in welchen Fällen? Die
Gerichtsſtellen haben bey Unterſuchung dieſer Nothwendigkeit den in ihre Gewalt gebrachten Verbrecher; aber
die Geſetzgebung alle diejenigen in dem Geſichte, welche
durch den Eindruck der Strafe von Begehung der Verbrechen abgeſchreckt werden ſollen.‟

„Sobald der Verbrecher in den Händen der Gerechtigkeit iſt, verſchwindet alle Furcht vor dem ferneren Angriffe:
die gegenwärtige Vertheidigung der öffentlichen
Sicherheit macht alſo ſeine Hinrichtung nicht mehr nothwendig. Und eben ſo wenig die Vertheidigung für die Zukunft 8). Der verwahrte, gefeſſelte Böſewicht iſt auſſer
Stand

_____

8) Die Beſchwerlichkeit der Bewahrung wird dieſer Meynung
als ein Einwurf entgegengeſtellt. Der Uebelthäter würde
alſo

Stand gesetzt, eine der gemeinschaftlichen Sicherheit nachtheilige Handlung in Vollzug zu bringen. Er ist also,
physikalisch wenigstens, von ferneren Uebelthaten abge-
halten, physikalisch gebessert 9). Die Vermuthung,
selbst von seiner sittlichen Unbesserlichkeit, wird in christlichen
Staaten durch die Religionslehre, und überall durch
das in der Ausübung so oft angewendete Recht der Begnadigung widersprochen. Die Religion ertheilt
noch auf der Richtstätte dem Verurtheilten die Lossprechung,
die das stillschweigende Bedingniß der Reue und Wiederkehr zur Pflicht in sich hält. Ohne die Möglichkeit
der Wiederkehr wäre diese wohlthätige Aefferey. Und
wie kann mit dem Begnadigungsrechte die Meynung von
einem unbesserlichen Missethäter bestehen? Wird dieser letzte Begriff in seine wahre Bedeutung aufgelößt: so
heißt er: Ein Mensch der, so lange er lebt, die
öffentliche Sicherheit zu stöhren, nie aufhören
wird. Ist der Verurtheilte nicht zu bessern: so heißt Begnadigen, einem Menschen das Leben lassen,
dessen Leben ein immerdaurender Angriff der
öffentlichen Ruhe seyn wird.“

„Woferne nach den vorausgesendeten Gründen die Hinrichtung des eingebrachten Uebelthäters, nicht nothwendig wird, so fällt die Nothwendigkeit der Todesstrafe bey dem ordentlichen Verfahren der Krimi-
nalgerichte durchaus hinweg: und an sich wäre die Frage
darüber ganz entschieden, weil die Strafe nur an eingebrachten Uebelthätern vollzogen werden kann. Blieben

S 4   also

also darum hingerichtet, damit er nicht entfliehe. Welche
Rechtswissenschaft! Wenn dieser Grund Gewicht hat, so muß
der Verurtheilte sobald, als das Urtheil gesprochen ist, auch
abgethan werden. Uebrigens ist die Gerichtsstelle ohne Zweifel berechtiget, der Entweichung des Verurtheilten durch
jede Strenge vorzubauen, auch durch die Verordnung, den
Flüchtenden auf der Stelle zu tödten.
9) 366.

also die wenigen Fälle allein übrig, in denen jeder Augenblick
des dem Verbrecher verlängerten Lebens das gemeine We-
fen einer neuen Gefahr aussetzt; wo daher die Beschleuni-
gung der Vertheidigung auch den bedachtsamen Schritt der
ordentlichen Untersuchung nicht zugiebt; bey dem Anführer
einer Empörung, bey der Ueberschreitung einer Gränzhut in
der Pest u. d. gl."

„Der Gesetzgebung kann die Todesstrafe nur dann
nothwendig werden, wenn der Eindruck anderer Uebel, um
von Verbrechen abzuhalten, zu schwach; dagegen die
Furcht des Todes zur Abhaltung vom Verbrechen wirksam
genug ist. Ist der Eindruck anderer Uebel zureichend,
so hat die Gesetzgebung kein Recht, ihre Strenge bis zur
Hinrichtung eines Bürgers zu erweitern. Ist der Eindruck
des Todes zur Abhaltung nicht zureichend, so verfehlt die
Gesetzgebung das Verhältniß: ihre Verfügung bleibt für
das Allgemeine Wohl ohne Erfolg, und ist gegen den
Einzelnen übertriebene Härte ohne Zweck."

„Daß auch andere Strafen, welche den Sträfling schweren, anhaltenden, empfindlichen Uebeln unterwerfen, einen
zur Abhaltung zureichenden Eindruck machen können,
ist nach den theoretischen Bestimmungsgrundsätzen des Willens entschieden. Welcher Vortheil aus irgend einem Verbrechen kann so anlockend seyn, um, z. B. ein zehnjähriges
Leben in Schande, unter öffentlicher Arbeit, bey kaum zu-
reichender Nahrung, in Fesseln, und dem traurigen Aufenthalte eines Kerkers aufzuwiegen? Man kann der Theorie
auch einen Erfahrungssatz zur Seite stellen, dessen Richtig-
keit jedermann sich selbst bestätigen muß. Sagt dem Diebe,
dem Mörder, sagt jedem Bösewichte: du wirst gewiß ergriffen, und lebenslänglich zum Schiff-
ziehen, auf die Galeeren u. s. w. verurtheilet
werden: er wird das Verbrechen unterlassen. Sagt dem
Bösewichte: der Strang ist auf den Diebstahl,
das Rad auf den Mord: aber es ist Hoffnung
und

und Wahrscheinlichkeit, der Strafe zu entgehen:
er wird das Laster begehen. Also ist auch eine kleinere Strafe
zureichend, wenn sie gewiß ist, und die größte wird durch
die Ungewißheit kraftlos ¹⁰). Ist die Verabsäumung
der besseren Anstalten zu Betretung und Einbringung der
Missethäter eine geltende Ursache, Todesstrafen zu verhängen? Können Todesstrafen diese Anstalten ersetzen?"

„Die Stärke des Eindrucks, welchen die Furcht des
Todes macht, muß nicht aus der Denkungsart des un-
bescholtenen Mannes, für welchen alle Verpönung
überflüssig ist, nicht nach dem Gefühle des Missethäters
nach der Verurtheilung oder bey der Vollstreckung ¹¹), sondern überhaupt beurtheilt werden, und
nach der Gemüthsbeschaffenheit und Denkungsart des Bösewichts. Der Tod ist überhaupt kein Uebel: dieses beweist der Unglückliche, der ihn als eine Befreyung von allen übrigen Leiden wünscht; der Verzweifelte, der sich ihn selbst giebt, der Märtyrer des
Ruhms, der Religion, des Fanatismus, die, um einen
Namen, um die Aussicht in die Zukunft dem Tode ent-
gegengehen: dieß gestehen sich die Gesetze selbst,
wenn sie den Missethäter gegen die Selbstentleibung zu
verwahren befehlen, wenn sie, weil der Tod ihnen ein zu
geringes Uebel scheint, die Hinrichtung so oft mit Martern vereinbaren: das ist, das Leben unter Schmerzen
verlängern, und den letzten Streich, der den Leidenden

                                S 5   tödtet,

10) Im Sittlichen, wie im Physischen, verjüngt die Entfernung die Gegenstände, die Näherung vergrößert sie. Die
   Ungewißheit der Betretung, die Hoffnung der Straflosigkeit
   rückt die Strafe in die Ferne; der Bösewicht verliert sie dadurch sehr oft ganz aus dem Gesichte.

11) Die Verurtheilung und Zubereitung der Vollstreckung rückt
   den Tod so nahe, daß sein Eindruck nothwendig groß seyn,
   und die Furcht in Schrecken verwandeln muß. Dieses aber
   kann nicht auch die Wirkung der Strafe bloß als eines An-
   hangs bey dem Gesetze seyn.

tödtet, den Gnadenstreich nennen: dieß wußten endlich nur zu wohl Tyrannen, deren scharfsinnige Grausamkeit
den Unglücklichen zu leben zwang [12]. "

„Der Tod ist nach der Gemüthsart und den Gesinnungen des Bösewichts auf welche die Gesetzgebung wirken will, kein zureichend abhaltendes Uebel.   Welcher
Dieb z. B. wußte nicht, daß auf den Diebstahl der Strang
stand: dennoch stahl er: das ist, dennoch setzte er sich der
Gefahr, gehangen, der Gefahr, mit dem Tode bestraft
zu werden, aus [13].   Der Tod macht auf den Bösewicht
einen so geringen Eindruck, daß täglich im Angesicht der
Richtstätte, und bey Vollstreckung des Urtheils Uebelthaten
begangen werden.   Hierzu kömmt, was gemeinschaftlich zu
diesem und dem vorhergehenden Absatze gehört: daß bey uns
der Eindruck des Todes durch den Trost der Religion,
und ihre Verheissungen viel von seinem Furchtbaren verliert;
daß der Wunsch nach der nahen Belohnung eines Reumü-
thigen, eines, wie das Volk es nennt, wohl vorbereite-
ten armen Sünders nicht selten ein Beweggrund zu
einer Missethat geworden; daß die Absicht der Strafe,
selbst bey dem Haufen von Zuschauern verloren ist, welcher
derselben bloß als einem Schauspiele beywohnet, oder
in

12) Mori volentibus vis adhibita viuendi. *Nam mor-
tem adeo leue supplicium putabat, ut, cum audisset,
vnum ex reis, Cornelium nomine, anticipasse illam,
exclamauerit: Cornelius me euasit!* et in recogno-
scendis custodiis, precanti cuidam poenae maturitatem,
respondit: *nondum tecum in gratiam redii.* Sueton.
vita Tiber. C. 61.

12) Man sagt hierauf: der Bösewicht denkt nicht an die Todesstrafe: er hofft, nicht betreten zu werden.   Ich sage
das nämliche: aber wenn er nicht daran denkt, wozu ist die
Todesstrafe? Aber, wenn er in diesem Augenblicke ausser
dem Kreise ihres Eindrucks ist: wo, wann wird sie auf
ihn wirken können?

in dem Leidenden den Missethäter aus den Augen läßt, und in demselben nur den Gegenstand seines Mitleides betrachtet [14].

„Ich habe die Todesstrafe bis hieher von Seiten des Rechts, ich habe sie von Seiten ihrer Wirkung betrachtet: ich will noch von Seiten des Nutzens, den die bürgerliche Gesellschaft aus der Bestrafung des Bösewichts zu ziehen berechtigt ist, den kleinen Zusatz machen: daß die Gesetzgebung durch Hinrichtung des Uebelthäters, dem gemeinen Wesen das Mittel aus den Händen reißt, für den erlittenen Nachtheil, sich auf irgend eine Art einen Ersatz zu verschaffen. So viele wichtige Gründe treffen überein, die Abänderung der Todesstrafen in eine Strafe anzurathen, in welcher sich zur Ehre der Gesetzgebung, die Achtung für die Rechte der Menschheit, und der Vortheil des gemeinen Wesens mit einer zuverlässigeren Wirkung auf die Denkungsart des Bösewichts vereinigen. Diese Strafe ist sowohl der Eigenschaft, als Grösse nach, in den bestimmenden Beweggründen zu den Uebelthaten selbst aufzufinden.“

„Denn, woferne man den meisten, ich bin versucht zu sagen, wenn man allen Verbrechen nachspührt; diejenigen ausgenommen, welche Fanatismus und Rache ausüben, und bey welchen jede Strafe ihre Kraft verliert;

14) Das ist die Wirkung aller grausamen Strafen. Sie haben, wie ein französischer Schriftsteller richtig unterscheidet, mehr Muth als Kraft. Sie flößen Mitleid gegen den Bestraften, und Abneigung gegen Gesetze und Rechte ein. Unter der ganzen Menge, die den Richtplatz umringt, werden nur wenige seyn, die den Schuldigen, wenn sie es vermöchten, nicht zu retten bereit wären. Dieses Mitleid fließt sehr oft selbst auf das Urtheil ein, die grausamsten Strafgesetze werden am wenigsten befolgt: die Richter halten es für Pflicht, dieselben durch die Gelindigkeit in der Anwendung zu mäßigen und zu verbessern.

liert ¹⁵); ſo findet man, daß der unmittelbare oder mittel=
bare Antrieb zu denſelben Abſcheu vor Arbeit, Wunſch
des Wohllebens und Vergnügens iſt. Arbeit
alſo, und ein Zuſtand, der ſtatt Wohlleben und Ver=
gnügen, nur Mühſeligkeit vorausſehen läßt, wird als
ein entgegengeſetzter Beweggrund am kräftigſten von
denſelben zurückgehalten: eine nach Beſchaffenheit des
Verbrechens erweiterte, wo es nöthig iſt, lebenslange,
ſchwere Arbeit, die Verlängerung eines mühſamen
quaalvollen Lebens wird, als ein öfters erneuertes
Beyſpiel, abſchreckender ſeyn."

Dieſe Abänderung der Todesſtrafen in nutzbare Arbeiten
iſt bereits nicht ohne günſtigen Erfolg in Ausübung geſetzt
worden. Nach dem Diodorus Siculus hat der Kö=
nig Sabakos die Todesſtrafen aufgehoben, und die Miſ=
ſethäter zu öffentlichem Baue verwendet. Egypten war un=
ter ſeiner Regierung ruhig. Die öffentliche Sicherheit war
unter Seſoſtris verſchwunden, der, als ein Eroberer, für
das Leben ſeiner Unterthanen keine Achtung trug. Die
Tſcheou ſchafften in China die blutdürſtigen Geſetze ab:
die Gefängniſſe blieben durch 40 Jahre beynahe ohne Be=
wohner. Sie faßten die Menge der Uebelthäter kaum, als
die Tſin die Todesſtrafen zurückbrachten. In Rußland
hat unter der Kaiſerin Eliſabeth eine Erfahrung von 20
Jahren gezeigt, daß die Nichtvollſtreckung der Todesſtrafen,
wenigſtens die Uebelthäter nicht vermehrt."

Es

---

15) Nach den in dieſer Abhandlung angenommenen Grundſätzen
iſt die Geſetzgebung gleichwohl nicht außer Stand geſetzt, Ver=
brecher dieſer Art, gegen welche alle Vertheidigungsmittel
verſagen ſollten, aus dem Wege zu räumen. Dieß liegt in
dem erſten Verhältnißſatze §. 350. So viel als nöthig iſt,
und in dem was daſelbſt von ungeheuern Gemüthern geſagt
worden. In meinem Sinne iſt ein Menſch von ſolcher Gemüths=
ſtimmung würdend. Ich ſtrafe eine wüthende Beſtie nicht,
ich tödte ſie, damit ſie niemand zerfleiſche.

„Es ist vielleicht nicht nöthig, den Einwurf zu beantworten: daß die Criminalgesetze der Theokratie mit dem
Tode bestraften. Es ist uns ohne Geringschätzung derselben
erlaubt, sie hier nicht zum Muster zu nehmen, wie wir die
eheliche Treue unsrer Frauen nicht durch einen von dem Priester befluchten Trank bewähren, noch die Asche einer rothen
Kuh zum Bestandtheile des Weihwassers machen. Aber der
Einwurf ist auch nicht schwer zu beantworten. Die Todesstrafe war dort der Lage der Umstände, wo, und der Denkungsart des Volks, auf welches zu wirken war, allerdings angemessen. Die Juden kamen, als ihnen ihre Gesetze gegeben wurden, aus einer langen Dienstbarkeit, wo sie
das Joch der schwersten Arbeiten getragen hatten. Ihre Wan-
derung in der Wüste, bey der sie manchmal sich selbst nach
Egypten, als nach einem glücklichern Loose zurück sehnten,
war eine immerwährende mühselige Arbeit. Zeit und Gewohnheit hatten sie also daran gewöhnt: auch die beschwer-
lichste Arbeit war nur ihr gewöhnlicher Zustand, und konnte
daher keine Strafe seyn. Wie die Beschwerlichkeit der
öffentlichen Arbeit überhaupt bey der an schwere
Arbeit von Jugend auf gewöhnten Volksklasse wenig zurückhalten würde. Aber man muß nicht vergessen, daß derjenige, auf welchen die Strafe Eindruck machen soll, daß der
Bösewicht, nicht von der arbeitenden Klasse, daß
es ein Mensch ist, der eben darum Uebelthaten begeht,
weil er vor der Arbeit Scheu trägt, und nicht zur arbeitenden Klasse gehören will. “

III.

Soden [1]).

„Welches ist das Recht, fragt man, das die Menschen sich geben können, einander zu würgen? — Auf
die Souveränetät der Gesetze kanns nicht gegründet seyn,
weil diese sich auf die Aufopfrung nur des kleinsten
Theils

[1] Im Geiste der deutschen Criminalgesetze 1. B. S. 44. u. f.

Theils unſrer Freyheit gründet; unter dieſem kleinſten Theil kann das höchſte Gut, das Leben nicht begrif= fen ſeyn.   Der Vorderſatz braucht Berichtigung.   Der Menſch opferte zu Errichtung der Geſetze nur den mög= lichſt kleinſten Theil ſeiner Freyheit auf; nämlich denje= nigen kleinſten Theil, der zu Erhaltung des Reſts nö= thig iſt. —

„Will ich dies weglaſſen, ſo läßt ſich jener Grundſatz auf jede Strafe ausdehnen; bey jeder beynah verliert dann der Einzelne mehr, als den möglichſt kleinſten Theil. Die nämliche Schlußfolge läßt ſich alſo auch auf die ewige Gefängnißſtrafe anwenden, die man der Todesſtrafe unter= ſetzen will. Kann — frag ich dann — kann unter der Aufopfrung des möglichſt kleinſten Freyheitstheilchens wohl der ewige Verluſt derſelben begriffen ſey?"

„Wer — fragt man weiter — wer hat wohl ſeinem Ne= benmenſchen das Recht über ſein Leben geben wollen? — Wer? die Frage gründet ſich auf den Contrakt des Menſchen zu Errichtung der Geſetze.   Die Geſchichte der urſprünglichen Errichtung der Geſetze muß alſo dieß beantworten."

„Der Menſch verband ſich und errichtete Geſetze, um durch Aufopferung eines Theils ſeiner Freyheit, ſeines Glücks, den Reſt vollkommen ſicher zu genießen.   Das Leben z. B. iſt ſein höchſtes Gut, alſo auch in Abſicht deſſen verlangte er Sicherheit."

„Verlangt er ſie, ſo muß er zugleich die Mittel, ſie zu er= halten, gewollt und ſie dem Geſetzgeber überlaſſen ha= ben.   Wie aber, wenn kein andres Mittel ihm vollkommne Sicherheit gewährt, als der Tod deſſen, der ſeine ſtöhrt? Wie aber, wenn Verluſt des Lebens in dem Fall der mög= lichſt kleinſte Theil der aufgeopferten Freyheit iſt, der zu Sicherheit, zu Erhaltung des Lebens der Bürger nöthig war? — "

„Der Menſch muß alſo andern ein Recht über ſein Leben geben wollen, wenn es die Erhaltung und Sicherung ſei=

nes

nes Lebens, seines Eigenthums, seiner Freyheit, seiner Ehre fordert.

„Ob diese es unvermeidlich fordere, gehört zur Frage von der Nothwendigkeit der Todesstrafen. Allein, es hat Schriftsteller gegeben, die, um den Satz der Ungerechtigkeit der Todesstrafe zu beweisen! den ursprünglichen Contract der Gesellschaft läugneten — Lieber! — Soll ich diesen antworten?"

„Wenn die Todesstrafe ungerecht ist, so muß sie es in Absicht des Verbrechers seyn, so muß dieser ein Recht haben, sich darüber, als über einen Eingriff in seine zurückbehaltne Freyheitsportion, zu beschweren. — Wie aber, wenn er selbst bis dorthin die Sicherheit seines Lebens jenem Gesetz, jener Strafe zu verdanken hatte, deren Opfer er nun selbst wird? — Wie? da das erste Gesetz der Natur ihm umsonst zurief: Was du nicht von andern leiden würdest, thue selbst nicht? —"

„Ist es nicht in der Wahl des Verbrechers, die Strafe zu vermeiden, die er kennt? Mit welcher Stirne kann er über sein Unglück klagen, das das Werk seiner freyen Wahl ist?"

„Der Mensch kann also das Recht über sein Leben dem Gesetzgeber übertragen wollen; aber darf er es auch?"

„Der Mensch darf nicht — sagt man ferner — er hat nicht das Recht, über sein eignes Leben zu schalten, darf sich nicht selbst umbringen; er hat also dieß keinem dritten geben können."

„Wahr ists, der Mensch darf nicht über sein eignes Leben frey schalten, aber die daraus gezogene Folge ist falsch. Der Mensch kann, wie die Lehre vom Selbstmorde beweisen wird, die Gesellschaft nicht eigenmächtig verlassen, darf nicht die Bande willkührlich zerreissen, die ihn an sie heften; weil dieß dem wechselseitigen Contract zwischen dem Einzelnen und dem Ganzen zuwider ist. Die Contravenzion dieses Vertrags und die daraus entstehende
Beleis

Beleidigung für die Geſellſchaft iſt alſo, nach dem natürlichen Recht, der Grund der Strafbarkeit der Avtochirie. "

„Dieſer Grund muß hier paſſen, wenn ich von der
Unrechtmäßigkeit des Selbſtmords auf die Unmöglichkeit
der Uebertragung des Rechts über ſein Leben auf andre,
ſchließen will. Paßt er? Hier iſt keine Beleidigung
der Geſellſchaft. Hier iſt kein gebrochener Vertrag; hier
iſt vielmehr ein Bund zur gemeinſchaftlichen Sicherheit. "

„Zu dieſem Hauptzwecke muß nothwendig die Geſellſchaft die beſten Mittel ergreifen. Das Wohl Einzelner iſt nur eine untergeordnete Idee, weil nicht der ordentliche Gang der Maſchine das Verbrechen mitbringt, ſondern eine Stöhrung im Triebwerk derſelben; weil die
Abſicht der Geſetze, nach der Natur des Menſchen, nur ſeyn
kann, den gröſten Theil, nämlich ſoviel Glieder der
Geſellſchaft glücklich zu machen, als unter den geſetzten Umſtänden möglich iſt. "

„Wie? der Menſch ſollte nicht das Recht über ſein
Leben dem Haupte der Geſellſchaft übertragen dürfen?
Wer bezweifelt ihm das Recht, ſein Leben, ſeine Ehre ꝛc.
gegen jeden Anfall, ſelbſt mit dem Tode ſeines Angreifers
zu vertheidigen? "

„Und hat er dieß, warum ſollte ers nicht dem Souverain
im nehmlichen Fall übertragen können? Dieſer iſt das
collective Leben aller Glieder der Geſellſchaft, und in ihrem Namen übt er das Recht der Vertheidigung ihres Lebens ꝛc. gegen den Angreifer aus. "

„Ein Staat, in welchem keiner ſeines Lebens, ſeines Eigenthums ſicher iſt, keiner vollkommnen Schutz ſeines
Glücks genießet, iſt in der traurigſten Situazion. Der Geſetzgeber hat genug gethan, wenn er auf Unkoſten weniger,
die ſich ſelbſt aus freyer Wahl den Leiden der Strafen ausſetzen, dem gröſten Theile der Geſellſchaft Sicherheit
gewährt. "

„Der wichtigſte Grund, den man ferner der Gerechtigkeit der Todesſtrafen entgegen ſetzt, iſt dieſer:"

„Der

„Der Maaßstab der Gerechtigkeit der Strafe ist der zu Abhaltung der Verbrechen hinreichende Grad der Intensität. Ein richtiger Satz! — Nun — fährt man fort — giebt es mindere Strafen, als die Todesstrafe, die Grad der Intensität genug haben, um den Verbrecher auch von dem schwersten Verbrechen abzuhalten; eine höhere Strafe ist also ungerecht. Dieser Satz ist falsch. — Man bemerke zuerst, daß dadurch zugegeben wird, Verlust des Lebens, sey die höhere Strafe. Nun prüse man die Calculation, die in der Seele des Verbrechers vorgeht. Zu dem schwersten Verbrechen kann den Menschen nur der größte daraus für ihn resultirende Vortheil, die Befriedigung des höchsten Grads der heftigsten Leidenschaft, bestimmen. Wenn nun der höchste Vortheil in der Zurathungs-Waagschaale liegt, wie kann es der Gesetzgeber wagen, minder, als den höchsten Grad der Strafe, in die Abrathungs-Waagschaale zu legen, wenn nicht jene sinken soll? —"

„Der Gesetzgeber muß bedenken, daß bey niederer Strafe, auch ewiger Gefängnißstrafe, der Verbrecher noch vor der Begehung — verbunden mit Hofnung, gänzlicher Straflosigkeit — auch die Hofnung, einst sich selbst wieder Freyheit zu verschaffen, oder sie durch tausnoderley Zufälle zu erlangen, sogleich und in hohem Gewicht berechnet und auch dieß in die Zurathungs-Wänzschaale legt. Und wie will dieß der Gesetzgeber aufwiegen?"

„Nur der höchste Grad der Intensität der Strafen kann also den Verbrecher vom schwersten Verbrechen zurückhalten."

„Alle, die der Gerechtigkeit der Todesstrafe jene Gründe entgegen setzen, geben doch zu, daß sie erlaubt sey, wenn das Wohl der Nation es unumgänglich fordre. Sie stürzen dadurch ihr eignes Gebäude nieder. Sind ihre Gründe richtig, sind also die Todesstrafen ungerecht, so müssen alle ungerecht seyn; und mit der Universalität jener Sätze fällt ihre ganze Beweißkraft."

X   „Noch

„Noch Eins! — Iſt Todesſtrafe ungerecht, gründet ſie ſich nicht auf den urſprünglichen Kontract der Geſellſchaft, wie wars möglich, daß alle Nationen der Welt, nach ſo manchen gänzlichen Revolutionen der Regierungsform, in denen das Volk oft ſelbſt dem Deſpoten neue Geſetze vorſchreiben konnte, ſie beybehalten haben? — "

„Wenn ſie den erſten Geſetzen der Natur widerſtrebt, wenn ſie nicht zur Sicherheit der Geſellſchaft unumgänglich nöthig war, warum hat ſich nie das Volk dagegen empört? Warum ſo viele, auch in hellern Zeiten entſtandne Republiken ſie aufgenommen?

„Doch man läugne jene Thatſätze, man entkräfte ihre Univerſalität — was verliert Wahrheit dabey? Der Irrthum von Jahrtauſenden, der Irrthum ganzer Nationen, iſt Irrthum! — "

„Ich komme jetzt auf die Gründe, die man der Nothwendigkeit der Todesſtrafen entgegenſetzt. Mit ihrer Beantwortung verbind' ich die Gründe die ihre Nothwendigkeit beweiſen. "

„Welchen Vortheil — ſagt man — kann die Todesſtrafe gewähren, da die Erfahrung lehrt, daß es demungeachtet immer Verbrecher gab? "

„Der Satz beweiſt zu viel. Wer kann behaupten, daß die Geſetze alle Verbrechen verhüten können? Aber würden ohne ſie die Verbrechen häufiger geweſen ſeyn, oder nicht? und hat der Geſetzgeber bey der Verderbniß der menſchlichen Natur — die nie frey von Leidenſchaften ſeyn wird — hat der weiſeſte Geſetzgeber nicht genug gethan, wenn er die Verbrechen ſo ſelten macht, als es unterm Monde, bey ſolchen Menſchen, deren ganze Exiſtenz eine Kette von Schwachheiten, Vorurtheilen, Irrthümern und Leidenſchaften iſt, möglich war? Und kann der menſchliche Geſetzgeber wohl mehr wollen? Wenn die Todesſtrafe nicht nothwendig iſt, weil ſie nicht alle Verbrechen verhütete; ſo ſinds alle andre Strafen eben ſo wenig. So muß die Geſetzgebung ihren Tempel verſchließen; ſo muß

ſie

sie die Handlungen der Menschen ihrer Willkühr überlassen; so werden alle Bande der Gesellschaft sich trennen, so wird jene Philosophie ihren Thron auf die Ruinen der Gesellschaft bauen. "

„Die Todesstrafe — sagt man ferner — ist nicht nothwendig, denn sie ist nicht die vollkommenste; denn nicht die Intensität, sondern die Dauer der Strafe, ist am wirksamsten auf den menschlichen Geist. — "

„Ist dieß hier wahr, so muß es immer wahr seyn, so fällt alle ordentliche Proportion der Strafen weg; so kann es nicht mehr als Eine Art der Strafen geben, und diese muß, nach der Größe des Verbrechens, bloß in der Dauer differiren! "

„Doch! der Satz soll aus der Natur der menschlichen Seele fließen. Diese müssen wir also untersuchen. "

„Laßt uns Licht in ihre geheimsten Falten werfen! — Die Absicht der Strafe ist, in dem Augenblicke, da der Mensch das Verbrechen unternehmen will, eine unangenehme Idee in seiner Seele zu erwecken, die fähig ist, ihn davon abzuhalten. "

„Je mehr das Fürchterliche dieser Idee zusammen in Einen Punkt gedrängt ist, je schrecklicher ist sie. Selten oder nie wagt der Mensch große des Todes werthe Verbrechen mit kaltem Blute! "

„Im Taumel der Leidenschaft ist also Eine sehr schreckliche Idee allein fähig, den Tumult derselben zu stillen und ihren Ausbrüchen zu widerstehen. Wenn das Bild des Verlusts seiner Existenz, das Bild eines schändlichen Todes, der Schmach, des allgemeinen Abscheues, der ihn begleitet, der fürchterlichen Augenblicke die ihm vorhergehen; wenn das Bild der Gerechtigkeit, den blutigen Dolch gegen ihn zückend, gleich einem Gespenst, auch nur auf Einen Augenblick in der Seele des Verbrechers erscheint, so zerschmettert es, gleich dem Blitze, auf einmahl das Gebäude der Leidenschaft! — Furcht und Entsetzen überfällt ihn mit aller auf Einen Brennpunkt vereinten Stärke. — "

Gleich

„Gleich allen grauenvollen Erſcheinungen erregt es in
der Seele des Menſchen eine plötzliche und gänzliche Revolution und drückt das Gewicht der zurathenden Gründe
mit Rieſenkraft nieder!"

„Dieſe plötzliche und allmächtige Wirkung kann die
Idee des ewigen Gefängniſſes — das man der
Todesſtrafe unterſetzen will — nicht hervorbringen. Der
Eindruck iſt bey weitem nicht ſo heftig und alſo nicht eben
ſo fürchterlich abſchreckend. Er iſt langſamer, und läßt alſo,
wenn er ja erſcheint, der Leidenſchaft Zeit, ſich wieder zu er-
holen; Zeit, den Hofnungen der Strafloſigkeit nachzuden-
ken, ſie zu pflegen, die Furcht vor dem Unangenehmen der
Strafe durch falſche ſchmeichleriſche Gründe zu bekämpfen, zu
entkräften, und ihm das Uebel als ungewiß, als entfernt
vorzuſtellen, ſtatt daß jener heftige Eindruck die Leidenſchaft
überraſcht und in ihrem erſten Keim erſtickt."

„Den nämlichen Grund, den man der Gerechtigkeit
der Todesſtrafen entgegen ſetzt, ſetzt man auch ihrer Nothwendigkeit entgegen."

„Ewiges Gefängniß — ſagt man — hat Intenſität
genug, um auch vom ſchwerſten Verbrechen abzuhalten. Sie hat ſogar mehr Intenſität, als die Todesſtrafe."

„Dieß zu prüfen, werfe man einen Blick auf die verſchiedenen Claſſen der Menſchen. Da kein Satz, der auf die
Reſſorts der menſchlichen Seele ſich gründet, bey der unendlichen Mannigfaltigkeit der menſchlichen Charaktere, allgemein ſeyn kann, ſo muß man nur von dem gröſſern
Theile der Menſchen reden."

„Welches iſt nun die gröſte Claſſe der Menſchen? —
Die Niedre, Menſchen, deren ganzes Leben Abwechslung
von harter Arbeit und wenigen Erholungsſtunden iſt. Wie
groß iſt denn der Abſtand von ihrer jetzigen Lage und derjenigen, die nach der Begehung des ſchwerſten Verbrechens ſie
erwartet?"

Wie

„Wie viel ist jener schlimmer und dieser besser? Hören wir einmahl die Calculation eines Menschen, dem die
Idee eines großen Verbrechens durch die Seele fährt.   Er
calculirt zuerst alle Vortheile seiner That; aber — ruft ihm
die Vernunft leise zu — ewige Zuchthausstrafe wartet
dein, wenn du entdeckt wirst! — Dieß faßt die
Leidenschaft zuerst auf.   Gleich dem Echo hallt sie's in seine
Seele zurück. — Einfältiger, schreyt sie (denn Leidenschaft
schreyt) Einfältiger! sorge dafür, daß du es nicht wirst!
Und gesetzt, trotz aller deiner Vorsicht, du wirst's. — Was
wartet dein? — Arbeit! Hast du die nicht jetzt auch? Schwere Arbeit! — Hast du sie nicht auch? und ist jene schwerer, als deine jetzige?   Wer weiß! — Ist sie's aber auch:
du wirst sie gewohnen! — Hängt nicht jetzt dein Unterhalt
vom Zufall, von Brand, vom Mißwachs, von deiner Gesundheit, von dem Eigensinn des Kaufmanns, vom Preiß
der Waaren, von tausend andern Umständen ab? und ist
er dort nicht sicher? — Aber der Verlust deiner Freyheit!
Das ist etwas! — Aber wo willst du jetzt hin? Gehe! die
Welt ist dir offen.   Elend, oder Arbeit wartet dein,
von einer Zone zur andern; deine Bestimmung ist Arbeit
und am Sonntage Ruhe, und diese behältst du! — “

„So spricht Vernunft, so Leidenschaft! und die Authen-
ticität dieser Sprache ist durch Erfahrungen bewiesen.   Hat
es nicht Menschen gegeben, die sichern Unterhalts wegen sich
selbst auf ewig auf die Galeeren verkauften? Menschen, die
Verbrechen begiengen, um in Arbeitshäusern aufgenommen
zu werden?“

„Man löse die Fesseln aller Leibeignen; man erlaube
ihnen, sich künftig selbst ihren Unterhalt zu erwerben; man
sehe, ob nicht der größere Theil die Fesseln freywillig forttra-
gen wird, die ihm sichern Unterhalt ohne Sorgen gewähren.“

„Die Idee der Freyheit erwärmt nur eble Herzen
bis zu einem gewissen so heftigen Grade, daß ihre Ent-
behrung schreckliches Leiden wird.   Dazu gehört Er-

T 3   haben-

habenheit der Seele, die nur das Erbtheil weniger, nicht des größern Haufens ist. "

„Nun berechne man erst die Hofnung, sie wieder zu erlangen! Hofnung ist (Dank sey der Gottheit!) das letzte was die menschliche Seele verläßt. Auch bey dem verzweiflungsvollsten Menschen glimmt der Funke der Hofnung im tiefsten Winkel der Seele und das kleinste günstige Lüftgen facht ihn zur Flamme. Mit dem Leben verliert der Mensch Alles, Alles, auch diese Hofnung. Ewiges Gefängniß raubt ihm diese nicht; er kann sich durch List, oder Gewalt befreyen; eine große Revolution im Staat, ein Zufall, die Gnade des Regenten, ein Gegenstand allgemeiner Freude, sein anhaltendes, ungestümes Bitten, die Thränen seiner Kinder, seiner Familie können ihn retten. "

„Die Einbildungskraft des Menschen ist geschäftig, sich Aussichten zu schaffen. Er betrügt sich freywillig, ohne es zu wissen. Der Verbrecher hat seine eigne Logik; ihm wird Möglichkeit zur Wahrscheinlichkeit und Wahrscheinlichkeit zur Gewißheit. Glücklicher Selbstbetrug! Wenn du schon hier den Gesetzgeber zu Erhöhung der Leiden zwingst, so bist du doch sonst vielleicht das Einzige, was der Menschheit ihren Jammer ruhig tragen hilft! "

„Wer den Gang der Leidenschaften kennt, wird mir beystimmen, daß der Mensch, indem er das Verbrechen unternimmt, alle jene Hofnungen, alle jene Aussichten in Anschlag bringt; wenn sie auch die Unerbittlichkeit des Richters noch so unwahrscheinlich macht. Die Leidenschaft weiß diesen elenden Gründen, wenn es auf ihre Befriedigung ankommt, ein so schönes Colorit, ein so großes Gewicht zu geben! "

„Die Todesstrafe ist aber nothwendig, weil sie die vollkommenste aller Strafen ist. "

„Sie ist's, weil sie bey der größern Klasse der Menschen die kräftigste Wirkung thut; dieß ist theils aus dem Vorigen bewiesen; theils beweisen es folgende Sätze:

Existenz

„Eriſtenz iſt das gröſte Guth der Menſchheit; ihr Verluſt muß alſo ihr gröſtes Unglück ſeyn. Dieſer Satz iſt der allgemeinſte unter allen. Er iſt auf Erfahrungen, auf Beobachtungen der menſchlichen Seele gegründet."

„Liebe zum Leben iſt die allgemeinſte, die heftigſte Leidenſchaft des Menſchen. An ihm hängt der Sclav in Ketten, wie der Sultan auf dem Thron. Der Kranke, der Sterbende ſelbſt, zieht noch gierig die letzten Züge des Lebens in ſich. — Tod, oder ewiges Gefängniß! Man laſſe jeden wählen und nach der gröſern Anzahl richte man."

„So ordnete es die ewige Weisheit! Wie bald würde ſonſt der Menſch den Leiden unterliegen, wie bald der Erdkreis eine Wüſte werden!"

„Der gröſre Theil der Menſchen hat nicht Kenntniſſe, nicht Grundſätze, nicht Empfindlichkeit, kurz nicht Kultur des Geiſtes und Herzens genug, um die Idee des Verluſts ſeiner Eriſtenz zu ertragen. Was ſollte ſie ihm tragen helfen? Sein Geiſt iſt des Begriffs, des Glücks einer andern, als irrdiſchen Eriſtenz unfähig; unfähig, Freuden zu faſſen, die er nicht kennt, ganz an der Sinnlichkeit hangend, beſteht das ganze Siſtem ſeines Glücks in der unbegränzten Befriedigung ſeiner ſinnlichen Bedürfniſſe. Dieſe kennt er, er liebt ſie. Und dieſe ſoll er verlaſſen? Und gegen welchen Zuſtand vertauſchen? Den er nicht kennt, von dem ſein Geiſt ihm entweder ein dunkles Bild, oder ein Bild entwirft, das gegen ſein jetziges Glücksſiſtem verliert! Wie ſollt er gerne jenes auf ewig, ohne alle Hofnung verlaſſen, und nach dieſer ungewiſſen Zukunft geizen?"

„Der Verluſt der irrdiſchen, ſinnlichen Eriſtenz, iſt alſo gewiß für den gröſſern Theil der Menſchen das fürchterlichſte Uebel, und alſo die vollkommenſte Strafe. Jene Sätze ſind ſelbſt in Abſicht des gröſten Theils der calculirenden Menſchen richtig; wie vielmehr in Abſicht jener Claſſe!"

„Verachtung des Lebens und ein ſo lebhafter, ſo lebendiger Begriff der geiſtigen Freuden eines andern

Lebens,

Lebens, daß er der Anhänglichkeit an unſre jetzige Exiſtenz das Gleichgewicht hält, oder ſie überwiegt, — iſt
ein ſeltnes Talent, oder die Folge auſſerordentlicher Verhältniſſe bey wenigen Einzelnen, auf die die Geſetzgebung
nicht achten kann."

„Zu jenen Gründen wiege man die öffentliche brand-
markende Art des Verluſts der Exiſtenz bey Todesſtrafen; die Schande deſſelben, die ſich auf die Aſch?, das Andenken, die ganze Familie und Nachkommenſchaft des Verbrechers ausdehnt. Man calculire nach Erfahrungen, wie
ſchwer dieß bey der gröſſern Claſſe der Menſchen
wiegt; wie empfänglich beynah der verworfenſte der Menſchen gegen den Eindruck eines ſchimpflichen Todes
iſt!"

„Wenn Todesſtrafe nicht die vollkommenſte Strafe
iſt, ſo muß es ewige Gefängnißſtrafe ſeyn."

„Wir ſetzen alſo den Fall, daß der Geſetzgeber jene ab-
ſchaffen will."

„Nun denke man ſich die Strafen auf einer Leiter,
wovon die unterſte Stufe die geringſte, und die oberſte die
ſchwerſte Strafe, nämlich die Todesſtrafe iſt; eine gleiche
Leiter bilden die Verbrechen. Die ewige Gefängnißſtrafe
war bis jetzt geringer, als Todesſtrafe. Nun, da ſie
dieſer ſubſtituirt werden ſoll, muß ich die erſte Stufe weg-
nehmen, und da auf der Leiter der Verbrechen jene oberſte Stufe bleibt, ſo muß ich natürlicherweiſe die Stufen
auf der Leiter der Strafen hinaufrücken; hiedurch verliert
die unterſte Stufe der Leiter der Verbrechen ihre Strafe;
und die ganze Proportion zwiſchen Strafen und Verbrechen
hört auf. Für das geringere Verbrechen haben wir alſo
keine Strafe."

„Der Menſch calculirt fort, wie er vorhin calculirte.
Z. B. die jetzige Strafe des Mords, die vorhin den Diebſtahl
traf, war im Verhältniß des Vortheils und Leidens hinreichend, dieſen zu verhindern, in Abwägung des aus dem
Mord reſultirenden Vortheils aber iſt ſie es nicht. Deutlicher!

licher! das Gewicht der zurathenden Gründe beym
Mord, mußte nothwendig bisher schwerer seyn, als das
beym Diebstahl, weil es bisher ein größeres Gewicht ab=
rathender Gründe zu überwiegen hatte; erniedrige
ich das abrathende Gewicht beym erstern auf den Grad des
letztern, so muß nothwendig das Zurathungsgewicht beym er=
stern überwiegen. "

„Will der Gesetzgeber von Gewicht zu Gewicht mit
den Abrathungsgründen herabsteigen, wo bleibt Ver=
hältniß mit dem Verbrechen? wo die Strafe des niedrigsten
Verbrechens? "

„Der Stifter einer neuen Republik, der sich beßre Men=
schen a la Rousseau ziehen kann, kann ihnen auch eine neue
Calculation angewöhnen und dieser darf es eher wagen, auf der
Leiter der Strafen herabzusteigen. "

„Die Todesstrafe ist die vollkommenste, weil sie
der Gesellschaft gegen schwere Verbrechen die möglichst=
vollkommenste Sicherheit gewährt. "

„Die Strafe des ewigen Gefängnisses gewährt bey wei=
tem nicht die nehmliche. "

„Ein Mensch, der ein schweres Verbrechen um minderer
Vortheile willen zu begehen fähig war, ist auch fähig, noch
gröſsere und Alles zu wagen, um seine Freyheit wieder zu
erlangen. "

„Was verliert er, wenn der Versuch mißlingt? Ist
aber der Gesellschaft daran gelegen, fordert es ihre Erhaltung,
daß ein solcher Verbrecher auf immer von ihr entfernt, auf
immer auſer Stand gesetzt werde, gleiche Verbrechen zu be=
gehen — wie kann eine Strafe hinreichen, die die Gesell=
schaft beständiger Furcht aussetzt? Der Verbrecher kann
seine Ketten zerbrechen und die Ruhe, das Wohl der Repu=
blik von neuem stöhren. Wie viel Beyspiele entflohner Bö=
sewichter, Räuber und Mörder hat man nicht, die diese Be=
merkung bestätigen? "

„Auch die ängstlichste Sorgfalt der Obrigkeit, auch die
festesten Kerker, auch die strengste Aufsicht, auch die schwer=

sten

sten Ketten reichen nicht hin, dieß unmöglich zu machen. Erfahrung spreche für mich. — Jener Grund würde indeß zu
viel beweisen, wenn man daraus die stete Nothwendigkeit der Todesstrafe folgerte. Nur die schwersten Verbrechen,
und die Furcht vor den höchsten aller Beleidigungen
können jenen Besorgnissen diesen Grad des Gewichts geben."

„Doch, wenn auch die Furcht vor der Flucht des Verbrechers dem Vorzuge der Todesstrafe in Absicht der voll-
kommnern Sicherheit nicht das Wort spräche, so findet
sich ein andrer Umstand in der Natur, der — wenn man
nur die Welt betrachten mag, wie sie ist — nicht minder wichtig ist."

„Der entkörperte Gesetzgeber verurtheilt den Verbrecher auf ewig ins Gefängniß; aber, wer sichert den
Bürger, daß der Souverain jenem kein Dementi giebt? Er
ist Mensch; ein Günstling kann sich eines vertraulichen Augenblicks bedienen, den Verbrecher loszubitten. In einem
schwachen Augenblick, wo seine Seele von Liebe, von dem
Gefühl einer edlen Handlung, von Freude, oder Kummer in
einen gewissen Grad von Schwärmerey aufgelößt ist, können
die unschuldige Gattinn des Verbrechers, die hülflosen jam-
mernden Kinder desselben, seine ehrwürdigen grauen Eltern,
die Kniee des Souverains umfassen. — In diesem Augenblicke
vergißt er, daß er Souverain ist, um ganz Mensch zu seyn!
Die entfernte Idee des aus der Loslassung des Verbrechers entstehenden Schadens wird von der Empfindsamkeit der Scene, von der Idee des gegenwärtigen
Jammers der Elenden, des Wonnegefühls, das es ihm so
leicht ist, eine ganze Familie glücklich zu machen, verschlun-
gen; — er begnadigt ihn."

„Welcher unter euch, meine Leser! wird den Fürsten
tadeln, ihn nicht anbeten, nicht wünschen die Wonne des
folgenden Augenblicks mit ihm zu theilen? — Der Weise
siehts durch das ungetrübte Glas der Vernunft; seine ruhige,
nur für die Eindrücke allgemeinen Glücks empfängliche
Seele sieht in der grauen Zukunft die Thränen der Un-
glück-

glücklichen, die diese wohlthätige Handlung fließen machen wird — und zittert!"

„Erfahrung! Erfahrung, ist der Bürge meines Satzes! Wer mich widerlegen will, leugne mir das. — "

„Gefängnißstrafe ist auch eine Last für die Gesellschaft. Sie muß das verworfene Mitglied ernähren und bewachen, das ihre Ruhe durch das schwerste Verbrechen stöhrte."

„Nicht die Verhältnisse jedes Staats erlauben ihm die Verbrecher zu Arbeiten zu verwenden, die ihm wahrhaft nützlich sind. Und die Erfahrung bestätigt, daß diese selten die Kosten ihrer Bewahrung, ihres Unterhalts verdienen. — Doch dieß ist die schwächste aller Rücksichten!"

IV.

Globig und Huster [1]).

„Die Todesstrafe wird für die härteste gehalten, weil sie dasjenige Gut raubt, um deswillen uns Alles übrige schätzbar ist, und weil sie die Absicht selbst zernichtet, da die andern Strafen nur die Mittel angreifen. Ob sie aber vermöge des bürgerlichen Vertrages erlaubt sey? darüber ist in neuern Zeiten sehr gestritten worden. "

„Diese Frage beruht auf 3 Punkten: 1) ob die bürgerliche Gesellschaft die Todesstrafe dem Gesetzgeber nachlassen könne? 2) ob sie solche nachlassen wollen? und 3) ob die Strafe in irgend einem Fall gerecht oder nothwendig sey?"

„Das erste läugnet Beccaria, weil niemand Herr über sein eigen Leben sey, und also noch viel weniger einem andern

---

1) In der von der öconomischen Gesellschaft zu Bern gekrönten Preißschrift, welche unter dem Titel: Abhandlung von der Gesetzgebung von Herrn Hanns Ernst von Globig und Herrn Johann Georg Huster zu Zürich 1783 in 8. erschienen ist, im 2. Abschnitte S. 64 u. f.

dern dieses Recht mittheilen könne. — Allein, die Mitglieder der Gesellschaft haben dem Gesetzgeber nicht ein jeder das
Recht, ihnen selbst das Leben zu nehmen, sondern die Rache,
die einem jeden im natürlichen Stande erlaubt war, aufgetragen. — Kann man aber die Rache einem andern abtreten? Konnte sich diese im natürlichen Stande bis auf
den Tod erstrecken, wenn der Beleidigte selbst noch lebte?
Und wenn er getödtet war, wie konnte er sich alsdann
rächen? — Die meisten Gesetze sagen zwar, daß gerichtliche Klagen, welche eine Rache enthalten, weder auf die
Erben gehen, noch einem dritten cedirt werden können. Allein, dies sind solche Processe, wo ich einen doppelten und
dreyfachen Ersatz des erlittenen Schadens fordere. Der einfache Ersatz kann allemal cedirt und vererbt werden. Ist
das aber nicht eine einfache Büssung, wenn der Mörder
hingerichtet wird? Die Entleibung des Angreifers ist nach
dem Naturrechte erlaubt, wenn ich in der äussersten Gefahr
bin, mein Leben zu verlieren. Denn, ein jeder ist sich selbst
der Nächste, und muß in der äussersten Noth sein Leben dem
Leben des andern vorziehen. Dies befiehlt der zu unserer
Erhaltung in uns gepflanzte Eigennutz, die Quelle des natürlichen Rechtes. Wie vielmehr soll also nicht derjenige
sein Leben verlieren, der schon wirklich dem andern das Seinige geraubt hat? Wenn der Beleidigte getödtet war, so
hatten im Stande der Natur seine Anverwandten das Recht,
den Mörder bis auf den Tod zu verfolgen. Sie führten einen gefährlichen Krieg mit ihm, bey welchem der Theil, der
Unrecht hatte, öfters siegte, oder doch mit blauem Auge
davon kam. Diese Ungleichheit gab eben, wie obgedacht,
Anlaß zu Vereinigung der Menschen in Gesellschaften. Sie
cedirten ihrem erwählten Oberhaupt diesen Krieg wider die
Beleidiger, um der Genugthuung gewiß zu seyn. Und diese
Cession war, wie obgedacht, erlaubt. — Allein, im Stande
der Natur konnte ja der Entleibte sich nicht rächen, mithin
auch diese Rache nicht dem Regenten cedirt werden. Die
Rache aber, welche in diesem Fall den Anverwandten zukam,

dau-

dauerte nur so lange, bis sich der Widersacher ergab, bis sie
ihn in ihrer Gewalt hatten. Hernach durften sie ihm nicht
mehr das Leben nehmen. Ein Gleiches fand bey demjenigen
statt, der sich in Gefahr seiner Person und Güter befand.
Ein größeres Recht konnte der obersten Gewalt nicht aufgetragen werden. Mithin würde sich die Todesstrafe nur
in dem Falle rechtfertigen lassen, da eine Räuberbande mit
bewafneter Hand zu überwältigen, oder ein Tumult zu däm-
pfen wäre, oder wenn sich ein Uebelthäter bis auf den Tod
vertheidigte. Man sieht aber leicht, daß dieses nicht sowohl
eine Strafe, als eine Nothwehr, ein Krieg der bürgerlichen
Gesellschaft gegen widerspenstige Bürger seyn würde."

2) „Daß die Mitglieder der bürgerlichen Gesellschaft die
Todesstrafe nachlassen wollen? Dies fließt schon aus dem
vorhergehenden. Der Eigennutz selbst war die Ursache dieses
Auftrags, weil dadurch die vorher so gefährliche Rache desto
gewisser und ruhiger erreicht wurde. Keiner dachte, daß
solche auch wider ihn Statt finden werde: denn unser Eigennutz schmeichelt sich, daß die für uns angenehmen Sachen die
unangenehmsten für andere sind, und die Furcht vor Beleidigung ist weit größer, als die Begierde, zu schaden."

„Beccaria behauptet zwar, daß ein jeder nur den klein-
sten Theil seiner Freyheit aufgeopfert, und den Regenten ohn-
möglich authorisirt habe, ihm alle Freyheit, ja selbst das
Leben selbst, zu nehmen. Allein, ein jedes Mitglied der
Gesellschaft hat nicht seine Freyheit, sein Leben, sondern
das Recht, das er auf die Freyheit, auf das Leben seiner
Beleidiger hatte, dem Gesetzgeber und Regenten überlassen.
Ueberhaupt ist auch der Satz, daß jeder nur den kleinsten
Theil seiner Freyheit cedirt habe, ungegründet, oder doch
wenigstens sehr unbestimmt.

„Was den dritten Punkt anbelangt, da pflichte ich dem
Beccaria bey, daß die Todesstrafe nur in dem Fall nothwendig, oder gerecht seyn könne, da, wenn der Verbrecher
am Leben bliebe, dem Staate ein unvermeidlicher Schade zu
befürchten wäre. Ich füge jedoch die nöthige Bestimmung
hinzu,

hinzu, daß der zu befürchtende Schade allemal noch größer
seyn müsse, als der Verlust, den der Staat durch Hinrich=
tung eines Bürgers erleidet. "

"In allen übrigen Fällen ist die Todesstrafe dem Staate
nicht vortheilhaft, und also weder nothwendig, noch gerecht.
Denn die vorgedachten Absichten der Strafe werden bey
selbiger verfehlt.   Wird wohl das Leben des Entleibten,
die Ehre der Geschändeten, das Geld des Bestohlnen durch
die Hinrichtung des Bösewichts ersetzt?   Ist nicht eine be=
ständige Knechtschaft besser, da der Beleidiger gezwungen
wird, durch seine Arbeit dem Beleidigten oder dessen Anver=
wandten und selbst dem Staate eine Entschädigung zu ver=
schaffen?   Wird ferner der Beleidiger durch den Tod ge=
bessert? oder was hilft dessen Besserung dem Staate, den er
sogleich verlassen muß?   Andere Strafen und eine ewige
oder zeitigere Knechtschaft, machen öfters aus dem ärgsten
Bösewicht noch den brauchbarsten Bürger.   Werden die Um=
stehenden durch die Hinrichtung mehr gebessert und abgeschreckt,
als durch andere Strafen?   Dies muß ich mit dem Beccaria
nach den Empfindungen des menschlichen Herzens verneinen.
Je heftiger diese sind, desto weniger halten sie an, weil die
Heftigkeit selbst die Empfindungskraft ermüdet.   Dagegen
ist eine wiederholte, obgleich schwache Empfindung von län=
gerer Dauer.   Hierzu kömmt, daß die Strafe, so lange
sie abschrecken soll, in unserm Gedächtniß seyn muß.   Nun
aber wird gewiß niemals eine Handlung, so heftig und feyer=
lich sie auch sey, wenn sie nur einmal geschieht, so frisch in
unserm Gedächtniß bleiben, als eine andere, die öfters wie=
derholet wird, und die wir täglich vor Augen haben. "

"Die Todesstrafe kann also unmöglich so abschrecken,
als eine beständige Knechtschaft.   Sie ist zwar wirksamer,
so lange ihr kräftiger Eindruck währt.   Allein, dieser dauert
gewiß kaum einige Tage.   Wer wollte ihn also mit dem
vieljährigen Beyspiel der Sclaverey vergleichen.   Ja, die
gute Wirkung der Todesstrafe, das Schrecken, welches sie
erregen soll, wird meistentheils durch das Mitleiden ver=

drängt,

drängt, welches dieser größte Verlust des Lebens bey empfind=
samen Seelen hervorbringt. Bey andern Strafen bleibt
dem Mitleidigen die Hofnung der Besserung und Befrey=
ung des Gepeinigten noch übrig, und diese Hofnung ver=
mindert das Mitleiden selbst. Wenn jedoch die Strafe
nothwendig ist, wenn sie so bald, als möglich, auf die That
und unter den Augen des Volks erfolgt, um solches von
der Nothwendigkeit und Unvermeidlichkeit derselben recht sinn=
lich zu überzeugen, so wird, wie wir schon oben gesagt ha=
ben, die Abschreckung gewiß die Oberhand über das Mit=
leiden behalten."

„Die übrigen Gründe, welche Beccaria und andere häuf=
fen, um der Todesstrafe alle Wirksamkeit zu benehmen, ha=
ben mich nicht völlig überzeugt. Sie sagen, die meisten
sähen den Tod in einer dunkeln Entfernung. Viele giengen
ihm mit gleichgültiger Großmuth entgegen, aus Eitelkeit, aus
Wahnwitz, aus Verzweiflung. Alle diese Leidenschaften
würden in den Banden und betrübten Aussichten einer ewi=
gen Knechtschaft nicht befriedigt. Hier giengen die Müh=
seligkeiten des Lebens erst recht an, anstatt, daß sie durch
den Tod beendigt würden. Der Tod sey das Schicksal
aller Menschen, die Knechtschaft nur der Unglücklichen. —
Allein, warum entfernen wir das Bild des Todes, warum
suchen wir es in einer dunkeln Nacht zu verhüllen, und ihm
die Wirklichkeit zu benehmen? Gewiß darum, weil es uns
als das größte Uebel vorkommt, und weil wir die betrübten
Vorfälle um so mehr zu vergessen suchen, je größer, je schreck=
licher sie sind. Diese Bemühung aber ist nur schwach, weil
die unangenehmen Ideen sich wider unsern Willen hervor=
drängen, und ein einziges Beyspiel giebt solcher die vorige
Lebhaftigkeit wieder. Sie ist auch bey geringern Strafen
verhältnißmäßig eben dieselbe. Mithin wird die Todes=
strafe dadurch an und für sich nicht unwirksamer als an=
dere Strafen. Diejenigen, die aus Eitelkeit den Tod ver=
achten, werden gewiß keine Schandthaten begehen, welche
eben diese Eitelkeit beleidigen. Sie werden also die Todes=

strafe

strafe nicht verdienen. Sie werden sich höchstens selbst das
Leben nehmen, um den Ruhm eines Catos, oder eines Wer=
thers zu erlangen. Der fanatische und verzweifelte Böse=
wicht läßt sich in seiner Raserey, durch die Vorstellung einer
ewigen Knechtschaft eben so wenig, als das Blutgerüst, ab=
schrecken. Es bleiben ihm ja allezeit in der größten Sclave=
rey noch Mittel übrig, sich den erwünschten Tod zu geben. "

„Man wendet ferner ein, der Magistrat, der mit kaltem
Blute auf verschiedene künstliche Art die Verbrecher hinrich=
ten lasse, gebe ein schädliches Beyspiel der Grausamkeit.
Es sey abgeschmackt, um den Todtschlag verabscheuungs=
würdig zu machen, selbst einen öffentlichen Todtschlag zu
begehen. Das Publikum sehe dies Schauspiel an, mit
Unwillen gegen den Magistrat, mit Unwillen gegen den Scharf=
richter, der doch der unschuldige Vollstrecker des Gesetzes sey. "

„Allein, auf diese Art dürften gar keine Strafen statt
finden. Sie wären alle ein schädliches Beyspiel. Die
Obrigkeit, die den Dieb am Gelde strafte, begienge einen
öffentlichen Diebstahl. Wenn sie dem Schmähredner die
Ehre raubt, so wäre sie eine Verläumderin. Auf diese Art
wäre die Nothwehr, die Rache der Anverwandten im natür=
lichen Stande unerlaubt gewesen. Wer sieht nicht ein, daß
man eine gerechte Rache von einer Gewaltthätigkeit unter=
scheiden müsse? Der Unwillen des Volks gegen den Magi=
strat und dessen Diener ist nicht allein bey der Todesstrafe,
sondern auch bey andern Strafen ersichtlich. Der Eigen=
nutz eines jeden möchte gern die Vortheile der bürgerli=
chen Gesellschaft umsonst genießen. Die Gefängnisse, das
Blutgerüste bringen ihn auf. Er verwünscht den Kerkermei=
ster und den Henker. Er ist die Ursache, warum bey den
besten Gesetzen, bey der gerechtesten Vollziehung derselben
immer noch Bösewichter seyn werden. "

„Die Todesstrafe ist also nur im obigen Fall erlaubt.
Sie ist aber sehr selten nützlich, und um deswillen ist eine ewige
Knechtschaft meistentheils vorzuziehen. Die träumerischen
Einwendungen von einem diesfalsigen allgemeinen gött=
lichen

lichen Gesetze, von der Uebereinstimmung aller Völker, will ich nicht einmal erwähnen, da sie schon von andern sattsam widerlegt worden sind."

V.

Gmelin [1]).

„Es ist gar nicht zu läugnen, daß manche Gesetzgeber, und selbst unser Karolinisches Gesetzbuch, noch weit mehr aber die Französischen Gesetze [2]), das Leben eines Menschen und dessen Beraubung für allzugering angesehen, und mit einer allzugroßen Strenge, öfters aus unzeitigem Religionseifer, öfters aus Unverstand und Vorurtheilen, Todesstrafen gegen solche Verbrechen erkannt haben, wo es der Endzweck der Strafe nicht erforderte, wo sie mehr eine Grausamkeit und in jedem einzelnen Fall eine Ungerechtigkeit, als eine rechtmäßige Vertheidigung der Wohlfart und Sicherheit des Staats zu seyn scheinen. Neben dieser Ungerechtigkeit bringt die allzuviele Verschwendung der Todesstrafen auch den Nachtheil mit sich, daß, wo öffentliche Hinrichtungen häufig vorfallen, das gemeine Volk härter, unempfindlicher und zur Grausamkeit geneigt wird. Allein, ganz gewiß ist es auch auf der andern Seite unrichtig, wenn man in allen Fällen ohne Unterschied die Todesstrafen für grausam,

tinge=

---

1) S. Emelins Grundsätze der Gesetzgebung über Verbrechen und Strafen. Tübingen, 1785, §. 35=45. Vorher steht ein Verzeichniß der vorzüglichsten Schriftsteller, welche die Todesstrafen bestritten oder vertheidigt haben. Ich wählte diese Stelle deßhalb, weil sie die Gründe, die auch andre wichtige deutsche Schriftsteller für und wider die Todesstrafen vorgebracht haben, mit Beziehung auf die hierher gehörigen einzelnen Schriften und auf die merkwürdigsten Systeme lichtvoll darstellt.

2) V ** Essai sur les reformes à faire dans notre Legislation criminelle dans l'introduct.

U

ungerecht, den Rechten der Menſchheit zuwider, und dem
Zweck der Strafen nicht angemeſſen, für eine häßliche Mis=
geburt der Ungerechtigkeit und Grauſamkeit erklärt."

„Zwar iſt es ohne Grund, wenn man das Recht der
Todesſtrafen mit Jacobi auf eine Verjährung gründet, welche,
wenn Todesſtrafen ungerecht wären, niemals gegen die Rechte
der Menſchheit Statt haben könnte. Es iſt ohne Grund,
wenn man die Todesſtrafen als nothwendig aus der heiligen
Schrift, beſonders aus der bekannten Stelle: Wer Men=
ſchenblut vergießt, des Blut ſoll wieder vergoſſen werden,
behauptet [3]), wenn man die Todesſtrafe gegen die Mör=
der auf Wiedervergeltung gründet, gleichſam als ob man
berechtigt wäre, dem Verbrecher immer eben das Uebel zu=
zufügen, welches er einem andern zugefügt hat; weil nicht
Rache, ſondern Abſchreckung der Endzweck der Strafe iſt,
und beſonders auch andere als wiedervergeltende Strafen
die Wirkung der Abſchreckung haben können [4]); es wäre ohne
Grund, wenn man die Todesſtrafen auf die Befugniſſe ein=
zelner Menſchen im natürlichen Zuſtande ſtützen wollte, wo
ein jeder das Recht hat, ſein Leben, ſeine Keuſchheit, ſeine
Güter, mit dem Tode des Angreifers zu vertheidigen, da doch
vielleicht der Staat, welcher eine größere Macht hat, Sicher=
heit vor einem Todſchläger und vor andern Verbrechern, durch
gelindere Mittel zu verſchaffen im Stande iſt, und nach
ſchon begangenem Verbrechen und zugefügtem Schaden keine
Vertheidigung mehr eintreten kann; es iſt auch ferner ge=
wiß, daß wenn Beſſerung des Verbrechers der Hauptzweck
der Strafe wäre, die Todesſtrafe dieſen Endzweck ſehr ver=
fehlen

---

3) Dieſes zeigt Cramer in ſeiner Abhandlung: Etwas für
Menſchen ohne Vorurtheile. Unterhaltungen fürs leſende
Publicum. 1. Jahrgang, 1. Vierteljahr. Deßingen 1784.
3. Monat.

4) Wenn man aber den Grundſatz von wiedervergeltenden Stra=
fen, wie z. B. in der Globig und Huſteriſchen Preisſchrift
geſchehen, annimmt, ſo glaube ich, kann man auch die To=
desſtrafen der Mörder nicht mit Grund beſtreiten.

fehlen würde; es ist wahr, wenn es nur darum zu thun wäre, wie einige Bestreiter der Todesstrafen behaupten, den Staat vor dem, der das Verbrechen begangen hat, in Sicherheit zu stellen, so würde dieser Endzweck ohne Todesstrafe durch ewiges Gefängniß, (nur nicht eben so sicher) erhalten werden können."

„Da es aber bey jeder Strafe nicht allein um Besserung des Verbrechers, nicht allein um Sicherstellung vor dem, der das Verbrechen begangen hat, sondern darum hauptsächlich zu thun ist, daß die Anordnung und Vollziehung der Strafe bey Jedem denjenigen Eindruck mache, welcher für hinlänglich erachtet werden kann, den Reizungen zum Verbrechen das Gegengewicht zu halten, daß also die Vorstellung der Strafe einen Jeden dahin bestimme, vom Verbrechen abzustehen, daß also überhaupt der Staat und seine Bürger vor jedem Verbrecher in Sicherheit gestellt werden: so stehen alle angeführte Einwendungen der Gerechtigkeit der Todesstrafen nicht entgegen; es muß vielmehr nach meinen bereits angeführten Grundsätzen vom Verhältniß der Strafe zu Verbrechen richtig seyn. Wo die Reizung zum Verbrechen groß, und auf der andern Seite die Gefahr für den Staat und die Bürger so beträchtlich ist, daß sie durch die schärfsten Mittel abgewandt werden muß, da kann und muß Todesstrafe Statt finden. Es ist daher auch eine unbedeutende Einwendung gegen die Todesstrafe, daß durch sie niemals dem Beleidigten sein Schade ersetzt werde [5]); weil der Schadenersatz niemals Absicht, nicht einmal Nebenabsicht der Strafe ist."

„Gegen die Befugnisse des Gesetzgebers, Todesstrafen zu verordnen und vollziehen zu lassen, ist Manches eingewandt worden. Man behauptet, der Verbrecher könne niemals ohne seine Einwilligung des Lebens beraubt werden, niemals habe er stillschweigend sich auf den Fall, da er ein

U 2 Ver=

---

[5] Globig und Huster in der Preisschrift über die Criminalgesetzgebung. S. 68.

Verbrechen begehen würde, dazu verſtanden, ſein Leben zu
verlieren, und er hätte dies nicht gekonnt, weil kein Menſch berechtigt ſey, über ſein Leben zu gebieten, und es ſich mit
oder ohne Bedingung zu nehmen [6]. "

„Allein, an dem Recht des Geſetzgebers läßt ſich mit
Grund niemals zweifeln. Ihm iſt die Pflicht aufgetragen,
für Wohl und Sicherheit des Staats zu wachen; ihm iſt
von der ganzen Geſellſchaft die Gewalt zugetheilt, Alles, was
der Wohlfart und Sicherheit des Staats zuwider iſt, zu entfernen; ihm ſind von der ganzen Geſellſchaft die Mittel und
Wege zugeſtanden, auf welchen er jenen Endzweck erreichen
kann. Findet alſo der Geſetzgeber, daß er Verbrechen, welche
dem Staat äuſſerſt nachtheilig ſind, nicht anders, als durch
Bedrohung der größten Uebel, nehmlich Todesſtrafen, abwenden kann, ſo müſſen ihm auch dieſe erlaubt, und er zu
Anordnung und Vollziehung derſelben berechtigt und verbunden ſeyn [7].   Darf er den Feinden des Staats gewaffnete
Heere von Tauſenden entgegen ſtellen, und nicht nur des
Feindes, ſondern auch ſeiner Unterthanen Leben auf die
Spitze ſtellen, um ſeine Rechte zu vertheidigen [8], wie
viel mehr wird er gegen einen groben Verbrecher, der immer
als der ſchlimmſte Feind des Landes, wo er ſich vergangen
hat, anzuſehen iſt, um vor ihm und andern ſeiner Art ſicher
zu ſeyn, die Schärfe des Schwerds gebrauchen dürfen! Daß
der Staat, einen Feind zu tödten, berechtigt ſey, bey deſſen
Leben die Bürger in Gefahr ſind, das Ihrige zu verlieren,
iſt noch von Niemand beſtritten worden. Wenn ich mir
                                                      alſo

---

6) Barkhauſen im 8. St. des deutſchen Muſeum von 1776.
   Peinliches Halsrecht der Teneriffaner in der 13. Anmerk.
   S. 145. u. f.

7) CHRIPH. FRID. SCHOTT, *D. de genuino fonte iuris
   vitae et necis et in D. obſeruation. de delictis et
   poenis ad libr. Ital. etc.* HELLFELD *D. iuſtitia poenarum capitalium, praeſertim in crimine furti* §. 2.

8) Michaelis in ſeiner Vorrede zum 6. Theil des Moſaiſchen
   Rechts. S. 131.

also einen Verbrecher vorstelle, dessen Handlung beweist, daß
bey seinem Leben der Staat und einzelne rechtschaffene Bürger den gröſten Gefahren ausgeſetzt wären; deſſen Handlung,
wenn ſie nicht auf das Ernſtlichſte, nämlich mit dem Tode,
beſtraft würde, auch Andere zur Nachahmung reizen, und
alſo den Staat und einzelne Bürger den gröſten Gefahren
ausſetzen würde: ſo glaube ich, daß der Staat, (ohne daß
hier die Fiction des urſprünglichen Contracts in Anſchlag
kommt) kein Bedenken tragen darf, die Todesſtrafe zu vollziehen. Hat jeder einzelne Menſch von Natur das Recht,
ſein Leben und ſeine Güter durch den Tod des Angreifers zu
vertheidigen, und ſich damit in Sicherheit zu ſtellen, wie
vielmehr muß dem Oberhaupte des Staats, welchem alle
einzelne Mitglieder ihre Vertheidigung und die Beſorgung
ihrer Sicherheit aufgetragen haben, das Recht zuſtehen, die
Verletzung des Staats und einzelner Mitglieder deſſelben,
wo kein anderes Mittel hinlänglich iſt, durch Todesſtrafen
zu ſichern!"

„Das Recht der Todesſtrafe beruht alſo nicht auf einem Rechte der Widervergeltung, nicht auf einem Rechte der
Nothwehr gegen den Verbrecher, welches nach ſchon begangenen Verbrechen nicht mehr Statt haben kann 9), nicht

U 3   auf

9) Aber etwas Aehnliches mit der Nothwehr im Naturſtande haben unſere Todesſtrafen allerdings. Die Abſicht derſelben iſt
nehmlich nicht, den Beleidigten mit der Todesſtrafe zu vertheidigen. Nach verübtem Verbrechen und ſchon zugefügtem
Schaden läßt ſich Nothwehr, welche eine Art der Vertheidigung zu Abwendung einer noch nicht geſchehenen Beleidigung
iſt, nicht gedenken. Allein man betrachte einmal die Sache
aus dieſem Geſichtspuncte. Der Geſetzgeber hält dafür, eine
gewiſſe, dem Staat äuſſerſt ſchädliche Handlung könne nicht
anders verhütet werden, als wenn wider dieſelbe die Todesſtrafe verordnet und an dem Thäter vollzogen werde; alſo
die künftige Sicherheit des Staats und einzelner Bürger
könne nicht anders, als durch die Todesſtrafe erreicht, das
Wohl des Staats, das Leben einzelner Bürger könne nicht anders, als durch den Tod des Verbrechers vertheidigt werden,

alſo

auf der Einwilligung des Verbrechers, sein Leben hinzugeben,
welche hier so wenig, als nach dem Naturrecht, wenn sich
jemand wider einen ungerechten Angriff vertheidigt, in Betracht kommt, sondern auf den Befugnissen aller Mitglieder
des Staats, welche von dem Verbrecher Schaden gelitten,
oder von diesem und andern Schaden zu befürchten haben,
dessen Gefahr auf andere Weise nicht abgewandt werden
kann.   Wann man ja den ursprünglichen Contract zu Hülfe
nehmen will, so kann doch der Verbrecher, welcher unter
der Bedingung,   wann er ein solches Verbrechen begehen
würde, stillschweigend in die Todesstrafe eingewilligt hat,
kein Selbstmörder genannt werden, sondern er wagt zu
seinem eigenen und des Staats Besten sein Leben auf einen
Fall, dem er sehr leicht entgehen kann. "

     „Die Nothwendigkeit der Todesstrafe beruht hauptsäch-
lich darauf, daß Sicherheit vor dem Verbrecher selbst nicht
nur, sondern auch der wichtige Eindruck, welcher andere von
Begehung eines Verbrechens abhalten solle, durch keine
Strafe so gewiß und sicher, als durch die Todesstrafe, erreicht
werde, welche dem allgemeinen Triebe der Selbstliebe am
meisten entgegen ist, und die zum Verbrechen antreibende
Leidenschaft am gewissesten besiegen kann.   Der Staat ist
gewiß vor den gröbsten Verbrechen und Verbrechern nicht
hinlänglich gesichert, wann statt der Todesstrafe immer ewiges Gefängniß erkannt wird [10]); und diese absolute Sicherheit ist ein unläugbarer Privatvorzug der Todesstrafen.   Der
Staat kann durch ewiges Gefängniß des Verbrechers nicht
einmal

---

also ist Todesstrafe eine nothwendige Vertheidigung, eine
wahre Nothwehr, s. Schall von Verbrechen und Strafen S.
118.   *Malblanc, pr. de poenis ab effectibus defensio-
nis naturalis, etiam in statu civili probe distinguen-
nis, pag. 20 sqq. in Plitt. analect. iur. criminal.*

10) S. besonders Schall von Verbrechen und Strafen, S.
60.   Auffer dem ewigen Gefängnisse läßt sich ohnehin keine
Strafe denken, welche die Stelle der Todesstrafen vertreten,
und ihren Endzweck erreichen könnte.

einmal vor diesem sichern, vielweniger aber durch Bedrohung mit ewigem Gefängniß denjenigen abschreckenden Eindruck bewirken, welchen allein die Todesstrafe macht, und
welcher nach der Wichtigkeit des aus einem großen Verbrechen entstehenden Schadens und Gefahr kräftig genug
wäre, den Staat vor demselben zu schützen [11]). Mit der
Todesstrafe ist der Staat nicht allein vor dem, welcher
schon ein Kapitalverbrechen begangen hat, gesichert, sondern
auch aufs Möglichste vor jedem künftigen Verbrecher. Man
sage auch in der Studirstube, so oft man wolle, daß ewiges
Gefängniß härter, als der Tod sey; der menschlichen Natur
schauert vor nichts so sehr, als vor dem Tode; die Furcht vor
dem Tode ist in sie verwebt, und allen Menschen gemein.
Gewiß wird die Vorstellung des ewigen Gefängnisses nicht so
sehr, als die Vorstellung der Todesstrafe, den Bösewicht von
Ausführung seiner ruchlosen Unternehmungen abhalten; gewiß zieht der größte Theil der Menschen ein elendes Leben
dem Tode vor. Die ewige Gefangenschaft, deren Leiden
hauptsächlich in der langen Dauer besteht, und meistens am
Orte des begangenen Verbrechens unbekannt bleibt, kann
niemals den tiefen bleibenden Eindruck machen, wie die
Todesstrafe, bey welcher alles Schreckende in einen Augenblick vereinigt, in einen Punct zusammen gedrängt wird [12]),

U 4 der

11) Sehr sonderbar ist meines Erachtens die Meynung Wie-
lands in s. Geiste der peinlichen Gesetze 4. Abschn. daß es
Grausamkeit und große Ungerechtigkeit gegen den Verbrecher
sey, ihn statt der Todesstrafe mit ewigem Gefängniß zu
belegen. Würde man die zum Tod Verurtheilten darüber fragen, gewiß neunzehn von zwanzig würden das ewige Gefängniß als Gnade und Barmherzigkeit annehmen.

12) Mich dünkt, diejenigen, welche das Gegentheil behaupten,
vermengen den Eindruck, welchen die einzelne Hinrichtung
überhaupt macht, mit dem Eindrucke, welchen die Vorstellung
einer ihn erwartenden Todesstrafe auf einen jeden macht,
der Reizungen zu Begehung eines Verbrechens hat; jener
dauert nicht immer lange, aber dieser ist immer kräftig und
wirksam, um von Verbrechen abzuschrecken.

der Verbrecher ist im Gefängnisse seines täglichen Unterhalts gewiß, er schmeichelt sich noch nebenher mit der Hofnung einer Befreyung durch Begnadigung oder Flucht [13],
welche ihn gegen die Todesstrafe niemals trösten kann.
Der Verbrecher, besonders wenn er ein Mensch ist, der kümmerlich leben muß, findet beym Gefängnisse auch noch
mehrere Trostgründe, und hofft auch in dem Falle, wenn er
im Gefängnisse ausharren müsse, sich dasselbe durch Gewohnheit erträglich zu machen, und gewiß werden alle diese
Vorstellungen die Furcht vor der Strafe schwächen [14]. Es
ist auch ein sehr falscher Einwurf, daß in der Stunde der
Leidenschaft die Vorstellung der Todesstrafe auf den entschlossenen Verbrecher keinen Eindruck mache; theils wird dieses
nur wahr seyn, wann die Leidenschaft im heftigsten Grade
ist, und in Wuth ausartet; theils wird doch Todesstrafe immer die heilsame Wirkung haben, daß sie den, der noch
einer Ueberlegung fähig ist, abhält, und seine Leidenschaft
nicht überhand nehmen läßt. "

„Man wendet zwar gegen die Wirksamkeit der Todesstrafen die Erfahrung ein, daß manchmal während der
Vollstreckung einer Todesstrafe an Dieben von den Zuschauern Diebstähle begangen werden; allein, bey diesen Dieben
ist es gewiß nicht der Mangel an Todesfurcht, sondern vielmehr die Hofnung, nicht entdeckt zu werden, und eine alte
eingewurzelte Gewohnheit, welche in dieser Hofnung keine
Strafe mehr achtet, wobey sie aber immer so vorsichtig bleiben werden, daß sie keinen Diebstal begehen, welcher leicht
zu entdecken ist; und wie viel weniger werden solche ausser-
ordentliche Bösewichter durch Gefängnißstrafen abgeschreckt
werden? Andere führen gegen die Wirksamkeit der Todesstrafe

---

13) Sehr unrichtig behauptet der Verf. des peinlichen Hals-
rechts der Teneriffaner, S. 126 daß der Verbrecher sowohl
gegen die Todesstrafe, als das ewige Gefängniß, sich mit
der Hofnung des Entkommens schmeichle.

14) Sehr gut sind diese Trostgründe dargestellt in von So-
dens Geist der deutschen Criminalgesetze I. B. 1. Heft. §. 47.

desstrafe solche Erfahrungen an, nach welchen gelindere
Strafen weit mehr, als strengere, und Todesstrafen wirken
sollen, da z. B. nirgend mehr Strassenraub begangen werde,
als in Engelland, wo kein Räuber dem Galgen entrinnt,
nirgend mehr blutdürstige Uebelthäter, als in Italien und
Frankreich, angetroffen werden, wo man am meisten rädert
und köpft. Allein, so gewiß es ist, daß jeder der Ueberlegung fähige Mensch bey jeder Unternehmung die Größe der
bevorstehenden Gefahr in Berechnung nimmt, daß also auch
der Verbrecher die ihm bevorstehende Todesstrafe unter den
Gegengründen erwägen muß, und daher billig jene Erfahrungen bezweifelt werden, so gewiß ist es auch, daß wann
jene Erfahrung einigen Grund hat, der Fehler anderswo
verborgen seyn müsse, wenn z. B. der Verbrecher wegen der
Verfahrungsart viele Hofnung zur Straflosigkeit hat, oder
Nationalcharacter zu einer Gattung von Verbrechen stärker
antreibt, oder in einer allgemeinen Verschlimmerung der
Sitten, welches Alles aber die Wirksamkeit der Todesstrafe
nicht aufhebt 15); denn wenn gleich noch viele Verbrechen,
auf welche Todesstrafen gesetzt sind, begangen werden, so
dürfen wir doch sicher darauf rechnen, daß in Ermangelung
der Todesstrafen noch weit mehrere begangen werden würden;
und dieses Argument würde, wenn es einige Kraft hätte,
nicht nur die Todesstrafen, sondern auch alle andere Strafen verwerflich machen. Eine andere widrige Erfahrung,
welche den Todesstrafen entgegen gesetzt zu werden pflegt,
ist diese, daß das andächtige Schauspiel unserer Hinrichtungen oft so sehr ihrem Endzweck entgegen wirke, daß es zu
Uebelthaten reize, da zuweilen einer, um Zeit zur Vorbereitung zu bekommen, um eines elenden Lebens, dessen er müde

U 5　　　　　　ist,

15) Eine sehr gründliche Erklärung z. B. warum der Galgen
in Engelland nicht die zweckmäßige Wirkung habe, s. bey
Michaelis in seiner Vorrede zum 6. Th. des Mosaischen
Rechts S. 136 u. f. Daß in Italien, besonders in Rom,
die übermäßig vielen Freyörter alle Wirkung der Strafgesetze
schwächen müssen, ist sehr begreiflich.

ist, los zu werden, ein Capitalverbrechen begehe; allein, mich wundert dieser Einwurf; denn auf diese Weise können alle Anstalten, welche die besten Absichten haben, an Thoren vereitelt oder gar schädlich werden; und wann ja die Sache Aufmerksamkeit des Gesetzgebers verdiente, so würde eine Veränderung in den Anstalten der Hinrichtungen dieser Einwendung leicht abhelfen; oder es müßte in Fällen, wo das Capitalverbrechen sich auf eine solche Tollheit gründet, von der Todesstrafe abgegangen werden.   Mit gleichem Grunde wollte ich behaupten, daß man keine Fenster mehr in den Häusern leiden sollte, weil einmal ein Thor im Anfall von Wahnsinn sich zum Fenster heraus zu Tode gestürzt habe. Daß durch häufige Todesstrafen das Volk sich an blutige Auftritte und zur Grausamkeit gewöhne, ist wohl nicht zu befürchten, da sie, in ihre gehörige Schranken gebracht, selten vorfallen werden, und doch wird sich schwerlich jemand angewöhnen können, daß ihn bey ernstlicher Vorstellung seiner Hinrichtung nicht ein Schauder ergreifen sollte.   Wann auch gleich der Kranke oft mehr Schmerzen auf seinem Todesbette leiden muß, als der Verbrecher bey seiner Hinrichtung, so ist doch gewiß, daß theils ein gesunder Mensch jenes niemals in Berechnung nimmt, theils der Mensch immer lieber krank ist und Schmerzen leidet, als er tod seyn will.   Gefängniß würde in Ansehung des Verbrechers und anderer um so weniger Wirkung haben, als man ohne Zweifel nach so gemäßigten Grundsätzen es nach und nach so einrichten würde, daß es nicht mehr eine Strafe, sondern eine sichere lebenslängliche Versorgung (sonsten der Lohn verdienter Bürger) seyn würde; der geringe Vortheil, welchen der Verbrecher dem Staate durch seine Arbeit im Gefängnisse verschafft, der ohnehin durch die erforderlichen Kosten bey weitem aufgewogen wird, kommt gegen die Sicherheit des Staats und der Bürger in keinen Betracht.   Nebst allem diesem ist für unsere Zeiten allerdings auch zu bedenken, daß unsere Gefängnisse, Zuchthäuser u. s. f. noch bey weitem nicht in der Anzahl und in der Vollkommenheit vorhanden sind,

welche

welche erforderlich wären, wenn man für alle Todesstrafen und verstümmelnde Strafen Gefängnißstrafen unterstellen wollte. Viele Staaten haben noch gar keine Zuchthäuser, und können sie ohne Zusammentretung mit andern nicht zu Stande bringen, und man müßte sie an jedem Orte haben, um dadurch den Endzweck der Abschreckung zu erreichen. Nirgends sind sie noch in der Verfassung, daß den gefangenen Verbrechern, besonders wann sie sich zusammen rotten, die Flucht unmöglich wäre; und ich zweifle, ob je eine solche Einrichtung zu Stande gebracht werden kann; wenigstens zweifle ich, ob irgendwo ein Gefängniß oder Zuchthaus ist, aus welchem nicht wirklich schon Verbrecher entflohen sind [16]). Endlich ist bey den Todesstrafen gewiß der wichtige Vortheil des Staats auch mit in Berechnung zu nehmen, daß dadurch der Verbrecher gewiß und sicher auf immer gehindert werde, Böses zu thun, und daß die Gesellschaft von einem schädlichen Mitglied gereiniget werde, welches vielleicht sonst nicht ermangeln würde, noch manche andere zu verführen, und zu Verbrechen zu verleiten [17]). "

„Giebt es nun aber Verbrechen, welche Reizungen genug mit sich führen, um ein starkes Gegenmittel nöthig zu machen, welche, wenn ihnen nicht ein starker Riegel vorgeschoben würde, bald den Staat in die äusserste Zerrüttung und Verderben bringen, welche alle Sicherheit der Güter und des Lebens der Bürger im Staat aufheben, und also den ersten Endzweck des Staats vereiteln würden, wovon, wie es in der von Globig

---

16) S. Schall von Verbrechen und Strafen, S. 61. HELLFFLD D. de iustitia poenarum capital. §. 5. Der Verf. des peinlichen Rechts nach den neuesten Grundsätzen. Offenbach am Main I. Th. verspricht, die Möglichkeit einer solchen Einrichtung zu zeigen. Nach meinen Erfahrungen zweifle ich daran; man lese z. B. den Fall bey Howard über Gefängnisse und Zuchthäuser §. 137. welcher übrigens §. 42. einen sehr guten Plan zu einem Gefängniß giebt.

17) *Vouglans, les Loix criminelles de France dans leur ordre naturel. P. I. Livr. II. tit. 4. No. 1.*

big und Huſteriſchen Preisſchrift S. 68 heißt, der zu be=
fürchtende Schade allemal größer iſt, als der Verluſt, wel=
chen der Staat durch Hinrichtung des Verbrechers leidet;
ſo iſt auch gewiß, daß gegen ſolche Verbrechen Todesſtrafen
verordnet, und an den Verbrechern vollzogen werden dürfen,
und daß dieſe Strafen, da ſie gerecht und nothwendig ſind,
nicht grauſam genannt werden können. Sicherlich würde
der Geſetzgeber weit mehr Grauſamkeit und Ungerechtigkeit
gegen den Staat begehen, wann er äuſſerſt grobe und ge=
fährliche Verbrecher nicht mit der äuſſerſten, nicht mit der
Todesſtrafe belegen wollte, welche allein am gewiſſeſten den
Endzweck erreicht, dem Staate und ſeinen Bürgern genugſame
Sicherheit vor ihnen zu verſchaffen; da manchem Böſewicht
eine Mordthat, eine Landesverrätherey und dergleichen Ver=
brechen an ſich ſelbſt nicht abſcheulich genug wäre, wann
ihn nicht die Todesſtrafe als eine unausbleibliche Folge von
deren Begehung abhalten würde. "

„So gewiß ich aber von der Nothwendigkeit und Gerech=
tigkeit der Todesſtrafen überzeugt bin, ſo ſehr wünſchte ich
auf der andern Seite, daß Geſetzgeber und Richter äuſſerſt
ſparſam damit ſeyn, und niemals ohne Nothwendigkeit Men=
ſchenblut verſchwenden mögen. Das Unrecht iſt groß, das dem
Geſtraften widerfährt, wenn er ohne Noth, alſo wider die
Geſetze der Gerechtigkeit, ſeines Lebens beraubt worden iſt,
und läßt ſich niemals wieder gut machen. Durch allzuviele
Todesſtrafen würde der Unterſchied in der Größe der Ver=
brechen in der Vorſtellung der Bürger vertilgt, oder man
wäre genöthigt, eine Menge Todesſtrafen, deren immer
eine grauſamer, als die andere, wäre, zu erfinden; und der
Eindruck derſelben würde, wenn ſie häufig vorfielen, ver=
mindert. Dank ſey es demnach den Beſtreitern der To=
desſtrafen, daß ſie Geſetzgeber und Richter in Erkennung
derſelben vorſichtiger gemacht, und damit ſchon manches
menſchliche Leben gerettet haben. Aber die gänzliche Ab=
ſchaffung der Todesſtrafen würde warlich keine Wohlthat,
ſondern eine große Plage für alle geſittete Staaten ſeyn. "

„Daß

„Daß es solche Verbrechen gebe, deren Abwendung dem Staat wichtiger, als das Leben eines Verbrechers ist, bey welchen der Gesetzgeber theils ihrer Reizungen wegen, welche ein starkes Gegenmittel erfordern, theils wegen des großen Schadens, welchen nicht so wohl das einzelne begangene Verbrechen, als vielmehr dessen Begehung überhaupt dem Staat zuziehen würde, eine Todesstrafe als die wirksamste Strafe verordnen könne und müsse, um jedem, der den Gedanken einer Ruchlosigkeit faßt, einen starken Beweg-grund, von dessen Ausführung abzustehen, an die Hand zu ge-ben, werde ich alsdann, wann ich von besondern Gattungen der Verbrechen handeln werde, deutlicher zeigen [18]). Ich merke also hier nur dieses noch an. Wann dergleichen Ver-brechen, welche in den Gesetzen mit der Todesstrafe verschont werden, in einem Staat allzusehr überhand nehmen, so, daß die Erfahrung genugsam zeigt, daß ihnen nicht anders, als durch die kräftigsten Gegenmittel Einhalt geschehen könne, wann sie also anfangen, dem Staate ausserordentlich ge-fährlich zu werden, so wird es immer rathsam und der Ge-rechtigkeit gemäß seyn, daß statt der bisherigen Strafe die Todesstrafe verordnet werde; nur muß diese Abänderung dem Gesetzgeber allein vorbehalten, dem Richter aber überhaupt niemals erlaubt seyn, ohne ausdrückliches Gesetz eine Todes-strafe zu erkennen, und das Gesetzbuch muß die Gattungen von Verbrechen, in welchen Todesstrafe zuerkannt werden kann, aufs Genaueste bestimmen."

18) Die Meynung des Grotius de iure belli et pacis, libr. 2. cap. I. §. 11. nr. 8. seqq. daß das Recht der Todesstra-fen in allen Fällen, aber auch nur in solchen Fällen, in welchen sie das Mosaische Recht verordnet, gegründet sey, verdient wohl keine Widerlegung f. Michaelis Mosaisches Recht §. 6. seqq. Hellfeld D. de iustitia poenarum capitalium, §. 3. Raurici posit. ad rem criminal. §. 55.

VI.

VI.

Klein, im Entwurfe des Preußiſchen Geſetzbuches.

„Die Rechtmäßigkeit der Todesſtrafen an ſich, unter
gewiſſen, jedoch zum Glück der Menſchheit ziemlich ſeltenen
Umſtänden, iſt durch die in neuern Zeiten über dieſe wichtige Materie angeſtellten Unterſuchungen, hinlänglich dargethan.   Die Erfahrung, und die nachtheiligen Folgen, auf
welche eine gänzliche Abſchaffung dieſer Strafen führt, rechtfertigen noch mehr die Nothwendigkeit ihrer Beybehaltung."

„Will man keine Todesſtrafen mehr haben, ſo muß man
ſolchen nothwendig andre, die zwiſchen ihnen, und einem
bloſen lebenswierigen Verluſt der Freyheit in der Mitte ſtehen,
ſubſtituiren.   Denn ſonſt würde man auf der Leiter der Strafen, die doch mit der der Verbrechen parallel laufen muß,
um eine Stufe zu kurz kommen."

„Man hat daher Züchtigungen erfunden, die den Tod
des Verbrechers eben ſo gewiß, als Strang und Schwerdt,
nur langſamer, und in Geſellſchaft der fürchterlichſten, jedes
Gefühl empörenden Leiden, herbeyführen, und das Leben,
deſſen man ſchonen will, in einen immerwährenden Todes-
kampf verwandeln.   Anſtatt alſo das Loos jener Unglücklichen, in denen man die Menſchheit, auch noch in ihrer ver-
dorbenſten Geſtalt, zu reſpectiren vorgab, zu erleichtern, hat
man ſolches durch künſtlich erſonnene Quaalen noch härter
gemacht, und ſie in aller Abſicht unter das Vieh herabge-
würdigt."

„So ſehr man ſich alſo, auf der einen Seite, von der
bey Abſchaffung der Todesſtrafen gehegten Abſicht entfernt,
ſo wenig hat man dabey auf der andern den Hauptzweck
aller Strafen — Sicherheit für den Staat, und Abſchreckung andrer — dadurch erreichen können.   Jede, auch die
engſte Gefangenſchaft, ſchließt die Möglichkeit des Entkommens niemals ganz aus.   Der Staat bleibt alſo der Gefahr, womit ihm ein ſolcher ausgebrochener, und durch die
erlittenen Martern noch mehr erbitterter Böſewicht drohet,

noch

noch immer ausgefetzt; und derjenige, in deffen Seele der
Gedanke eines großen Verbrechens einmal herrschend gewor-
ben, wird in der Vorstellung, felbst einer lebenswierigen
quaalvollen Gefangenschaft, die überwiegenden Motive der
Abschreckung, welche die Frucht eines schnell und unvermeidlich erfolgenden Todes ihm entgegen stellt, gewiß nicht finden, so lange die Hoffnung der Flucht, mit den übrigen
Bewegungsgründen, die ihn zu seiner schwarzen That antrei-
ben, sich vereinigt."

„So unverantwortlich es also wäre, den erfetzbaren Ver-
luft einiger Thaler gegen das Leben eines Menschen noch
jetzt abwägen zu wollen; so wenig kann man dieses an sich
immer höchst traurige Mittel entbehren, sobald es darauf
ankommt, der allgemeinen Ruhe, und der persönlichen
Sicherheit der Bürger des Staats gegen die Unternehmungen verruchter Bösewichter, einen Schutz zu verschaffen, zu
dessen Gewährung alle andre Mittel offenbar unzureichend
sind *)."

Noch wünschte ich das, was Sturz, Barckhausen,
Runde und ein Ungenannter im deutschen Museum
beyde erstre wider letzte für die Todesstrafen gesagt haben,
ganz hersetzen zu können; allein, da alles zusammen wohl noch
drey Bogen ausfüllen, und dennoch nichts Erhebliches enthalten würde, das in den vorhergehenden Stellen nicht schon
enthalten wäre; so begnüge ich mich, um des Raumes zu
schonen, an einem Auszuge der Hauptgründe, welche diese
vier Schriftsteller angeführt haben.

Sturz ¹).
beantwortet vorzüglich Linguets Apologie der Todesstrafen
auf folgende Art:

1) „Wenn

*) S. Entwurf eines allgem. Gesetzb. für die Preußischen Staaten
1. Th. 3. Abrh. 8. Tit. 16. Abfch. §. 1262. S. 435 Anm.
1) Im deutschen Museum Decembr. 1776 und im ersten Theile
feiner Schriften S. 142 der Ausgabe von 1786.

1) „Wenn Linguet sage, es sey nichts am Leben
einiger Schurken gelegen, da der Krieg ganze
Völkerschaften wegfresse: so sey darauf zu antworten: eben, weil die Erde mit Menschenopfern bedeckt sey,
verlohne es sich der Mühe, auch nur einigen das Leben zu
retten.   Die Todesstrafe aber sey (ausser in dem Falle,
wenn das Leben des Verbrechers den Tod guter Bürger veranlassen könne) überflüssige Grausamkeit, weil die Erfahrung bestätige, daß die Verbrechen durch gelinde Strafen
nicht vermehrt und durch noch so harte nicht gemindert wurden.   Das letztere bewiesen die häufigen Räubereyen in Ma-
rokko und Algier, die vielen blutdürstigen Uebelthaten in
Frankreich und Italien und die vielen Räubereyen in Engelland; jenes Dännemark, wo man die Diebe nicht tödte und
Rußland, wo alle Todesstrafen aufgehoben wären.   Der
Bürger werde blutige Auftritte zu sehr gewohnt, und sie ver-
fehlten dadurch ihren Eindruck, u. s. w.“

2) „Wenn Linguet sage, die Sclaven wären zum lang-
samen Tode verurtheilt; für sie sey also das Leben ein arm-
seliges Geschenk: so habe die Obrigkeit für gesunde Nahrung
und reinliche Gefängnisse zu sorgen.   Menschen darum schlach-
ten, weil sie doch nicht lange mehr leben würden, gehöre zur
jurisprudence véterinaire.   Noch abgeschmackter sey die
Klage über die Kosten des Unterhalts und der Aufsicht
über die Sclaven; denn aus Oeconomie zu tödten,
sey barbarisch.“

3) „Wenn Linguet weiter frage, wie die Großen im
Zaume zu halten wären, wenn auf grobe Verbrechen der
Tod nicht mehr stehe; indem, wenn sie leben blieben, diese
leicht von ihren Familien beym Fürsten losgebeten werden
könnten: so sey nicht vorauszusetzen, daß die Hofintrigue
des Richteramts stets spotten werde.   Uebrigens sey die
Schande des Urtheils für Leute von feinerem Gefühle schrecklicher, als der Tod selbst.“

4) „Vor

4) „Vor der Wuth sehr boshafter und blutgieriger Men=
schen könne man sich durch Einsperrung sichern.“

5) „Die Talion könne hier eben so wenig eintreten, weil
sie überhaupt ungereimt sey.“

„Endlich schließt er mit einer Rede, die er einer Kinder=
mörderinn in den Mund legte, und deren Inhalt vorzüglich
darauf hinaus läuft, daß erregte Leidenschaft der Sinnlich=
keit zu stark sey, als daß ein schwaches weibliches Geschöpf
derselben widerstehen könne, und daß dann die Vorstellung
der Schmach und der betäubende Zustand der Niederkunft der
Ueberlegung keinen Raum übrig ließen.“

Victor Barkhausen.

„Dieser denkende Mann hat zwey Abhandlungen über
diesen Gegenstand geliefert, in welchen er wider die Todes=
strafen folgende Gründe vorgebracht hat.   Und zwar in der
ersteren [1]:

1) Die Todesstrafen sind weder nothwendig noch nütz=
lich, denn

  a) Nicht die Härte der Strafe macht das Zweckmäßige
derselben aus, (weil Härte der Strafe oft an Härte
gewöhnt), sondern Unausbleiblichkeit, schnel=
ler Erfolg und lange Dauer.

  b) Wenn die Todesstrafe abschreckt, so ist sie's nicht
allein, die die Abschreckung bewirkt, sondern es ist
auch dem damit verknüpften Schimpfe u. s. w.
das Seinige zuzuschreiben.

2) Die Todesstrafe ist ungerecht.

  a) Widerlegung der aus der Theocratischen Gesetzgebung
des Moses hergenommenen Gründe.

  b) Die bürgerliche Gesellschaft beruhe auf einem still=
schweigenden Vertrage.   Habe also der Staat das
Recht

---

[1] Ueber die Abschaffung der Todesstrafen.   Im deutschen Mu=
seum v. 1776 August n. I. der Inhalt der zweyten folgt un=
ten S. 328.

Recht zu tödten, ſo müſſe er es vom Bürger ſelbſt haben, und dieſer könne und dürfe es nicht veräuſſern.

c) Auch als nothwendiges Opfer für eigene Sicherheit könne man dieſe eventuelle Einwilligung in die Todesſtrafe nicht anſehen, weil dieſer Zweck durch die Todesſtrafe nicht erreicht werde.

d) Die Talion könne allenfalls Rechtmäßigkeit der Todesſtrafe gegen Mörder rechtfertigen.   Allein, auch gegen dieſe ſey ſie nicht gültiger Grund zur Todesſtrafe, weil ſich nicht annehmen laſſe, daß ſie der Verſtorbne dem Staate übertragen; weil ſie ſchwerlich in gehörig gleichem Verhältniſſe ſtatt finden könne; weil hier der Hauptzweck die Abſchreckung, nicht die Rache ſey, abſurde Folgen in Anſehung andrer Verbrechen daraus entſtehen würden u. ſ. w.

e) Widerlegung des Satzes: daß das Kriegsrecht des Beleidigten, (das dem Staate übertragen ſey,) keine Gränzen habe und bis zur Tödtung gehen könne. Dieſer Satz ſey falſch: weil, a) das Recht des Beleidigten nur ſo weit gehe, als es Entſchädigung und Sicherſtellung nothwendig machen.   Den bezwungenen und in die Gewalt gebrachten unſchädlich gemachten Feind zu tödten, ſey auch im auſſergeſellſchaftlichen Zuſtande nicht erlaubt.   b) Der Staat habe nicht die Rache jedes Einzelnen, ſondern vielmehr die Abhaltung von der Rache übernommen.

f) Auch aufs natürliche Gefühl, das den Tod des Mörders fodere, ſey hier nichts zu rechnen.   Denn, einmal entſtehe es größtentheils aus Gewohnheit; dann ſey es auch eben nicht ſehr natürlich, da es ſich unter den uncultivirten Völkern gerade am wenigſten befinde.

g) Die Todesſtrafe arte alſo in einen Mord aus, und das auch vorzüglich deshalb, weil dadurch die Bevölkerung vermindert und dem Staate arbeitende Hände entzogen werden.

Dennoch

Dennoch gesteht er die Rechtmäßigkeit der Tödtung im
Falle der höchsten Noth ein, widerräth aber, dieß sodann Strafe zu nennen.

Zugleich aber widerlegt er den Irthum, als ob dieser
Nothfall bey jedem Mörder eintrete, da dessen Einsperrung
hinlängliche Sicherstellung für den Staat sey. Wäre, setzt
er hinzu, für den Verbrecher keine Verwahrung sicher genug,
so sey diese Gefahr gleich vom Anfange, noch während der
Inquisition vorhanden, und die Nothwendigkeit würde es also
nach diesen Grundsätzen erfordern, die Verbrecher ohne langen Proceß lieber gleich todtschlagen zu lassen.

Gegen diese Gründe äußert ein Ungenannter 1) folgende Bedenklichkeiten.

Wenn man sage: „die Todesstrafen sind ungerecht, wie
können sie nützlich seyn?" so sey es ungegründet, daß sie
ungerecht wären, weil ein jeder Wohlgesinnter, wenn
er wüßte, daß sein Leben in der Gesellschaft nicht anders erhalten werden könne, gern versprechen werde, sein Leben sich
nehmen zu lassen, wenn er es einem andern rauben sollte,
besonders, da jeder Redliche die Ueberzeugung habe, daß er
ja zu dergleichen Verbrechen nicht fähig sey, und also nichts
bey diesem Vertrage zu wagen habe. Auch werde der Verbrecher, den man hinrichte, nach einem Gesetze gerichtet, das
bisher von ihm selbst vom höchsten Nutzen gewesen sey. Dieß
allein beweise die Gerechtigkeit der Todesstrafen. Es komme
also 1) alles darauf an zu untersuchen, ob die Todesstrafen
nützlich sind? denn sey dieß entschieden: so könne man
die Frage umdrehen und sagen: „die Todesstrafen sind nütz-

X 2   „lich,

1) In den abgekürzten Reflexionen über Nutzen und Schaden
der Todesstrafen im deutschen Museum, Octobr. 1776 S.
947 u. f. Der Verfasser dieses Aufsatzes ist nach den S. 953
unterzeichneten Anfangsbuchstaben des Namens zu schließen,
ein Verwandter des Herrn Victor Barthausen, der damalige
Kriegs- und Domainenrath Heinrich Ludwig Willbald Barthausen zu Ellrich.

„lich, wie können sie ungerecht seyn?" Er giebt zu, daß, wenn der Zweck, der durch die Todesstrafen erreicht worden, durch gelindere Mittel erreicht werden könne, das Gesetz, welches sie vestsetze, grausam und ungerecht sey. Allein, daraus, daß j. B. in Sparta keine Todesstrafen nöthig gewesen wären, folge noch nicht, daß sie in andern Ländern überflüssig seyn müßten. Bey einem Volke, wo so viel Armuth und eine so große Gleichheit der Güter geherrscht habe, sey der Reiz und die Veranlassung zu Mordthaten nicht so häufig gewesen, als in unsern heutigen Staaten, wo die bitterste Armuth und die größte Sclaverey mit den größten Reichthümern und dem stolzesten Uebermuthe contrastirten. Das große Elend und die Bedrückungen der niedern Menschenklasse machten daher, daß Gefängniß und Leibesstrafe nicht hinreichend sey, um sie von Verbrechen wider die allgemeine Sicherheit abzuhalten, dagegen sie im größten Elende doch den Tod fürchteten.

Dabey sey es jedoch nicht die Folge, daß es nicht auch jetzt noch Staaten geben könne, wo Todesstrafen entbehrlich, ja schädlich werden könnten. Ein Staat, in welchem religiöse Schwärmerey herrschend wäre, würde die Todesstrafen mit großer Behutsamkeit anzuwenden haben.

Es sey ungegründet, daß der Mensch durch öftere Todesstrafen an dieselben gewöhnt und dagegen abgehärtet werde. Die Natur entsetze sich um so mehr vor dem Tode, jemehr sie daran erinnert werde, und der alte Soldat gehe mit größerer Furcht ins Treffen, als der junge Recrut u. s. f.

Auch der Grund, daß man da am meisten stehle und morde, wo am meisten gehangen und geköpft werde, entscheide nicht für die Unbrauchbarkeit der Todesstrafe. Die häufige Ausübung jener Verbrechen liege in andern Ursachen, besonders in fehlerhafter Policey und unsystematischer Regierung.

Die Todesstrafe sey nicht von der Art, daß der Mensch, wenn er nicht Schwärmer sey, sich aus Gewohnheit nichts aus ihr machen werde. Dieß sey nur der Fall bey Strafen,
wo

wo das Entehrende in der sehr veränderlichen Meynung des Publicums liege.

Uebrigens sey, wenn auch nicht die Abschaffung, doch die Minderung der Todesstrafen zu wünschen.

Runde [1]).

ließ einige Monate darauf eine Abhandlung drucken, in welcher er die Rechtmäßigkeit der Todesstrafen aus folgenden Gründen vertheidigt:

1) Weil der Einwurf, daß der Mensch kein Recht habe, über sein Leben zu disponiren, folglich dasselbe der Disposition der höchsten Gewalt durch den bürgerlichen Vertrag nicht habe überlassen können, falsch sey. Man müsse die Frage besser bestimmen. Es sey von keinem willkührlichen Rechte über Leben und Tod die Rede, sondern von einem bedingten. Nun könne der Mensch überwiegender Vortheile wegen sein Leben allerdings in Gefahr und aufs Spiel setzen. Bey dem Versprechen, sich sein Leben nehmen zu lassen, wenn man es andern unrechtmäßiger Weise rauben werde, liege also der Wunsch und die Absicht zum Grunde, sein eignes Leben zu beschützen. Es könne daher der Bürger einen solchen Vertrag eingehen, und es sey gar keinem Zweifel unterworfen, daß ihn jeder vernünftige und redliche Mann werde eingehen wollen.

2) Der Mensch besitze im Stande der Natur das Recht zur Selbsthülfe und Rache. Dieß Recht sey unbegränzt und gehe bis zum Tode des Beleidigers. Nun habe der Bürger dieses Recht dem Staate übergeben, dessen Recht in Beziehung auf Ausübung der Rache anstatt des Beleidigten also auch unbegränzt seyn müsse.

3) Wenn dagegen eingewendet werde, daß dieß blos vom Beleidigten zu verstehen sey, daß aber deshalb der Beleidiger dem Staate das Recht, ihn zu tödten, nicht übergegeben

X 3   ben

---

1) Im April des deutschen Museum vom Jahr 1777. S. 309 u. f.

ben habe: ſo ſey dagegen mit Recht zu entgegnen, daß ſo
wenig im Stande der Natur der Beleidigte die Erlaubniß
zur Ahndung der Beleidigungen bedürfe, der Staat dieſelbe
eben ſo wenig nöthig habe, um dies Recht auszuüben.

4) Den Einwurf, daß im Stande der Natur der Menſch
ſeinen Gegner deshalb tödten müſſe, weil er ſich nicht gehörig vor ihm ſicherſtellen könne; daß dieß aber im Staate, wo
Anſtalten zur völligen Sicherſtellung vorhanden wären, nicht
erforderlich ſey, beantwortet Herr Klube mit folgenden Gründen: a) Gefängniſſe und Bewachung der Delinquenten ſey
eine ſehr koſtſpielige Sache, die man dem Staate nicht zu-
muthen könne.   b) Gefängniſſe und Zuchthäuſer ſeyen ſo
beſchaffen, daß theils die Möglichkeit, daß der Verbrecher
entkommen könne, immer noch da, alſo die Sicherſtellung
nicht hinlänglich bewirkt ſey, theils aber auch, daß eben deshalb die Abſchreckung von großen Verbrechen nicht hinlänglich dadurch bewirkt werden könne.

Dieſe Unterſuchung gehöre nun zwar eigentlich ins Feld
der Politik; denn wenn dieſe letztern Gründe auch nicht
wahr wären, würde die Gerechtigkeit der Todesſtrafen immer beſtehen.   Er wolle jedoch deshalb Folgendes näher
hierher Gehöriges anführen:

α) Die Todesſtrafe ſey die zweckmäßigſte zur Abſchreckung.
Der Tod ſey für den gemeinen Mann unter allem
Schrecklichen das Schrecklichſte, diene alſo am beſten
zur Verhütung künftiger Verbrechen; denn bey der an
die Stelle des Todes tretenden Strafe ſchließe man die
Verbrecher entweder auf ewig ins Gefängniß, und alsdann gehe die Abſchreckung dadurch verlohren, weil
der Verbrecher vergeſſen werden, auch ſey die Strafe
grauſamer, als der Tod ſelbſt. Oder man laſſe ſie Arbeiten verrichten.   Wenn dieſe von der Art wären, daß
die Verbrecher dabey eingeſperrt werde, ſo werde
er abermals den Augen des Publicums entzogen, und
wenn man Elende dieſer Art nur manchmal ſehe, erhalte
man

man durch ihre anscheinende Lustigkeit und Gleichgül=
tigkeit eine falsche Idee von der Schrecklichkeit der
Strafen; wollte man diese Verbrecher aber öffentlich
arbeiten lassen: so habe dieß folgende Bedenklichkei=
ten wider sich. Erstlich: Man müsse wieder an=
dre müßige Menschen haben, die sie bewachen. Zwey=
tens: Ihre Arbeit trage gewöhnlich nicht das Vier=
theil von dem ein, was sie kosteten. Drittens:
Wenn Herr von Sonnenfels sage, daß die Quelle der
meisten Verbrechen Müßiggang und Abscheu vor Ar=
beit sey; so folge daraus keinesweges, daß also für
diese Art der Verbrecher Arbeit eine höhere Strafe seyn
werde, als der Tod. Denn, nicht die Verachtung
des Todes, sondern die Hofnung der Straflosigkeit
reize sie zu Verbrechen an. Habe der Verbrecher blos
Arbeit zu fürchten: so versuche er lieber, ob er nicht
durch das Verbrechen sich der Nothwendigkeit, zu arbei=
ten, entziehen könne, da er, wenn er das Verbrechen
nicht begienge, doch ohnehin aus Noth sein Leben durch
Arbeit kümmerlich fristen müsse. Viertens habe
der Zustand des Gefangenen so manche Vorzüge vor
dem der meisten sich selbst überlassenen Menschen,
daß für diese letzte Classe er oft nicht nur nichts Schreck=
liches, sondern sogar Etwas Wünschenswerthes habe.

β) Wahres Recht und das wahrhafte und in
aller Absicht Nützliche sey nach einer gesunden Phi=
losophie einerley. Es sey also, da erwiesen wäre, daß
die Todesstrafen gerecht wären, a priori wahr, daß
sie nützlich seyn müßten.

γ) Ein nicht unbedeutender Grund sey der, daß die Ge=
sellschaft in dem Beleidigten selbst beleidigt sey, also
auch für sich selbst Genugthuung fordern könne.

Endlich warnt der würdige Verfasser noch vor der so=
phistischen und rednerischen Einkleidung der Gründe wider
die Todesstrafen, und tadelt Sturz mit Grund wegen seiner
redend eingeführten Kindermörderinn, — gegen welche ein

X 4

andes=

anderer poetiſcher Kopf das ermordete unſchuldige Kind eine
andere eben ſo rührende Declamation würde halten laſſen
können, ohne daß von einer Seite für die Wahrheit etwas
gewonnen wäre.

Im Ganzen aber zeigt Herr Runde, wie wenig er die
Verdienſte der menſchlichen Reformatoren der Härte des
Criminalrechts verkenne, und ſpricht in dieſer Rückſicht in
jenem billigen und edlem Tone, der den Freund der Wahrheit ſo deutlich bezeichnet, der von jeher ſelten war, der aber
leider jetzt immer mehr aus der Mode zu kommen anfängt.

———————

Dieſen und mehrern Vertheidigern der Todesſtrafen ſetzte
Victor Barkhauſen [1]) folgende Gründe entgegen.

1) Wenn einige ſagten: „der höchſten Gewalt das
Recht, mit dem Tode zu ſtrafen, ableugnen, hieſe ſo viel, als
ihr Alles Recht, zu ſtrafen, abſprechen,“ ſo verdiene dieß kaum
einer Antwort, indem ein Grund, der in Abſicht einer gewiſſen Strafe angefochten ſey, deshalb nicht in Abſicht aller
Strafen angefochten werde. Die Strafen würden alle wegfallen, wenn ihr gemeinſchaftlicher und einziger Grund
wegfiele; nicht aber, wenn ein ihnen zwar allen gemeinſchaftlicher, der aber deshalb nicht ihr einziger ſeyn müſſe,
aufgehoben werde u. ſ. w.

2) Wenn man ſage, die Unterthanen könnten ja aus-
wandern, wenn ihnen die Todesſtrafen nicht gefielen: ſo
ſey dieß ein ſonderbarer Grund, weil ja die Geſetze und der
Geſetzgeber der Unterthanen, nicht aber die Unterthanen der
Geſetze und des Geſetzgebers wegen da wären. Ueberdem
ſey nicht einmal in allen Ländern die Emigration erlaubt.
Auch würde die Auswanderung den Grund nicht heben, warum
rechtſchaffne Leute die Rechtmäßigkeit der Todesſtrafen ge-
leugnet hätten. Denn, ſie leugneten ſie ja nicht für ſich, ſondern

[1]) In ſeinen vermiſchten Anmerkungen und Erläuterungen über
die Todesſtrafen und verwandte Materien. Im Muſeum vom
Auguſt 1777 n. 8. S. 154 u. ſ. Ebendaſ. Octobr. 1777 n. 5.
S. 328 u. ſ.

dern um des allgemeinen Besten willen. Auch liege in der unterlassenen Auswanderung keine stillschweigende Billi= gung des Gesetzes, sondern blos eine Unterwerfung unter das Gesetz; indem sehr wichtige Hindernisse mich bestimmen können, zu bleiben, und also Gesetzen unterworfen zu seyn, die ich nicht billige.

3) Wer den Zweck wolle, sage man ferner, wolle auch die Mittel; allein, davon sey ja eben die Rede, daß die Todesstrafe nicht das einzige und nicht unentbehrliches Mit= tel zu Abwendung der Verbrechen sey. Es ließen sich ja ge= rechte Zwecke bey ungerechten Mitteln und ungerechte Zwecke bey gerechten Mitteln denken.

4) Diejenigen, die aus dem Rechte der Nothwehr einen Grund wider die Todesstrafen hernähmen, vermischten N o t h= w e h r und R a c h e. Sie behaupteten, letztre sey vom Belei= digten dem Staate übertragen, da doch nach abgewandter Ge= fahr und erfolgter Genugthuung und Sicherstellung der Be= leidigte selbst gar kein Recht zur Rache habe. Es sey über= haupt bey der Strafe nicht blos vom übertragenen Rechte des Beleidigten, sondern auch, und zwar vorzüglich, vom Rechte des Staats die Rede, das nach der Regel der Gerechtigkeit beurtheilt werden müsse.

5) Wolle man aber den Staat zum Selbstbeleidigten machen, und ihm in dieser Eigenschaft das Recht zur Rache übertragen: so finde das seine Anwendung, was bey n. 4. über den Unterschied zwischen Rache und Nothwehr gesagt worden sey. Uebrigens sey nur bey unmittelbaren Staatsverbrechen der Staat für beleidigt zu halten; dann aber trete das Recht des K r i e g s ein, und dann sey, sobald der Staat den Feind in seiner Gewalt habe, doch blos die Rede von Si= cherstellung, nicht von Rache.

6) Wenn auch der Mensch bedingte Gewalt über sein Leben habe: so bleibe doch noch immer der Satz wahr: der Mensch kann unter allen denen Bedingungen, unter welchen er nicht die Macht hat, sich selbst das Leben zu nehmen, auch eine solche Macht nicht übertragen. Daß aber Todes=

strafen

strafen die einzigen sichern Mittel wären, das Leben der
Bürger zu sichern, sey eine falsche, schon anderwärts wider=
legte Voraussetzung.

7) Der Talion setzt er noch einige nicht unerheb=
liche Gründe entgegen, vorzüglich, daß die gerühmte Gleich=
heit bey denselben sehr häufig nicht heraus komme, und der
Verbrecher dadurch entweder zu viel oder zu wenig verlehre;
daß der Ersatz für den Beleidigten dadurch größtentheils ver=
lohren gehe u. s. f.

8) Wenn man die Begnadigungen als ein Mit=
tel rühme, die Todesstrafen zu vermeiden, so sey dieß ein
sehr unrechter Ausweg, weil Begnadigungen ein Beweis
einer schwachsinnigen, ungerechten und alles zerrüttenden
Regierung wären 3).

Diesen Gründen fügt der denkende Verfasser noch folgen=
de hinzu:

A) In Ansehung der Vergütung des entstandenen
    Schadens. 1) Es werde dadurch der Verbrecher ausser
    Stand gesetzt, den hinterlassenen Erben des Ermor=
    deten den durch den Mord für sie entstehenden Scha=
    den, so viel möglich, zu vergüten. 2) Ein Gleiches finde
    in Ansehung der Entschädigung für den Staat statt;
    denn dieser könnte dergleichen Verbrecher, wenn er sie
    leben ließe: a) überhaupt durch Arbeiten benutzen,
    b) zu der Gesundheit nachtheiligen, oder dem Leben ge=
    fährlichen Arbeiten gebrauchen, und dadurch die nütz=
    lichern Bürger schonen. c) Oder, wenn sie einmal
    sterben müßten, sie auf eine für den Staat nützliche Art
    tödten. Z. B. dadurch, daß man sie den Aerzten
    überließe, um gefährliche Experimente in der Arz=
    neykunst zum Besten der Menschheit mit ihnen zu
    machen.

B) In Ansehung der Wirksamkeit. 1) Der Tod sey frey=
    lich das, was der Mensch in der Regel am meisten
                                            fürchte;

3) Hier ist eine vortreffliche Abhandlung über die Unrechtmäßig=
keit der Begnadigungen eingeschaltet.

fürchte; allein, dieß sey nur der Fall bey ruhiger Fassung, wo man Uebel gegen Uebel abwäge, und wo
also auch ein geringeres Uebel, als der Tod, abschrecken
würde; allein, zur Zeit der heftigsten Leidenschaft,
wie z. B. beym Gefühl der Schande, beym Kindermorde u. s. w. sey der Tod gerade nicht das abschre-
ckendste Mittel, vielmehr müsse die zu wählende Strafe
dem Geiste der That angemessener seyn, als beym
Kindermorde. (hier schaltet der Verf. einige Vorschläge
zu Verhütung des Kindermordes ein) Wenn die Motive des Lebens Abhaltungsgrund vom Verbrechen seyn
solle: so sey von der andern Seite zu bedenken: a) daß
die Alles überwiegende Furcht vor der Todesstrafe
nach einmal begangenem Todeswürdigen Verbrechen
leicht der Antrieb zu mehrern ähnlichen werden könne,
die der Verbrecher nun begehe, um die That zu verbergen, oder der Strafe zu entgehen, und bey denen er
nun nichts mehr zu wagen; wohl aber Alles zu
gewinnen habe. 2) Die Todesstrafe mache auch,
daß für einen, der einmal ein Todeswürdiges Verbrechen begangen habe, die dreiste Anhäufung mehrerer Verbrechen dadurch veranlaßt werden könne,
weil die Todesstrafe, als die höchste, doch nur einmal vollzogen werden könne, dagegen bey andern
Strafen Verdoppelung und Anhäufung der Strafe,
nach Maasgabe der angehäuften mehrern Verbrechen
eines Menschen, Statt finde. Daß bey andern Strafen
die größere die geringere verschlinge, sey ein Fehler,
aber nur ein Fehler des Gebrauchs, bey der Todesstrafe
aber liege dieser Fehler in der Natur der Sache.

C) Man glaube gewöhnlich, die Todesstrafe dadurch zu
retten, daß man Anfälle auf andere Strafen thue.
Allein 1) bey andern Strafen liege der Fehler in der
falschen Anwendung, bey der Todesstrafe in der
Sache selbst. 2) Es sey ja nicht allein die Gefängnißstrafe an die Stelle der Todesstrafe zu setzen,

sondern

ſondern man könne mehrere und andere brauchen.
3) Andre Strafen könnten freylich in einzelnen Fällen
nicht ſo geſchickt zur Abſchreckung ſeyn, als die Todes=
ſtrafe, dafür ſey aber in andern Fällen auch dieſe zur
Abſchreckung wieder geſchickter, als andre Strafen. Pa=
naceen, die für alles ſicher helfen könnten, gebe es unter
den Strafen einmal nicht.   4) Man habe die ab=
ſchreckende Kraft der öffentlichen Arbeiten abgeleugnet,
weil ein oder das andre Mal Verbrecher die ihnen an=
gebotne Befreyung davon abgeſchlagen hätten! Allein,
dieß ſey auch bey der Todesſtrafe geſchehen 4).   Noch
ein Grund wider die Leibesſtrafen ſolle ſeyn, weil Leute
ſich auf die Galeeren verdungen hätten.   Allein, man
verdinge ſich ja auch zu Unternehmung augenſchein=
ſcheinlicher Todesgefahren.   5) Wenn die Leibesſtra=
fen durch Kraft der Gewohnheit ihr Bitteres verlieren,
ſo folge daraus nicht, daß das Uebel, das ſie überhaupt
drohten, keine abſchreckende Kraft habe.   6) Endlich
ſey auch darauf Rückſicht zu nehmen, daß Fehler, durch
die ein Unſchuldiger zum Tode verdammet worden
wäre, ſich nie wieder gut machen, und ſich dafür
gar kein Erſatz denken laſſe.

4) Der Herr Verf. führt hier nur ein aus mündlicher Erzäh=
lung herrührendes Beyspiel an, allein in des Herrn von Archen=
holz brittiſchen Annalen B. II. S. 199. B. III. S. 31 kann man
der Beyspiele zu Dutzenden finden, daß zum Tode verurtheilte
Verbrecher, die Gnade erhalten hatten, und ſtatt beſſen nach
Botany=Bay transportirt werden ſollten, die Gnade ausſchlu=
gen, und nur mit großer Mühe, zur Aenderung ihres Ent=
ſchluſſes bewogen werden konnten.

Verbeſſerungen und Druckfehler.

S. 12 Anm. c) Z. 13 von unten ließ: den man nicht ſtatt: dem man nicht

S. 16 Anm. Z. 5 von unten l. Inconſequenz ſt. Inconſequenzen

S. 37 Anm. Z. 3 v. u. mache man nach: würden einen Punct.

S. 38 letzte Zeile Anm. nach Bemühung ein Comma.

S. 41 Z. 13 ließ: anwende ſtatt anwendet

S. 63 letzte Zeile des Textes ließ: ausbreitet ſtatt ausgebreitet

S. 64 letzte Zeile Anm. ließ: einer ehemaligen.

S. 85 Z. 6 nach Schuldige ein Comma

S. 90 Anm. 13 Z. 1. ließ l. 8. ff. Z. 4 nach Sacramentum ein Comma

S. 94 Z. 4 ließ dann ſtatt denn.

S. 102 in der Anm. ließ Auch ſtatt Überhaupt

S. 108 Z. 11 und 12 leſe man: das Decret iſt, man ſage, was man wolle, ſchon u. ſ. w.

Ebendaſ. Anm. 15 Z. 2 von unten ließ: nahmen

S. 112 Z. 8 nach: Zeugen ſtreiche man das Comma weg.

S. 113 Z. 9 leſe man: eine Menge Zeugniſſe für verdächtig erklärt

S. 127 Z. 6 ließ: Proſerpinens;

S. 152 Anm. d) Z. 3 ließ: Anſtalt ſtatt Anſtalten

S. 153 Z. 4 von unten ließ: Wen ſollte ſtatt wenn ſollte

S. 154 Z. 20 ließ: hälfe ſtatt hülfe.

S. 162 Z. 21 ließ: kann ſtatt können

S. 172 Not. 11 Z. 5 ließ: felicem ſtatt felicem

S. 175 Z. 13 ließ: ecclesia ſtatt ecclesiam

S. 177 Z. 22 ließ: alsdann ſtatt alsdenn

Ebendaſ. Z. 23 ließ: denen ſtatt der

S. 184 Z. 7 von unten ließ: ſteht ſtatt beſteht

S. 188 letzte Zeile ließ: ſey ſtatt iſt.

S. 198 Z. 17 ließ: dem Verbrecher ſtatt den

S. 223 Z. 17 ließ: dann ſtatt denn

S. 232 Anm. o) Z. 1 ließ: Herr ſtatt Herrn

Ebendaſ. Z. 11 ließ: dieſem ſtatt dieſen

S. 233

S. 233 letzte Zeile ließ Melly statt Molly

S. 234 Z. 6 ließ alsdann statt alsdenn

S. 235 Anm. q) die dort Z. 3 der Anm. weggelaffene Seitenzahl ist 227

S. 237 Z. 1 ließ: den Principien statt der Principien

S. 238 setze man das Zeichen der Note 1) nach dem Worte
Gefangenschaft

Ebendaf. Anm, 1) setze man die Seitenzahl 58 hinzu.

S. 239 Z. 16 ließ honneur statt honneurs

S. 241 Z. 18 setze man nach: bringen ein Comma

S. 257 Z. 13 ließ: Siebender Abschnitt.

S. 259 Z. 9 und 10 ließ Verhältniß

S. 263 Anm. m) Z. 4 ließ verhältnißmäßigem statt verhäl-
nißmäßigen.